财政投融资与
安全发展研究

马海涛　温来成　主编

中国财经出版传媒集团
中国财政经济出版社
·北京·

图书在版编目（CIP）数据

财政投融资与安全发展研究／马海涛，温来成主编．
北京：中国财政经济出版社，2024.12．－－ ISBN 978－7－
5223－3580－3

Ⅰ．F812.2

中国国家版本馆 CIP 数据核字第 20241BS264 号

责任编辑：胡　博　　　　　　　　责任校对：张　凡
封面设计：孙俪铭　　　　　　　　责任印制：史大鹏

财政投融资与安全发展研究

CAIZHENG TOURONGZI YU ANQUAN FAZHAN YANJIU

中国财政经济出版社 出版

URL：http://www.cfeph.cn

E－mail：cfeph@cfeph.cn

（版权所有　翻印必究）

社址：北京市海淀区阜成路甲28号　邮政编码：100142

营销中心电话：010－88191522

天猫网店：中国财政经济出版社旗舰店

网址：https://zgczjjcbs.tmall.com

中煤（北京）印务有限公司印刷　各地新华书店经销

成品尺寸：185mm×260mm　16 开　16.25 印张　230 000 字

2024 年 12 月第 1 版　2024 年 12 月北京第 1 次印刷

定价：80.00 元

ISBN 978－7－5223－3580－3

（图书出现印装问题，本社负责调换，电话：010－88190548）

本社图书质量投诉电话：010－88190744

打击盗版举报热线：010－88191661　QQ：2242791300

前　言

当前，中国式现代化建设进入新阶段，贯彻发展新理念，统筹安全和发展，实现高质量发展，成为现阶段我国经济社会发展的主题。国债、地方政府债券、财政投资等财政投融资活动，与国家安全发展之间存在着密切的关系。地方政府债务风险等问题，成为近年来国内外各界关注的焦点。党的二十大报告对推进国家安全体系和能力现代化，坚决维护国家安全和社会稳定进行了全面论述，提出以人民安全为宗旨、以政治安全为根本、以经济安全为基础、以军事科技文化社会安全为保障、以促进国际安全为依托，统筹外部安全和内部安全、国土安全和国民安全、传统安全和非传统安全、自身安全和共同安全，统筹维护和塑造国家安全，夯实国家安全和社会稳定基层基础，完善参与全球安全治理机制，建设更高水平的平安中国，以新安全格局保障新发展格局。由于财政投融资活动的特殊性，各项财政投融资业务的开展，既要利用国家信用形式筹集资金、运用资金，促进中国式现代化建设事业发展，又要有效管控风险，实现安全发展。本书在文献综述和理论分析的基础上，从财政投融资的不同领域出发，就其安全发展问题进行了较为全面的论述，希望努力推动这一领域的学术研究深入发展，并为政府制定、实施财政投融资管理方针政策提供有价值的参考。

本书由中央财经大学中财－安融地方财政投融资研究所组织编写，中央财经大学财政税务学院的教学科研人员和部分研究生，以及安融信用评级有限公司的专业人员参加了撰写。马海涛、温来成任主编，负责大纲设计、总撰定稿。第1章由温来成撰写，第2章由姜爱华、贾云迪撰写，第3章由温来成、马千里撰写，第4章由王威撰写，第5章由李升、周婧、田振宇撰写，第6章由李燕、陆帆撰写，第7章由胡超撰写，第8章由杨华撰写。由于我们水平有限，欢迎读者就本书的缺点和不足提出批评意见。

中央财经大学中财－安融地方财政投融资研究所　温来成
2024年9月20日

— 目 录 —

第1章 绪论 1
  1.1 研究背景 3
  1.2 研究的意义 5

第2章 文献综述 7
  2.1 国内文献综述 9
  2.2 国外文献综述 23

第3章 财政投融资与安全发展理论基础 29
  3.1 国家安全理论 31
  3.2 公共债务理论 46
  3.3 财政投资理论 54

第4章 国债与国家安全 59
  4.1 我国国债发展现状与问题 61
  4.2 国债发展与国家安全发展 77
  4.3 国债发展对国家安全的影响 103

第5章 地方政府债券与国家安全发展 109
  5.1 地方政府债券结构的现状分析 111

5.2 地方政府债券发展与国家安全发展　127
5.3 从国家安全角度推动地方政府债券的改革与发展　151

第6章 地方政府隐性债务与国家安全　155
6.1 我国地方政府隐性债务发展现状与问题　157
6.2 地方政府隐性债务发展与国家安全发展　175

第7章 财政投资与国家安全　191
7.1 我国财政投资的现状与问题　193
7.2 我国财政投资与国家安全发展　201

第8章 财政投融资与国家安全的国际经验　213
8.1 第二次世界大战后典型国家债务危机事件概述　216
8.2 典型国家债务危机对我国的启示　240

参考文献　246

第 1 章
绪　论

1.1 研究背景

党的二十大报告比较集中地论述了国家安全的问题，要求推进国家安全体系和能力现代化，坚决维护国家安全和社会稳定。在国家安全一系列的领域中，政治安全是根本，经济安全是基础。本书从财政投融资的角度对经济安全进行研究。一般而言，国家经济安全指的是国家的根本经济利益不受国内外破坏和干扰，国家经济持续健康发展的状态和能力。而在我国建设中国特色社会主义现代化国家的新时代，国家经济安全面临着一系列新情况、新问题和新挑战。

从国内经济发展和经济安全的主要任务看，实现国民经济高质量发展，构建以国内大循环为主体、国际国内双循环相互促进的新发展格局，是当务之急。改革开放四十多年来，我国经济社会获得了迅速发展，目前我国经济规模已位居世界第二，2023 年我国 GDP 为 126 万亿元，人均 GDP 已达到 1.2 万美元，我国已建立了完整的国民经济体系，有 200 多种工业品产量位居世界第一。但我国经济发展质量不高的问题依然突出。在核心高科技领域，我国有个别项目接近或已达到世界先进水平，如航天技术、移动支付、杂交水稻、人工智能的某些领域等，但大多数高科技领域，我国仍落后于美国等西方国家，且目前开始受到美国等西方国家的围堵；在能源消耗和温室气体排放领域，我国已是世界二氧化碳排放大国，但能耗总量与经济产出总量不相称；在环境领域，近年来，我国大气、水体和固体废弃物污染的情况，总体有所好转，但仍处于高位运行，环境治理的任务依然繁重；我国高等教育、职业技术教育已有长足发展，但企业整体科技开发人员的比例，与发达国家相比仍然较低。因此，要建设中国特色社会主义现代化国家，需要推动国民经济高质量发展。

从国民经济运行的角度看，目前我国所面临的国内外环境已发生重大变化，特别是新冠疫情对国际市场产业链产生了重大冲击，逆全球化趋势进一步发展，贸易保护主义抬头，以美国为首的西方国家全面限制我国发展，我国在改革开放初期的"大进大出，两头在外"的外贸及投资战略就需要进一步调整，即实行国际国内双循环、以国内循环为主的方针。首先，面对14亿人口的大市场，做好国内经济的生产、交换、流通和消费的循环，满足国内市场需要，解决人民对美好生活的追求与发展不平衡、不充分之间的矛盾。这是我国经济社会发展的根本。2020年我国已完成脱贫攻坚任务，解决了绝对贫困的问题，全面建成了小康社会，但目前各地区、城乡之间发展不平衡，居民间的收入差距较大，走向共同富裕的任务十分繁重。我国还处在新型城镇化进程中，城市群、都市圈建设还需要大量的基础设施投资。因此，做好国内经济大循环是现阶段我国经济社会发展的首要任务，以进一步提高人民收入水平、生活福利水平，缩小居民之间收入差距，推进新型城镇化建设，走向共同富裕，建设现代化强国。同时，继续扩大对外开放，积极开展国际生产、交换、分配、消费大循环，参与国际分工，积极开展国际政治经济新秩序构建，提高在国际政治经济活动中的话语权，促进国内大循环与国际大循环之间的良性互动，为我国社会主义现代化建设服务。如前所述，我国经济社会发展所面临的国际环境，与改革开放之初相比，已发生了重大变化，美国等西方国家试图从科技、军事、经济等各方面全面限制我国的发展，但是世界上有200多个国家和地区，美国等西方国家占少数，想阻止我国建设现代化强国、实现民族伟大复兴是不现实的。近年来，我国推行"一带一路"倡议，积极开拓东盟国家、非洲国家、拉美国家、阿拉伯国家、太平洋岛国等国家和地区的经济外交关系，特别是我国和东盟十国以及日本、韩国、澳大利亚、新西兰等国建立了世界上最大的自由贸易区，即区域全面经济伙伴关系协定（RCEP），有力地打破了美国等对我国实行的科技、贸易等围堵活动。目前，我国对外贸易继续增加，我国仍然是世界上100多个国家和地区的最大的贸易伙伴国。即使在发达国家中，如法国、德国等，由于其自身利益的需要，在政治、经济立场上也不完全与美国一致。韩国、日本等我国邻国，考虑其自身利益，在某些方面，也不完全和美国的立场同步。这些都是我国在新形势下开拓国际大循环可以利用的有利因素。因此，我国可以在现有新的环境下，积极开展国内、国际两个大循环，以国内大循环为主，立足国内，积极开拓国际市场，实现国际、国内大循环有机互动，争取实现我国利益的最大化。

从性质上讲，国家经济安全具有明显的公共物品性质，在消费上具有非竞争性和非排他性。从受益范围来看，经济安全是具有全国性收益的公共物品，并且以纯公共物品属性为主，在个别领域、个别方面，具有准公共物品的性质。因此，从学科属性来讲，财政学是与国家经济安全问题研究最密切的学科之一。除政治学外，政府财政的主要职责，就是为社会提供企业、个人等私人主体不能提供的公共服务，而国家经济安全是国家重要的公共物品之一。国家经济安全是单个的企业、个人和家庭无力解决的问题，如产业链的安全、粮食安全、能源资源安全、金融安全等，是一个国家经济社会发展不可或缺的公共服务。只能以国家为主体来提供该项服务，其资金主要来源于税收、行政事业性收费等常规财政收入。从实际情况来看，国家经济安全的保障需要投入巨额的资金，如支持高科技产品的开发，建立国家粮食储备、能源储备，及时解决金融机构存在的问题等，都需要国家财政大量资金的支持。此外，国家经济安全体系的建立，还需要政府财政政策的支持。利用财政补贴、税收减免、政府投资基金等政策，鼓励企业从事目前一些"卡脖子"技术的开发和产业的发展，保证国家产业链的安全；用税收政策和财政补贴政策支持粮食的生产，保障我国粮食安全等。本书重点从财政投融资的角度，研究安全发展问题。

1.2 研究的意义

1.2.1 研究的理论意义

研究财政投融资与安全发展问题，有利于丰富和发展中国特色的社会主义财政理论。通过研究国债、地方政府债券、地方政府隐性债务，以及财政投资与国家安全发展的内在联系，进一步归纳和总结在我国社会主义市场经济条件下，财政投融资与安全发展的基本规律，并指导我国各项财政投融资活动的发展，丰富和发展有中国特色的社会主义财政理论体系，为我国财政学科建设做出应有的贡献。

1.2.2　研究的现实意义

研究财政投融资与安全发展问题，有利于探索和解决我国财政投融资发展对国家安全带来的挑战和问题，主要体现在：第一，国债规模、结构、资金使用效益，以及国债市场发展与国家安全不相适应的问题。如我国的国债规模与中央政府的宏观调控能力和中央财政的主导地位不相匹配。第二，地方政府投融资平台、城投债等隐性债务对我国财政安全和金融安全运行形成了巨大挑战。近年来，地方政府投融资平台转型发展缓慢，隐性债务风险继续蔓延，构成了我国经济社会安全发展的重大隐患，需要尽快治理。第三，地方政府专项债券快速发展，形成了我国经济社会中长期安全发展隐患，需要采取有效措施，逐步排除风险。第四，财政投资的规模、范围和效益，与我国高质量发展、安全发展的要求还存在较大差距。

第 2 章
文献综述

2.1 国内文献综述

财政投融资与国家安全息息相关,本章在综述国家安全的基础上,分别从财政与国家安全、国债与国家安全、地方政府债券与国家安全、地方政府隐性债务与国家安全、财政投资与国家安全等方面,对现有法律法规政策和文献进行梳理。

2.1.1 国家安全

党的二十大对国家安全提出新的要求。党的二十大报告中提出,"我们贯彻总体国家安全观,国家安全领导体制和法治体系、战略体系、政策体系不断完善,在原则问题上寸步不让,以坚定的意志品质维护国家主权、安全、发展利益,国家安全得到全面加强",并分别从健全国家安全体系、增强维护国家安全能力、提高公共安全治理水平、完善社会治理体系四个方面分别阐述如何具体维护国家安全。而且提出要坚定维护国家政权安全、制度安全、意识形态安全,加强重点领域安全能力建设,确保粮食、能源资源、重要产业链供应链安全,加强海外安全保障能力建设。建设更高水平的平安中国,以新安全格局保障新发展格局。

一些学者对国家安全的概念和包含的内容进行了研究。刘跃进(2001)依据不同的认识主体、认识客体、历史阶段、思想内容,将国家安全分为内部安全和外部安全,并提出了国家安全观的保障问题、影响以及十二个构成要素等。刘跃进(2014)进一步聚焦于非传统的总体国家安全观,并将传统和非传统总体国家安全观所侧重的不同方面进行横向对比,强调各种非传统措施和手段的治本性作用。刘卫东等(2002)和吴庆荣(2006)分别对国家安全的概念及特征进行细化,并提出目前全球化趋势下国家安全的新特点：经济安全问题越来越突出，金融手段可能成为威胁国家安全的重要"武器"。

不少文献聚焦于总体国家安全观下的经济安全研究。通过文献分析，目前对于经济安全概念的认定仍然存在不同口径的定义，陈宇学、许彩慧（2023），雷家骕（2006），顾海兵和张敏（2017）分别对经济安全进行定义。陈宇学和许彩慧（2023）认为经济安全涵盖三层含义：一是牢固掌握本国经济主权和经济命脉，能够自主决定本国经济制度、发展战略、自然资源利用和主要活动不受侵犯。二是经济发展不受国内外因素的威胁和侵害，能够具备可持续发展条件。三是国家有很强的经济竞争力，能够参与国际经济规则制定。而雷家骕（2006）定义国家经济安全即国家根本经济利益不受损害，一国经济在整体上主权独立、基础稳固、健康运行、稳健增长、持续发展。顾海兵、张敏（2017）将国家经济安全定义为能够抵御外来风险冲击，并保证内部经济的平稳运行和健康发展。对于经济安全中的重点，雷家骕和陈亮辉（2012）认为，维护国家经济安全的重点在于国家内部，需要实现国民经济增长、财富公平分配与生活质量提高。

一些学者对于国家经济安全的内涵和度量进行了研究。曾繁华和曹诗雄（2007）提出注意"市场安全"与"技术安全"的关系。蔡宏波（2022）则认为开放条件下经济安全的基本范畴应涵盖资源安全、产业安全、金融安全、信息安全、生态安全五个维度。张汉林和魏磊（2011）建立中国经济安全量度体系，包括粮食安全、就业安全、金融安全、市场安全、能源资源与环境安全、文化安全、信息安全、人力资本与技术安全以及经济安全的国际度量等9个二级指标和135个三级指标。陈首丽和马立平（2002）也建立了国家经济安全的风险因素与监测指标体系，认为内部的一些因素，如基础性缺陷、结构性缺陷、国内干扰等影响了国家经济安全。

2.1.2 财政与国家安全

当前我国经济社会环境错综复杂，财政可持续发展面临较多挑战。

"十四五"时期各种可能影响财政收入增长的波动性的因素在不断增加，应对财政收入波动需要有更多的准备。财政体系及财政发展与我国经济安全紧密相关，财政资金统筹使用对于财政资源配置和促进经济社会持续健康发展具有重要作用。2015年国务院出台的《关于印发推进财政资金统筹使用方案的通知》（国发〔2015〕35号），按照预算法及国务院有关规定，对推进财政资金统筹使用避免资金使用碎片化等问题提出了总体目标和主要原则。2015年《国务院关于实行中期财政规划管理的意见》（国发〔2015〕3号）及2016年《国务院关于推进中央与地方财政事权和支出责任划分改革的指导意见》（国发〔2016〕49号）分别就未来三年重大财政收支情况进行预测规划，对中央与地方财政事权和支出责任划分进行基本规范，对从财政方面维持我国经济安全和稳定做了制度安排。具体文件及相关表述如表2-1所示。

表2-1　已颁发财政与国家安全相关文件

年份	文件	相关要求
2015	《国务院关于实行中期财政规划管理的意见》（国发〔2015〕3号）	对未来三年重大财政收支情况进行分析预测，对规划期内一些重大改革、重要政策和重大项目，研究政策目标、运行机制和评价办法，通过逐年更新滚动管理，强化财政规划对年度预算的约束性，有利于通过深化改革解决上述问题，实现财政可持续发展。
2015	《国务院关于印发推进财政资金统筹使用方案的通知》（国发〔2015〕35号）	进一步优化财政资源配置，提高财政资金使用效益，完善预算管理制度，促进经济社会持续健康发展。
2016	《国务院关于推进中央与地方财政事权和支出责任划分改革的指导意见》（国发〔2016〕49号）	坚持财政事权由中央决定。坚持有利于健全社会主义市场经济体制。将中央与地方财政事权和支出责任划分基本规范以法律和行政法规的形式规定，将地方各级政府间的财政事权和支出责任划分相关制度以地方性法规、政府规章的形式规定。

财政安全对确保国家经济安全发挥了重要作用。高培勇（2020）指出，在经济安全项下，财政安全是所有安全的基础和支柱。如果财政安全

出现问题,其他方面的安全便无从谈起。"安全"成为经济发展和经济工作的又一重要考量。王连山(2005)提出,中国经济安全的特点决定了财政安全对于经济安全具有特殊意义。目前财政安全存在一定风险。财政部科研所(2001)针对可能导致财政风险的相关问题提出,为了缓解财政风险,确保财政正常运转,必须规范政府行政。规范行政风气,最终实现依法行政,提高行政效率。此外,我国财政面临经济可持续风险。白彦锋(2021)指出,"中等收入陷阱"与"高收入之墙",以及经济长期停滞,带来了一系列复杂的经济、政治、社会问题。这是我国"十四五"时期发展和落实2035年远景目标必须给予高度重视的战略性问题。具体应对财政风险方面,白彦锋提出关注供给侧结构性改革的"风险成本",推动高质量发展动力机制转变;完善应急财政机制,应对瞬时冲击风险隐患。

几乎所有重大的社会政治经济变革,都有深刻的财政压力背景和财政危机的阴影。中国经济正处于转型时期,政府面临严峻的社会稳定形势。居民收入差距逐渐扩大,王连山(2005)认为这种情况已经成为越来越突出的社会问题,地区间收入与发展差距扩大,以及就业压力沉重,关系到国家稳定和改革发展的大局。此外,就2020年可调用的非一般公共预算资金、可动用的上年结转结余资金数量来看,高培勇(2021)指出,2020年,为弥补中央一般公共预算收支差额,分别从中央预算稳定调节基金调入5300亿元,从中央政府性基金预算和中央国有资本经营预算调入3580亿元,两者相加,调入财力总额达8890亿元,结转结余资金已经捉襟见肘,难以为继,从而影响了社会稳定。

维护社会安全方面,黄建玲(2023)提出要以财政杠杆撬动发展"大效应",通过"投贷联动"扶持企业快速成长,以减费让利推动融资方式更加"普惠易得",搭建平台让"数据资源"变"信贷资金"等方式,充分发挥财政金融联动协同效应,以此监督行业发展,保障我国社会安全。

在总体国家安全观中,习近平把"政治安全"作为国家安全的根本,体现了新时代习近平总书记对中国特色社会主义国家安全的深刻把握和准确定位。财政与政治安全紧密相关，田玉才（2011）提出经济体制改革面临深层次矛盾和问题，对我党执政能力提出挑战，财政收支导致社会利益分化和社会矛盾冲突加剧，影响到政治安全的制度基础。他提出了相应的解决方法，认为应该坚持把经济结构战略性调整作为加快转变经济发展方式的主攻方向，在经济结构战略性调整中加强政治安全，坚持把改革开放作为加快转变经济发展方式的强大动力，在改革开放中加强制度安全。刘跃进（2016）提出政治安全是为经济安全和国民安全服务的，政治安全的最终意义和终极价值必须落实到国民安全和国民利益上。

2.1.3 国债与国家安全

2015年，第十二届全国人民代表大会常务委员会第十五次会议通过的《中华人民共和国国家安全法》，对十一个领域的国家安全任务进行了明确，提出健全金融宏观审慎管理和金融风险防范、处置机制，防范和化解系统性、区域性金融风险，防范和抵御外部金融风险的冲击。在2022年《财政部关于2022年特别国债发行工作有关事宜的通知》（财库〔2022〕38号）中提及有关2022年特别国债的发行条件、发行款缴纳，债权确立等相关内容，具体文件及相关表述如表2-2所示。

表2-2　　　　　　　　已颁发国债与国家安全相关文件

年份	文件	相关要求
2015	《中华人民共和国国家安全法》	加强国家安全，筑牢公民国家安全观念。
2022	《财政部关于2022年特别国债发行工作有关事宜的通知》（财库〔2022〕38号）	筹集财政资金，支持国民经济和社会事业发展。
2023	《加快建设国家安全风险监测预警体系的意见》	完善法律法规，建立综合性监测平台、加强技术支持、加强人才培养和加强国际合作。

在发展经济和稳定社会的压力下，政府往往通过债务筹资手段来弥补财政缺口。国债虽然会暂时缓解财政困境，但是也会留下相关风险，进而

影响国家安全。朱世武和应惟伟（2000）通过建立 AR – GARCH 预测模型，对国债发行规模进行预测，得出中央财政收支与国债发行规模的因果联系最为紧密。而魏陆（2001）对国债规模的动态变化与我国国债规模进行预测，认为赤字和国债规模的扩大，在我国会引发通货膨胀，从而可能导致危机，我国必须控制赤字水平。而刘溶沧和夏杰长（1998）认为，扩大国债规模必须与"振兴财政"同时进行。调整国债的期限结构，适当增加长期国债的比重。总之，如果中央财政实力薄弱，对于我国经济发展与社会稳定的不利影响是不言而喻的。当政府债务规模增加到一定程度，政府寻求通过通货膨胀政策来减轻国内债务负担时，这种通货膨胀政策将导致资本外逃，从而可能引发经济危机。

从国债的使用结构看，为保证国债资金的合理使用，提高资金的使用效益，国家应严格选择国债投资项目。王丽丽（2004）提出适当增加长期国债的比重，以满足国家长期投资的需要，减轻政府财政的还债负担。陈宝萍（2003）提出优化国债使用结构，使资金达到"帕累托改进"效应。章惠和刘英（2016）依据 Nelson – Siegel 模型提出，随着期限的增加，国债利率期限结构的收益曲线会随之增加，呈上升趋势，由此得出优化国债使用结构具有防范和抵御外部金融风险的冲击的作用。

国债资金的使用效益从根本上看取决于国债资金的投向。为此，不少学者对我国国债资金的投向问题发表了各自的见解。徐利君和朱柏铭（2003）提出目前国债投资使用方向存在国债资金过多地被用于到期债务的还本付息及非生产性支出的问题，并提出应该建立长期建设国债项目选择的社会化评价和决策体系。常永莲等（2002）提出目前存在国债资金的投向不尽合理的问题，企业的风险意识淡薄，不真正关心国债资金的使用效率。同时认为，国债直接用于企业应慎重，而用于竞争性产业则应慎之又慎，更不应倾向于某些国有企业，因为在现有体制下，其使用效率是很难有所保证的。范炜（2005）通过实证分析，认为追求 GDP 的相对增长影响财政收入的聚积进而影响国债的还本付息；追求财政收入的相对增长有利于聚积财源以偿还国债，减轻财政负担，降低国债风险，但经济增长速度又可能受到影响。同时认为，经济过热在局部显现，选择"稳健"的国债政策有利于我国国债政策的可持续发展。

2.1.4 地方政府债券与国家安全

地方政府债券在我国经济体系中占据重要的位置，我国地方政府债券成为债券市场中规模最大的债券品种。国务院及财政部均出台了相关文件对地方政府债券进行规范监管。根据《地方政府性债务风险应急处理预案》（国办函〔2016〕88号），地方政府债务风险按照范围和程度可以划分为Ⅰ级至Ⅳ级四个等级，依据不同等级可以对地方政府债券相对稳定的能力做出合理的风险评估。在2014年出台的《国务院关于加强地方政府性债务管理的意见》（国发〔2014〕43号）和2016年出台的《关于印发〈地方政府性债务风险分类处置指南〉的通知》（财预〔2016〕152号）中，中央赋予地方政府依法适度举债权限，建立规范的地方政府举债融资机构。国发〔2014〕43号文中提及对地方政府的债务实行规模控制并且严格限定地方政府举债程序和资金用途。除此之外，还应建立地方性债务风险预警机制，以提高资金使用效益，完善债务管理制度，尽量降低地方债务风险。同时，《新增地方政府债务限额分配管理暂行办法》（财预〔2017〕35号）对地方债务进行限额管理，进一步降低地方债务风险和财政金融风险。而2018年出台的《地方政府债务信息公开办法（试行）》（财预〔2018〕209号）和《财政部关于做好2018年地方政府债务管理工作的通知》（财预〔2018〕34号），分别对地方政府债务的透明度和管理进行进一步要求。具体文件及相关表述如表2-3所示。

表2-3　　　　　　　　已颁发地方债与国家安全相关文件

年份	文件	相关要求
2014	《国务院关于加强地方政府性债务管理的意见》（国发〔2014〕43号）	赋予地方政府依法适度举债融资权限，加快建立规范的地方政府举债融资机制，推广使用政府与社会资本合作模式，加强政府或有债务监管。

续表

年份	文件	相关要求
2016	《地方政府性债务风险应急处理预案》（国办函〔2016〕88号）	地方政府性债务包括地方政府债券和非政府债券形式的存量政府债务，以及清理甄别认定的存量或有债务。要建立健全地方政府性债务风险应急处置工作机制。
	《关于印发〈地方政府性债务风险分类处置指南〉的通知》（财预〔2016〕152号）	建立健全地方政府性债务风险应急处置工作机制，切实防范和化解财政金融风险，维护经济安全和社会稳定。
2017	《新增地方政府债务限额分配管理暂行办法》（财预〔2017〕35号）	规范新增地方政府债务限额管理。
2018	《地方政府债务信息公开办法（试行）》（财预〔2018〕209号）	增强地方政府债务信息透明度，自觉接受监督，防范地方政府债务风险。
	《财政部关于做好2018年地方政府债务管理工作的通知》（财预〔2018〕34号）	加强地方政府债务管理，发挥政府规范举债对经济社会发展的促进作用，有效防范化解地方政府债务风险，坚决打好防范化解重大风险的攻坚战。

地方政府债券作为金融市场上第一大债券品种，其波动程度对于国家整体经济具有至关重要的影响。地方政府债务的规模大小与到期能否完全支付的风险正相关。马海涛和吕强（2004）认为，我国地方政府债务规模风险相当大，存在一定的规模风险。解决规模风险方面，刘昆（2023）指出应在专项债投资拉动上加力，合理安排地方政府专项债券规模，适当扩大投向领域和用作资本金范围，持续形成投资拉动力。袁海霞等（2020）、尹芃和王平（2021）提出专项债的发展规模持续大幅扩容，发行明显提速，发行节奏不断加快。认为加快专项债的发行有利于缓解地方政府资金压力，保障重点项目资金需求，同时进一步发挥基建托底经济增长的作用，从而提升财政政策效率。此外，尹芃和王平（2021）对未来发展趋势进行预估，估计专项债限额新增规模将会进一步增加。

目前，地方政府债券创新品种占比增加，创新品种不断丰富，导致地方政府债务的结构不断调整。地方债券市场的构成要素主要包括市场参与者、市场工具和组织形式。马海涛和吕强（2004）指出地方政府债务的结构风险主要存在于直接显性债务风险、或有债务风险和隐性债务风险、县乡政府债务风险。张丹（2022）、石晓军等（2020）、孟凡臣等（2023）提出建立有效的监督机制是保证地方债券市场公平、高效运行的重要基础，及时调整债券结构是防范市场风险、维护市场秩序的有益手段。石晓军等（2020）以债券发行双轨制为切入点，找出影响置换债券发行结构的因素，认为在债务置换过程中地方政府与商业银行之间存在由相对势力影响的议价关系。创新债券发行方式、调整债券结构是减轻地方政府财政压力的有效手段。得出地方政府财力越雄厚、区域金融发展环境越好，发行结构越会倾向于定向发行的结论。孟凡臣等（2023）建议从短期、中期、远期分阶段完善财政制度，推动经济转型。

从近年来的政策成效看，扩大地方政府债券发行规模，促进了投资增长，为地方经济发展提质增效提供了"真金白银"。但是在使用及管理中仍然存在较多问题。江西省财政厅债务管理处课题组（2022）提出目前存在项目准备不成熟、规划设计调整频繁、计量支付程序复杂、配套融资未形成规模等相关问题。任新闻和张兴丽（2021）提出目前债券资金存在资金使用不及时等相关问题。课题组提出建立常态化债券项目申报审核机制，以及加强对地方债券使用的监控，可以完善债券的使用情况，保证经济安全稳定。课题组认为新时期对债券管理的要求，已经逐渐从债券发行向债券资金使用监管和债券还本付息风险管理这两方面转移。探索推进绩效管理信息化系统建设，打破"信息孤岛"和"数据烟囱"将对推动有效投资产生积极作用。任新闻和张兴丽（2021）认为，在证券资金使用过程中应该实施绩效运行监控，及时分析相关监控信息，对偏离绩效目标的项目及时采取纠偏措施，保障债券资金安全高效使用，项目建设顺利推进。

对于地方政府债务风险，马海涛和吕强（2004）、王晓明（2018）、刘尚希（2020）、熊北辰和刘炳辰（2023）、徐寒飞（2023）、董碧娟（2023）分别提出相关解决方案。马海涛和吕强（2004）提出从财政体制角度化解我国地方政府债务风险，完善地方税体系，加强地方税主体税种的建设。建立健全我国地方政府债务风险管理体系，根据财力增长幅度制定相应的偿还计划，做好偿债资金的准备工作。王晓明（2018）提出，对于地方债券出现的问题，应该分别从提升地方政府对地方债券的认知、提高地方债券的监管力度和增强债券发行人员的综合素质等方面着手解决。刘尚希（2020）认为，地方政府债务风险的本质是存在债务到期不能偿还的可能性，即债务风险。财政的基本职能是给经济社会的运行注入确定性。熊北辰和刘炳辰（2023）针对省级地方政府债务风险指数提出一种新的构建方法，为机构进一步优化地方政府债券决策、预警地方政府债务风险提供帮助。董碧娟（2023）认为应该完善项目建设，并且建立运营全周期、全过程监督管理机制，提升专项债券资金使用效益，以此保障经济平稳运行。

2.1.5　地方政府隐性债务与国家安全

对于地方政府隐性债务，财政部和国务院出台较多文件。财政部在《2023年上半年中国财政政策执行情况报告》中指出：加强部门间信息共享和协同监管，坚决遏制隐性债务增量，稳妥化解隐性债务存量，严格查处问责违法举债行为。《国务院关于加强地方政府融资平台公司管理有关问题的通知》（国发〔2010〕19号）强调政府应有效防范财政金融风险，要求地方各级政府抓紧清理核实并妥善处理融资平台公司债务，并且及时对融资平台公司进行清理规范。同时，加强对融资平台公司的融资管理和银行业金融机构等的信贷管理。2018年出台的《中共中央　国务院关于防范化解地方政府隐性债务风险的意见》（中发〔2018〕27号）和《地方政府隐性债务问责办法》（中办发〔2018〕46号）分别强调增加有效投资及化解隐性债务风险的力度，根据债务风险等级，实行分级响应和应急处置措施。2019年出台的《财政部办公厅关于梳理PPP项目增加地方政府隐性债务情况的通知》（财办金〔2019〕40号）强调加强项目合同审核。首先，严禁通过签订抽屉协议、阴阳合同等方式规避监管。其次，加强项目执行信息复核，地方财政部门应督促已签约PPP项目的相关参与者规范项目预算管理。最后，按规定在PPP项目库上传项目合同等材料并更新项目相关信息。具体文件及相关表述如表2-4所示。

表2-4　已颁发地方政府隐性债务与国家安全相关文件

年份	文件	相关要求
2010	《国务院关于加强地方政府融资平台公司管理有关问题的通知》（国发〔2010〕19号）	有效防范财政金融风险，加强对地方政府融资平台公司管理，保持经济持续健康发展和社会稳定。
2018	《中共中央国务院关于防范化解地方政府隐性债务风险的意见》（中发〔2018〕27号）	着力加大对重点领域和薄弱环节的支持力度，增加有效投资、优化经济结构、稳定总需求，保持经济持续健康发展。
2018	《地方政府隐性债务问责办法》（中办发〔2018〕46号文）	将加大地方化解隐性债务风险力度，重塑经济活力，让经济运行更有效率。
2019	《关于防范化解融资平台公司到期存量地方政府隐性债务风险的意见》（国办函〔2019〕40号）	指导地方政府和金融机构开展隐性债务置换，随后推出建制县隐性债务化解试点。
2019	《财政部办公厅关于梳理PPP项目增加地方政府隐性债务情况的通知》（财办金〔2019〕40号）	加强全国PPP综合信息平台项目管理库规范管理，抓紧梳理入库PPP项目纳入政府性债务平台监测情况，逐一列明项目增加地方政府隐性债务的具体认定依据。
2021	《银行保险机构进一步做好地方政府隐性债务风险防范化解工作的指导意见》（银保监〔2021〕15号）	不得以任何形式新增地方政府隐性债务，妥善化解存量地方政府隐性债务。

近年来，我国地方政府隐性债务规模居高不下。于志洁和王茂庆（2023）认为，各地隐性债务的竞争性飙涨的原因，是中央政府鼓励各级地方政府组建投融资平台，以此应对国内经济下行压力。刘昆（2023）提出，2017年以来按照"遏增量、化存量，强监管、严追责"的工作思路，隐性债务风险逐步得以缓释、可控。

许多学者通过建立经济模型对地方政府隐性债务规模进行研究。洪源等（2023）对地方政府隐性债务规模建立模型，进行测算，以各地区当期的PPP投资额为基础，通过设定隐性债务的投资额转化率，来对上述PPP及政府性基金融资渠道形成的隐性债务存量规模进行估算。得出隐性债务的风险与绩效的互动相关性之间存在相互影响的负相关关系的结论，分别就风险—绩效的高低水平提出相关建议。罗鸣令等（2023）采用主成分分析法来构建衡量经济高质量发展的综合指标体系，建立南北地区基准回归模型，得出地方政府债务规模和债务结构与经济高质量发展均呈倒"U"型关系的结论。地方政府债务对经济高质量增长有促进作用，但当债务规模扩大到一定程度后，就会抑制经济的高质量发展；适度的隐性债务会促进地区经济高质量发展，但当隐性债务占比偏高时则可能会对经济高质量发展产生负面影响。

我国地方债务问题再不解决就有可能由风险转化为危机，管理地方政府隐性债务的重要性由此体现。在地方政府管理体制改革方面，熊家财和黄玲（2023）认为地方政府债务管理体制改革，能够有效抑制地方政府隐性债务、增加企业可用信贷资源、降低企业融资成本。针对地方政府隐性债务管理总体情况，长春市财政科学研究所（2021）提出在管理上应该首先完善制度体系，为地方政府隐性债务管理提供保障；其次明确计划，确定隐性债务的管理目标与偿债资金来源。通过统筹资金，多措并举，全力推进隐性债务管理工作。严控地方政府隐性债务增量与多渠道筹集财政资金化解存量，是地方政府隐性债务管理的路径选择上需要注意的措施。

政府隐性债务风险化解对于维护国家经济安全、社会安全具有重要作用。靳伟凤等（2023）认为，加强地方政府隐性债务治理，应分别从拓宽地方政府融资渠道、规范地方政府债务运行、规范地方政府债务偿债管理、提高地方政府隐性债务信息透明度、完善地方政府隐性债务监管体系五个方面综合开展治理工作，精确测算隐性债务实际情况，增加治理力度。雷娟（2023）提出，化解地方政府隐性债务风险，应推进财税体制改革，优化政府财权与事权划分，同时充分尊重客观规律，强化金融机构道德风险监察。刘利（2023）提出，加快推动融资平台的转型与升级，利用政策性银行优势，构建多元融资体系；建立健全新形势下地方政府隐性债务管理责任机制；建立债务风险预警机制，彻底消除地方政府隐性债务。温来成、李婷（2019）提出，设立地方隐性债务风险管理的阶段性目标和统筹解决隐性债务风险与实现经济社会发展战略目标之间的均衡问题，将是实现我国经济社会可持续发展的重要方法。重点包括：加快投融资平台转型步伐，以PPP等市场化方式推进基础设施建设；调整保障性住房政策，提高效益以减轻政府负担。

2.1.6 财政投资与国家安全

为了进一步提高财政资金使用效益，发挥好财政资金的杠杆作用，财政部2015年出台的《政府投资基金暂行管理办法》（财预〔2015〕210号）和2016年出台的《政府出资产业投资基金管理暂行办法》（发改财金规〔2016〕2800号），对政府投资资金的设立、运作和风险控制、预算管理等工作进行了系统规范性阐述。2018年出台的《关于加强中国政企合作投资基金管理的通知》（财金函〔2018〕95号）提出应该高度重视PPP规范管理工作，落实绩效评价工作和资金统筹管理工作。而2020年出台的《关于加强政府投资基金管理 提高财政出资效益的通知》（财预〔2020〕7号）则要求强化政府预算对财政出资的约束，着力提升政府投资基金使用效能和实施政府投资基金全过程绩效管理。具体文件如表2-5所示。

表2-5　　　　已颁发财政投资与国家安全相关文件

年份	文件	相关要求
2015	《政府投资基金暂行管理办法》（财预〔2015〕210号）	加强政府性基金管理，进一步规范审批、征收、使用、监管等行为，保护公民、法人和其他组织的合法权益。
2016	《政府出资产业投资基金管理暂行办法》（发改财金规〔2016〕2800号）	为促进国民经济持续健康发展，优化政府投资方式，发挥政府资金的引导作用和放大效应，提高政府资金使用效率，吸引社会资金投入政府支持领域和产业。
2018	《关于加强中国政企合作投资基金管理的通知》（财金函〔2018〕95号）	为进一步加强中国政企合作投资基金管理，更好地发挥引导规范增信作用。

续表

年份	文件	相关要求
2019	《关于进一步明确规范金融机构资产管理产品投资创业投资基金和政府出资产业投资基金有关事项的通知》（发改财金规〔2019〕1638号）	创业投资基金是实现技术、资本、人才、管理等创新要素与实体经济有效结合的投融资方式，是推动经济高质量发展的重要资本力量，对于保持补短板力度，持续激发民间投资活力意义重大。
2020	《关于加强政府投资基金管理 提高财政出资效益的通知》（财预〔2020〕7号）	加强对设立基金或注资的预算约束，提高财政出资效益，促进基金有序运行。

调整和优化未来财政投资结构，是确立我国财政投资政策、提高财政投资效益需要研究解决的一个重要问题。苏明（2001）认为财政投资结构调整的重要性在于财政投资结构对优化经济结构具有重大影响，也是今后一个时期优化财政投资结构的基本思路。张江鹏（2006）认为地方政府财政投资对促进地区经济增长、优化地区经济结构、扩大就业具有重大作用。张江鹏还提出，目前地方政府投资中的隐性权力寻租行为和选择实施方面的不足，是财政投资的问题所在。

财政投资评审作为对地方财政投资项目的一种监管手段，可以有效保证工程质量、提高财政资金使用效益、规范财政投资运行，从而对经济安全形成保护。陈宏幸、李杰（2023）以EPC承包模式，提出财政评审应该加强前期管理，加强项目实施过程中的投资管理，进行全过程专业管理，将成本控制落实到每个环节，从而实现项目的投资目标。在财政投资评审中存在较多难点。徐飞（2022）认为比较突出的问题是，基层财政投资审批工作量大，并且工作人员的认知度不足。李建树（2022）和马晓苗（2022）都提出关于财政投资评审中的难点问题的解决方案。李建树认为应从源头抓起，加强对项目暂估价设置的审核，以及加强对财政部门评审人员的管理。马晓苗则提出目前存在缺乏统一管理机制、评审时效受限等问题。仪修县（2023）认为应建立项目评审汇报会商沟通机制、与审计部门的资源共享机制和项目不定时现场勘查制度等，在提高财政投资效益和财政投资评审质量方面做出贡献。刘越（2022）对财政投资评审工作提出优化路径，认为应该大力推进转型。徐飞（2022）提出，解决这方面的问题需要从加强对人才的培训和管理，建立较为完善的投资评审管理体系制度和规范项目评审的各个工作环节入手，和仪修县的观点有较多的相似之处。

财政投资项目是一个国家实施其政府职能的重要工具，随着经济的快速发展，财政投资项目对财务管理方面的要求越来越高，加强财政投资项目的绩效评价显得越来越重要。关于目前财政投资项目绩效评价存在的问题，翁娜（2014）认为评价无标准、部门资料不全导致项目难以评价，并且设计指标体系较难和管理水平不高。资金拨付、后期评估整个过程的不健全，导致绩效评估结果不准确，最终导致财政投资资金利用不充分，影响我国经济安全。高亚莉和贾康（2022）通过效益分析法对财政投资项目成本、效益进行评估，最终将社会综合效益样本询价数据扩展至所有受益者，测算项目的社会综合收益，为决策提供依据。王瑞峰（2022）就财政投资项目绩效评价的现状及存在的问题，提出有效对策，认为绩效目标应该长短并行，目光要放在长远发展上。刘蕾、于倩、张明媛（2021）则对财政投资性支出对高质量发展的影响构建了模型，最终得出应该持续扩大投资规模，调整财政支出结构，调整生产性支出向新基建倾斜，以及提高投资性支出与产业结构的耦合度的结论。

2.2 国外文献综述

财政投融资与国家安全息息相关，本部分在综述国家安全的基础上，分别从财政与国家安全、国债与国家安全、地方政府债券与国家安全、地方政府隐性债务与国家安全、财政投资与国家安全等方面对现有法律法规政策和文献进行梳理。

2.2.1 国家安全

国外很多学者对国家安全进行定义。普京（2021）、布朗（L. Brown）、拉斯维尔（H. Lasswell）、Sean M. Maloney（2016）分别对国家安全进行定义。1977 年世界观察所所长布朗（L. Brown）在"重新定义国家安全"一文中，讨论了能源危机和经济威胁（如通货膨胀）、食品不安全，以及气候变化等生态威胁。普京（2021）签署《国家安全战略》，较为明确地界定了"国家安全"的概念："国家安全是指俄国家利益免受外部与内部威胁的有效性，宪法规定的公民的权利与自由受到保护，公民的生活水平与质量可以得到保障，俄主权独立，俄罗斯的价值体系、社会经济发展都受到维护。"美国政治学家拉斯维尔（H. Lasswell）曾指出："所有为了国家安全提出的方法都不一定得到最终期望的结果，我们最大的安全存在于外交政策所有手段的最佳平衡中。因而，它在于军事、外交、信息、经济手段的协同运用，在于所有外交和国内政策关系的正确处理。"美国国家安全部对国家安全的理解则是："要用我们的基础机构和价值完整来保卫我们国家成为一个自由的国家。"Sean M. Maloney（2016）提出加拿大新建立的安全政策，指出目前加拿大面临的危险是核武器的无限制发展、在面临经济或政治变革的强大压力的关键地区的软弱或不稳定，以及国际共产主义机构的威胁，此外，指出美国"国家安全政策的基本目标是维护美国的安全及其基本价值观和制度"。

在冲突的世界，武力决定着政治，国家力量的分配决定了国际社会中敌对国家之间的关系模式。亚历山大·温特（Alexander Wendt）认为，建立国家间身份认同的主要因素是相互依存、共同命运、同质性和自我约束。Sabine Selchow（2016）通过采用国际组织理论（IOs）具体阐述了国际组织在国际体系中的相关性和力量。Sabine Selchow 得出在非西方背景下虽然理性主义和建构主义对国际组织存在的解释有其局限性，但 Abbott 和 Snidal 关注国际组织的功能来解释其有效性是一个有用的标准，在东非这样一个容易发生冲突的地区建立和维持和平与安全存在困难，但是东非政府间发展组织（IGAD）的存在对于克服建立地区安全架构的困难提供了更多的方案。俄乌冲突后，Kristian Åtland（2016）提出欧洲正处于严重的经济困难时期，其他方面的安全挑战也在迅速增加。基于这个原因，挪威与瑞典和芬兰一起发布了《国防与安全分析》。挪威相信在其他地方建立信任措施，可能是对区域稳定的重要贡献。而欧洲安全和合作组织（Organization for Security and Cooperation in Europe，OSCE）曾率先提出和践行"综合安全观"以应对国际安全问题的复杂性，只有将传统安全和非传统安全相结合，才能更好地抵御国家安全可能面临的威胁。

2.2.2　国债与国家安全

布坎南理论假定，每个国家政府都有追求最大预算的本能冲动，这种冲动直接或间接地破坏了国家财政收支平衡，导致财政产生缺口，从而对国家经济安全等方面产生影响。

拍卖发行债券是发达经济体政府迄今为止最重要的融资方式，但是，政府举债本身意味着政府未来扩大了财政支出。例如，1998 年俄罗斯金融危机之前，鉴于其迅速扩大了债务规模和其外汇储备日益下降，国际主权债务评级机构将其吸收外汇贷款的信用等级从 Ba2 降到 Ba3，导致其国家债务成本和预期筹资规模成本大幅提高，加之不断恶化的财政状况，最终导致财政危机的爆发。

对于国债阶段性需求和供给数量，国外众多学者 Beetsma 等（2020）、Albuquerque 等（2023）、akob Shida 等（2023）通过建立相关模型提出自己的建议。其中 Beetsma 等（2020）发现使用欧元区的国债受二级市场收益率和供给量的积极影响，并且欧元体系的资产购买往往会抑制某些阶段性的需求，从而对政府发行的债券产生一定影响。Albuquerque 等（2023）分析了葡萄牙国债拍卖中需求的价格弹性。他们发现弹性随二级市场波动率和一级交易商风险承受能力的提高而降低。Jakob Shida 等（2023）基于 logistic 需求曲线，通过分析德国联邦政府证券拍卖的数据，得出德国政府债券的拍卖需求与发行量、各自证券的二级市场收益率、即将到来的联合公告和之前的定价过低呈正相关。

实证研究报告称，当国债处于高点时经济往往会停滞不前。Reinhart、Reinhart 和 Rogoff 将其称为公共债务挤压。他们审查了发达国家的 26 个政府债务高额案例。报告提到，在 23 个案例中，经济增长停滞了十多年。他们发现高债务和低增长之间存在非线性相关性，认为政府债务的增加会导致经济增长放缓。Hoshi 和 Ito（2014）指出，日本国债主要由日本机构投资者持有，它们具有强烈的国内偏好。Kobayashi（2023）对于日本国家债券提出了新的想法，认为日本的持续停滞是由两个主要预期造成的：资本征税和危机时的资本使用效率低下。作者提供了一个新的视角来解释长期停滞和低利率的发生，并且证明在与政府债务增加相关的未来债务危机中，对资本征税是国债持续放缓的主要原因。

2.2.3 地方政府债券与国家安全

大量实证研究发现，地方政府债券对于经济增长具有重要的影响，经济安全是国家安全的重要组成部分，在保证国家安全的前提下必须稳定地方政府债券。关于地方政府债务分类的主流观点是银行学家 Polackove（1999）提出的财政风险矩阵，他将地方政府债务分为四类：直接显性债务、或有显性债务、直接隐性债务、或有隐性债务。

国外很多学者对政府债务对经济增长的影响进行了研究。目前少部分文献（Woo 和 Kumar，2015）发现政府债务和经济增长之间存在负相关关系，大部分文献发现政府债务与经济增长之间具有倒"U"型非线性效应。其中，Reinhart 和 Rogoff（2010），Reinhart 等（2012），Checherita-Westphal 和 Rother（2012）发现"U"型曲线的拐点在 90% 左右。还有较多的学者，如 Huang（2020）发现地方政府债务增加对经济增长产生抑制效果。Baxter 和 King（1993），Aschauer（2000）以及 Traum 和 Yang

（2015）提出，对于同一发展阶段的经济体而言，由消费性支出和投资性支出导致的政府债务上升的作用也不相同。

对于债务风险存在的问题，哈克巴特（1990）认为早期美国的州债务额快速增长的主要原因，是美国地区政府外债发行偿还体制和监管措施的不健全。Akai（2011）则提出，政府债务规模膨胀，从而引发债务风险的根源是财政税收制度的不合理。Brid（2001）认为政府在建设城市的过程中，通过举债获得资金，从而导致财政支出增加，债务负担加重。

具体到解决债务风险问题，Hajek（2011）提出使用神经网络对市政信用评级建模，通过精确的评级类别，可以针对不同信用级别进行债券的分配。Arslanalp 和 Liao（2014）提出了一种构建或有负债指数（CLI）的方法，考虑了银行系统的集中度，并且考虑了发达经济体的政府负债。Li Xiang 等（2022）则分别从个体风险、传染风险等多角度研究了地方政府债务风险，从而对国家经济安全形成保护。

2.2.4 财政投资与国家安全

随着经济全球化的加速发展，特别是冷战结束以来，国家安全的内容更加丰富。经济安全也随之成为世界各国倍加关注的热点。经济安全之所以重要，是因为在各国利益存在差别，各国赋有的自然资源不等，且自然资源又是有限的同时，为了保持社会经济的均衡发展，必须保证经济安全。

国家的财政投资安全是经济的关键组成部分之一，同时也是国家安全的关键组成部分。许多国外学者研究财政投资安全问题，特别是经济安全问题。他们发展理论模型，并形成适当的方法。Oleksandr Korystin 等（2021）通过宏观经济性质，分析可能对国家财政投资安全产生影响的因素。作者提出，任何现代社会都需要国家支持和公民社会活动来提高认识和预测社会的社会经济发展，社会的重要决策需要科学可靠的预测。作者通过构建图标，识别最可能的威胁以及对财政安全造成最严重后果的威胁，其中最可能的威胁分别是市场和行业的垄断、国家生产的下降、官方劳动力市场的减少、劳动力迁移、劳动力外流、与没有合法登记的工人的劳资关系。Esembekova A. U 等（2016）通过建立模型，考察俄罗斯内部和外部的威胁，并确定了俄罗斯财政的持续性、稳定性，以及财政安全程度。通过控制财务安全水平，查明可能存在的外部威胁包括不正当竞争、宏观经济危机，通过模型测算，认为俄罗斯拥有度过财政危机的能力。Nayantara Hensel（2016）提出在财政投资约束下国防设施建设应注意的问题，指出在财政投资方面应该注重装备和力量的结合，通过维持全球稳定的关键战略来减少财政约束，同时保护国民的安全。作者认为目前美国和其他国家面临的一个主要挑战仍是制定一个长期的政策框架。

世界银行首次在《东亚经济发展报告（2006）》中提出"中等收入陷阱"（Middle Income Trap）的概念。中等收入陷阱是指一个国家从低收入阶段进入中等收入阶段后，经济长期徘徊在中等收入区间，普遍表现为经济的持续减速或缓慢增长。在财政安全的评估方面，很多学者提出相关的计算方法。Mario Marcel（2014）指出，在大萧条之后财政空间已经成为经合组织国家的稀缺商品。但是财政整顿非常困难，因为可能带来巨大的社会成本。Mario Marcel 指出，创造财政空间本身不应是一个目标，而应是保护和调动稀缺公共资源以实现优先目标的一种方式。他认为，现有的 PB 工具、增量机制和扩展机制应被视为同一个工具箱的一部分，在硬预算约束下优化公共政策。Georgiyevich Blazhevich Oleg 等（2018）提出了评估市镇财政投资安全的方法，通过收集源数据、分组和计算统计指标的方式，将指标转换为可比类型，进而计算每个市镇的综合财政投资安全指标，评估市镇的财政投资安全，以及将市镇提高到财政投资安全级别。Evgenyevich Reutov Viktor 等（2018）提出在现代经济环境下，俄罗斯面临着一系列问题。作者明确了评估国家金融安全水平的方法，通过演绎法理解国家财政投资安全的一般理论、本质和意义，指出为了提前确定威胁和不稳定因素，应形成全面的金融安全指标体系，并计算出足够的金融安全指标阈值。

第3章
财政投融资与安全发展理论基础

财政投融资与安全发展有其坚实的理论基础。财政投融资为国家安全发展提供了物质基础，国家安全发展为财政投融资提供了保障。科学合理的财政投融资行为，可以带来经济效益和社会效益，有利于人民安居乐业和社会稳定，促进了国家安全发展；而不当的财政投融资行为，反而会带来财政风险和金融风险，引发系统性风险，损害国家安全发展。两者之间是一种相互依存、相辅相成的辩证关系。研究财政投融资与安全发展的相互作用，需梳理其理论基础，以理论指导政策的科学设计与制定，提高财政投融资的科学性、合理性，促进国家安全发展和国家重大战略目标的实现。

3.1 国家安全理论

3.1.1 国家安全概论

3.1.1.1 国家安全的内涵

国家安全发展的概念建立在国家的概念之上，是政治学研究范畴。关于国家的定义主要有马克思主义国家概念，以及西方社会共同体说、社会契约说等。

马克思主义国家概念源自《家庭、私有制和国家的起源》一书中对国家的阐述，恩格斯在书中写道："国家是社会在一定发展阶段上的产物，是一个阶级镇压另一个阶级的机器。"马克思主义强调国家是阶级社会中的政治工具，反映了统治阶级的利益。国家机器、法律体系和政府是统治阶级用来控制和维护社会秩序的工具。

社会共同体说起源于亚里士多德的《政治学》，他认为，国家是一种自然产生的、不可避免的有益的团体，其目标是实现公共利益和民众的幸福。社会共同体说强调国家的政治性质，认为国家是政治社会的一种形式，国家的存在是为了促进人的道德和政治发展，以实现社会共同利益。社会共同体说对西方政治哲学和政治理论产生了深远影响，并在以后各个时期为许多政治学家和相关学者所支持。

社会契约说诞生于 17 世纪，英国哲学家托马斯·霍布斯在其著作《利维坦》中提出了社会契约的观念，随后被洛克、卢梭和孟德斯鸠等政治家、思想家加以发展。社会契约说认为在国家产生之前，人民的自然权利因为没有安全保障而容易受到侵害，于是人们决定通过签订契约的方式，让渡部分权利给特定的人，由他们制定规则保障权利安全，由此产生了国家。社会契约说强调了国家的存在是基于人们之间的社会契约，人民同意组成政治实体以实现共同的社会目标。它将国家视为一个公共权力机构，其权威建立在公众同意和合法性的基础上。因此，国家的权力是人民授予的而非"神授"，必须为人民服务，受人民制约。

国家安全的概念是从国家的概念上延伸出来的，是一个广泛的概念。国家安全是"安全"属性与"国家"实体的有机统一。国家安全涵盖了多个领域，包括政治、经济、军事、社会、文化和环境等诸多方面。国家安全概念首先是1943年李普曼在其《美国外交政策》一书中提出的，他认为"国家安全"就是一国可以在不牺牲其核心价值的前提下避免战争或者在战争中能够保护其核心价值免受侵害。不过学术界对于国家安全概念的界定一直存在争议。主要存在以下三种观点。

第一种观点是从状态层面进行界定，认为国家安全是一种客观状态或包含主观性的一种状态，即国家安全就是国家安全利益免受威胁、侵害或破坏的一种客观的状态。俄罗斯学者沙瓦耶夫在《国家安全新论》一书中指出，国家安全就是国家利益免受内部和外部的威胁并受到保护的一种状态，正是有了这一状态，个人、社会和国家才能被确保不断向前发展。

第二种观点是基于国家的实力和能力进行界定，认为国家安全是一种国家具备的能力，指的是国家在面临威胁或潜在威胁时，维护和追求重大国家利益的能力。Brown（1983）提出，国家安全包括维护国家的统一和领土完整，增强与其他国家的经济联系，并防止外部势力的干涉①。国内学者孙晋平（2000）认为，国家安全是国家保持其相对稳定、完整、无威胁和无恐惧的状态的能力②。

第三种观点是从国家利益角度进行界定，认为维护国家安全就是维护国家利益。从这种意义上说，国家安全就是指国家领土完整，国家主权不可侵犯，国体与政体稳固，国家的统治机能与功能及国家与全体人民的重大利益免受威胁、破坏和侵害。

综合上述三种观点可以看出，"国家"是"国家安全"概念形成的基础。国家安全的核心是维护国家主权，根本目标是确保国家的生存和发展利益。2015年7月1日通过的《中华人民共和国国家安全法》第一章第二条对国家安全做出如下表述："国家安全是指国家政权、主权、统一和领土完整、人民福祉、经济社会可持续发展和国家其他重大利益相对处于没有危险和不受内外威胁的状态，以及保障持续安全状态的能力。"

3.1.1.2 马克思主义国家安全理论

马克思和恩格斯虽然没有直接使用"国家安全"一词，但他们关于国家基本原理的阐释，关于无产阶级专政的国家安全理论和处理国际关系准则等问题的深刻论述，都蕴含着十分丰富的国家安全思想。

一是马克思主义无产阶级专政和人民当家做主的理论，明确了国家安全的执行人和最终受益人。在《共产党宣言》一书中，马克思和恩格斯指出，"至今一切社会的历史都是阶级斗争的历史"③。在与资产阶级的斗争中，无产阶级必将夺取政权，之后的主要任务便是"把一切生产工具集中在国家即组织成为统治阶级的无产阶级手里，并且尽可能快地增加生产力的总量"④。生产力的增加，必然需要安全的外部环境，而无产阶级

---

① Harold Brown. Thinking about National Security [M]. Westview Press, 1983：4.
② 孙晋平. 国际关系理论中的国家安全理论 [J]. 国际关系学院学报，2000（4）：24.
③ 马克思恩格斯选集（第1卷）[M]. 北京：人民出版社，2012：400.
④ 马克思恩格斯选集（第1卷）[M]. 北京：人民出版社，2012：421.

专政是确保国家安全的一种方式。在马克思主义理论中，人民当家做主是一项核心原则，强调人民应该对国家事务有决定性的影响力。人民应该参与重要事项的决策，既包括政治经济方面的决策，也包括国家安全方面的决策。也就是说，人民可以通过民主程序来制定和支持国家安全政策，来确保政府的行为符合国家和人民的根本利益。

二是马克思主义国际关系理论强调国际体系中的阶级斗争和经济利益，并与国家安全有着紧密的联系。马克思主义国际关系理论认为，国际体系是资本主义体系的延伸，国际关系中的主要矛盾反映了国内社会结构的阶级矛盾。这意味着国际关系中存在着阶级斗争，这影响了不同国家之间的利益和权力，进而影响了相关国家的安全。同时马克思主义国际关系理论又强调，帝国主义国家通过控制资源、市场和经济体系，可能对弱小国家施加压力，这也会对国家安全构成潜在威胁。因此，马克思主义国际关系理论认为，国际关系中的经济不平等、阶级斗争和帝国主义关系对国家安全产生了重要影响。国家安全不仅受国内社会结构和政治力量的影响，还受国际经济和政治关系的影响，这使得国际关系与国家安全之间有着复杂的相互关系。

马克思主义国家安全理论强调阶级斗争、人民当家做主和国际关系对国家安全的影响。将国家安全与经济社会发展联系在一起，认为国家稳定和安全是阶级斗争和社会变革的产物。马克思主义国家安全理论为习近平总体国家安全观的形成和发展奠定了基础。

3.1.1.3 总体国家安全观

2014年4月，在中央国家安全委员会第一次会议上，习近平总书记首次提出了"总体国家安全观"。习近平指出："当前我国国家安全的内涵和外延比历史上任何时候都要丰富，时空领域比历史上任何时候都要宽广，内外因素比历史上任何时候都要复杂，必须坚持总体国家安全观，以人民安全为宗旨，以政治安全为根本，以经济安全为基础，以军事、文化、社会安全为保障，以促进国际安全为依托，走出一条中国特色国家安全道路。"总体国家安全观的提出是中国特色社会主义国家安全理论发展的重要成果。

从总体国家安全观的内涵来看，政治安全、经济安全、文化安全、社会安全、生态安全等的内向型比较明显，主要侧重于国内安全，体现了党和国家对国内安全的全面系统认知，以尽可能地促进人民安全。

从内容上看，总体国家安全观与以往中国国家安全理论相比更突出重点。以人民安全为宗旨是中国共产党"全心全意为人民服务"宗旨的重要体现，也表明人民安全是国家安全的基础，是国家各项工作的出发点和落脚点。以政治安全为根本，则说明总体国家安全观以政治安全为核心，其本质是坚持中国共产党的执政安全。以经济安全为基础则体现出国家安全的实现需要经济正常运行以保障物质基础。以军事、文化、社会安全为保障，说明国家安全的各层次需求需要相辅相成，才能保障国家内外基本稳定以及人民幸福的不断提升。以国际安全为依托，在国际安全合作方面，以共同、综合、合作、可持续的安全观为指导，更加积极参与全球安全治理，不断深化双边和多边安全合作，展现中国的大国安全责任。

总体国家安全观的提出，深化了中国共产党对马克思主义国家安全思想的认识，丰富发展了中国特色社会主义理论体系，实现了中国国家安全观的创新发展，是今后实现和维护国家安全的重要思想指引。

3.1.1.4　西方国家安全理论

在西方社会科学研究体系中，国家安全学至今没有形成一个独立的学科门类，对相关理论的系统化研究也是在第一次世界大战之后开展的，很大一部分原因是描述性界定国家安全定义造成了国家安全内涵的模糊化。西方国家尤其是欧洲国家的国家边界、国家版图没有在长历史周期中稳定存在，对国家安全的研究没有长期稳定的客体，因此西方国家至今仍将安全理论的研究杂糅于国际关系和国际安全研究中。西方国家安全理论发展主要经过了理想主义国家安全理论、古典现实主义国家安全理论、新古典现实主义国家安全理论、新自由主义国家安全理论和建构主义国家安全理论。

理想主义国家安全理论秉持了"康德文化"的观念,认为国家间应当建立自然而友好的关系,强调各国的利益相互关联,将国家安全视为集体安全。这一理论构想启发了理想主义者考虑建立超越国家层面的"世界政府"。而美国总统伍德罗·威尔逊实践了这一理念,他在第一次世界大战后创建了"国际联盟",旨在防止世界大战再次爆发,但后来第二次世界大战的发生表明了理想主义国家安全理论的失败。

古典现实主义国家安全理论则出现在第二次世界大战之后。该理论的奠基人祖汉斯·摩根索的核心观念是,"无论国际政治的终极目标是什么,权力永远是它的直接目标"。古典现实主义理论从"人性自私"出发,认为国家也是自私的,以追求权力为终极目标。该理论坚信世界上不存在能够凌驾于国家之上的"超国家权威机构"。在类似"霍布斯文化"的国际生态中,任何国家的存在威胁到其他国家的安全。古典现实主义国家安全理论在第二次世界大战后期和冷战初期迅速崭露头角,成为长期占据主导地位的西方国家安全理论。

新古典现实主义国家安全理论是在继承古典现实主义权力核心观和"安全困境"等核心概念的基础上提出的。新古典现实主义理论将国家视为一个理性的单元,认为只要国际体系的结构不发生变化,国家的安全就不会受到影响。同时,不同于古典现实国家安全理论,新现实主义国家安全理论将安全视为国家的最高追求目标,将权力视为达到安全的重要手段。

新自由主义国家安全理论则吸取了理想主义失败的教训,建立了一套完整的、更切合国际安全形势的理论体系。该理论主张国家之间是相互依存、相互联系的关系,强调以合作取代军事成为国家维护关系的新途径。在以国家相互依存理论为核心的基础上,又借鉴了博弈论和理性选择等方法,形成了以集体安全和国际合作为特征、以操纵国家间的相互依存为手段、以国家"软实力"为保障的国家安全理论。

建构主义国家安全理论结合了社会学理论，强调文化和观念在国际关系中的重要地位。该理论的研究重点从影响国家安全的物质因素（如军事、权力等）转向了非物质因素（如文化、认同等），并且创新性地提出了"安全共同体"的概念，即国家间通过源于文化认同的集体互信来结成一个区域体系，以和平方式解决问题，共同维护区域内的安全。建构主义国家安全理论是在 21 世纪随着全球化进程的推进以及经济危机、恐怖主义等重大历史事件的发生而形成的国家安全理论新范式。

3.1.2 国家政治安全

3.1.2.1 国家政治安全内涵

国家政治安全的理论阐释必须建立在对国家政治安全概念的准确界定的基础上。对于什么是政治安全，不同的学者从各自的研究角度提出了不同的观点，具有代表性的观点大致可以归为以下几类。

国家主权说。国家主权说主要从国际政治的视角定义政治安全。该学说认为领土和主权是国家最基本的组成要素，国家政治安全最核心的内容是国家主权和领土完整不受外来势力的侵害，其与国家军事安全密切相关。

政治制度说。与国家主权说从国际政治视角界定政治安全不同，政治制度说主要是从国家内部因素来界定国家政治安全的。该学说认为国家政治安全就是保障国家基本政治制度的稳定，维持国家政治体系的有序运转。

意识形态说。与政治制度说一样，意识形态说也主要是从国内政治的角度来界定政治安全的，在政治体系的诸要素中着重强调主流意识形态稳定对政治安全的重要作用。

执政安全说。该学说在研究国家政治安全时强调了政党执政安全的重要性，认为保持一国的政治安全与执政党良好的执政状态密切相关。

通过总结以上四种学说，可以将国家政治安全界定为：国家这一主体在政治事务方面减少或者避免来自内部或者外部的威胁。

3.1.2.2　国家政治安全与国家安全关系

政治安全是国家安全的核心。没有国家政治安全，其他各项国家安全都将得不到保证。从国内来看，不论是哪个方面的国家安全，安全维护的主体都是国家，国家本质上是一个政治概念，一个国家的最基本的组成要素包括领土、主权、国民与财产、合法政府，这四个要素的安全无一不是国家权力机构要维护的，从这个意义上讲，国家安全就是政治。从国际来看，国际关系的主体是主权国家，国家安全是主权国家在国际关系中对自身生存和发展的需求，这些需求一般通过国家权力机构动用国家权力转化为具体行为。有关生存和发展方面的国际关系问题，不论其发生在哪个领域，一旦上升为国家安全问题，国与国之间都是通过国家权力来进行交涉和处理的，因此从国际领域来讲，国家安全也是政治安全。由此可见，一国的国家安全与政治密切相关，政治安全是国家最根本的安全。

3.1.2.3　总体国家安全观中的国家政治安全

在总体国家安全观中，政治安全是国家安全的核心内容和最高层次，是其他国家安全的保障。总体国家安全观秉持内外并重、以人为本、休戚与共、统筹发展与安全的基本理念，为理解国家政治安全问题提供了有效的分析框架。

总体国家安全观注重政治发展与政治安全的统一。国家内部各种制度和体制相对稳固健康发展对于维护国家政治安全有直接作用，因此必须注重通过政治发展、政治体制改革提高政治体制的民主化、法治化水平，来推动国家政治安全的实现。

总体国家安全观注重国内政治安全与国际政治安全的统一。国家政治安全既包括国内政治安全，又包括国际政治安全。对内我们要维护宪法确立的国家政治制度以及社会稳定的局面这一核心利益，巩固国家政权安全和政治秩序稳定，包括意识形态安全、执政地位巩固、政府系统运转稳定、社会政治秩序良好等；对外我们要适应国际社会政治局势的变化，维护国家主权和领土完整。国内政治安全和国际政治安全往往相互交叉联系在一起，呈现出国内问题国际化与国际问题国内化的趋势，需要相互协调、共同维护。

总体国家安全观注重国家政权安全与公民权利的统一。总体国家安全观既注重国家安全中包含"国土安全"在内的"物的安全"，更强调"国民安全"这一"人的安全"的本原性和主体性，坚持"以人民安全为宗旨"，"国家安全一切为了人民、一切依靠人民"。"人的安全"是国家安全的核心构成要素和根本目的。在总体国家安全观的引领下，国家政治安全是社会主义民主政治的集中体现，人民是国家的主人，"人民对国家的认同和支持，是国家安全的根本依托和支撑"。因此，在政治安全领域，我们既要注重维护主权和领土安全等"物的要素"，更要重视公民个人的权利、价值和安全的实现等"人的要素"，后者是政治安全更为根本的要素。

总体国家安全观注重国内自身安全和国际共同安全的统一。在国际安全问题上，总体国家安全观主张国家安全不是一国的私事，也不是非此即彼的零和博弈，只有通过构建"命运共同体"与他国谋求共同安全，才能真正实现自身安全。当然，共同安全不是无条件的妥协，而是在维护核心利益的基础上通过"对话、沟通、交流、求同"实现的。由于政治制度的差异，我国与西方国家在政治问题上分歧明显，甚至对立对抗。我国国家政治安全的实现，既不能摒弃基本政治制度和价值观念，又要在复杂的国际环境中、在与国际社会的沟通互动中赢得认同与肯定，唯有如此才能真正实现政治安全。

3.1.2.4 国家政治安全相关理论

新安全观。新安全观对安全的研究突破了国家中心和军事安全领域，在宽泛议程的基础上，提出一种新的安全分析框架。新安全观特别强调"观念"的认同对一国政治安全的重要作用，认为外部威胁要想起作用也往往会通过威胁政权的内部合法性来实现。也就是说，政治安全的实现仅仅放在对政权外部威胁因素的防范上是不够的,最根本的是要放在政权内部的建设上,特别是通过国内民族观念和意识形态等"观念"领域的建设,增强政权的内部合法性,实现民众的政治认同。

合法性理论。政治合法性是国家政治安全维护的核心问题,合法性理论强调国家权力的稳固建立与维护与其合法性息息相关。该理论认为,国家的合法性来源于人民的认同和支持,而不仅仅是权力的形式。在这一理念下,政府的合法性是确保国家政治安全的关键因素,因为合法性不仅为政权提供了稳定的基础,也在民众中建立了一种信任和共识,有助于防范内外威胁,确保国家政权的稳固与长治久安。

政治沟通理论。政治沟通理论强调了信息传播和政治沟通在维护国家安全方面的关键作用。该理论认为,有效的政治沟通是确保政府与民众之间相互了解和信任的重要手段,有助于建立合法性政府、稳固国家统一以及化解潜在的社会冲突。通过在国内外广泛传播明确、一致的信息,政治沟通有助于构建国家形象,提高国际声望,从而在国际上更好地维护国家政治安全。

3.1.3 国家经济安全

3.1.3.1 国家经济安全内涵

对国家经济安全内涵的界定,可以分为广义的国家经济安全观和狭义的国家经济安全观两种。广义的国家经济安全是指一国在经济发展中能够有效消除和化解国内外各种潜在风险,具有抵御国内外各种干扰、侵袭的能力,以保持国民经济持续、健康、稳定发展。狭义的国家经济安全是指金融全球化条件下一国能够有效防止金融乃至整个经济受到来自外部的冲击所引起的剧烈动荡和国民财富的大量流失。

学术界对国家经济安全这一概念,通常从"能力论"和"状态论"两个角度进行界定。"能力论"认为,国家经济安全是指当一国面对威胁或阻碍其经济利益的情势时,保护其经济利益的能力,即经济生存能力和对内外威胁的抵御力，本质上是经济适应变化的能力和自我恢复能力，也有学者强调一国经济和国际地位的竞争力、国内外环境的维持力。"状态论"则认为，对国家经济安全的研究应侧重于经济安全的状态，即主权国家的经济发展和经济利益不被打断，整个国民经济保持平稳运行及良好发展态势，不受内部或外部因素威胁的状态。

3.1.3.2 国家经济安全与国家安全关系

国家经济安全与国家安全之间存在紧密而相互依存的关系，国家经济安全是国家安全的坚实基础。国家经济安全是国家安全体系的重要组成部分，直接关系到国家在政治、军事、社会和外交层面的整体稳定和强大。国家的经济强盛为其提供了国防和维护公共安全的实质基础。强大的经济体系使国家能够投资于现代军事装备、技术研发和战略基础设施，从而提高国家在面临外部威胁时的抵抗能力。经济的繁荣也为国家提供了充足的资源，使其能够更有效地应对自然灾害、公共卫生危机和其他突发事件。同时国家经济安全与社会安定密切相关。通过提供就业机会、维持生计水平和确保公平分配，健康的经济体系有助于减少社会不平等、降低犯罪率，从而维护国家内部的和谐与团结。国家的经济繁荣为社会提供了更多机会，有助于减少社会不安定，促进国内的稳定发展。

国家的经济实力也直接关系到其在国际事务中的地位和声望。一个经济强大的国家更有能力推动国际合作、塑造全球治理体系，并参与解决全球性挑战。强大的国家经济为其提供了更大的谈判筹码，增强了国际上的影响力，从而有助于维护国家在国际事务中的安全利益。

3.1.3.3 总体国家安全观中的国家经济安全

对总体国家安全的定位明确了经济安全是国家总体安全的基础，这一论断可以从以下两个方面理解。

第一，经济安全是其他安全的基础。其一，经济是国家实力构成的重要因素，也是提高人民生活水平、保持社会稳定的重要因素。一定的经济条件、经济基础是国家存在的先决条件和基础，是引导和促进生产力不断发展的终极动力。经济发展代表着国家的发展程度和社会的进步程度，经济因素在社会发展中起着决定性的作用。其二，经济是一国军事实力的基础，是国家实现安全目标的重要支撑力量。总体国家安全观中的国家经济安全是其他领域安全的基础，只有国家经济安全、人民生活水平稳中有升，才能保障社会稳定，其他领域的安全才有实现的基础。

第二，国家经济安全直接引导国家的安全战略。在和平发展的当今时代，国家维护安全，从根本上来说，是为了发展经济，提高人民的生活水平。从党的执政基础看，经济安全是赢得民心、巩固政权、稳定社会的基本条件。国家制定和实施安全战略，经济利益是基本的出发点，国家的政治、军事乃至环境政策在很大程度上都是以经济建设为中心。没有经济安全，文化、教育、社会等领域的安全也就无从谈起。此外，国际的矛盾、冲突和斗争在很大程度上也围绕经济利益而展开。因此，维护经济安全成为国家最重要的职责之一。

3.1.3.4 国家经济安全相关理论

幼稚产业保护论。幼稚产业保护论强调在国家经济安全框架内对新兴产业进行保护和支持，以促进国家经济的长期发展。该理论认为，在某些阶段，新兴产业可能由于缺乏竞争力而难以在市场上立足，因此需要政府的干预和支持，以帮助其克服初期面临的困难。通过提供关税保护、补贴和其他市场干预手段，国家可以促使这些幼稚产业逐渐发展壮大，从而为国家创造更多的就业机会、提升技术水平，并减少对进口的依赖。从国家经济安全的角度看，通过培育和发展新兴产业，国家可以降低对关键技术和战略性产业的外部依赖，提高自身在全球经济中的竞争实力，确保国家在长期经济发展中更为独立和安全。

贸易保护理论。贸易保护理论主张采取贸易保护措施，如关税、配额和其他贸易限制，来保护国家的经济安全。该理论认为，在某些情况下，自由贸易可能导致不公平的竞争和对国家经济的不利影响。因此，通过限制进口，国家可以保护本国产业，维持就业水平，防范外部竞争对本国产业的冲击。在国家经济安全的考虑下，贸易保护可视为确保关键产业稳定和可持续发展的手段。通过限制特定行业的外部竞争，国家可以确保在面对国际市场不确定性时，保持对关键资源和技术的控制，从而提高国家在全球经济中的经济独立性和安全性。

制度经济学理论。制度经济学理论强调建立健全制度框架来促进经济的稳定和发展。该理论认为，国家经济安全不仅依赖于市场机制，还受到制度环境的深刻影响。通过建立公正透明的法治体系、健全的产权制度、有效的监管机制以及促进市场竞争的制度，国家可以创造一个稳定的经济环境，降低经济系统的风险，并提高国家在国际市场上的竞争力。制度经济学主张通过改善制度环境，使其更有利于市场的正常运作，从而确保国家在面对内外部冲击时能够更为稳健地维护自身的经济安全。

发展经济学理论。发展经济学理论强调通过实现可持续、包容和平衡的经济增长，确保国家在面对内外部压力时能够维持经济的稳定和安全。该理论认为，经济的发展不仅仅关注增加国家的总体产出，更关注改善人民的生活水平、减少社会不平等、提升社会经济的韧性。通过投资于教育、基础设施和社会福利等领域，国家可以促进人力资本的发展，减轻社会动荡，提高国家经济的整体稳定性。在国家经济安全的层面，发展经济学强调实现经济繁荣的全面性，以确保国家在全球竞争中具有强大的实力，同时注重人民福祉，以增强国家内部的社会稳定。

3.1.4 国家社会安全

3.1.4.1 国家社会安全内涵

对于国家社会安全的界定，主要有"社会风险说"、"社会稳定说"、"社会认同说"、"社会保障说"等多种观点。

社会风险说将国家社会安全等同于社会风险因素的识别与控制，认为国家社会安全就是社会风险的不断降低，进而达到可控水平。社会稳定说将社会稳定视为社会安全的中介因素，认为国家社会安全体现为社会整体稳定。社会认同说将国家社会安全直接等同于社会认同，认为影响安全的核心变量是群体认同。社会保障说将国家社会安全定义为通过建立社会保障体系，确保个体在面对风险和不确定性时能够获得经济和社会支持，从而维护整个社会的稳定和福祉。

可以总结得出，国家社会安全是指一个国家在面对内外威胁、社会动荡和各种不确定性时，能够有效维护其社会结构、稳定性和公民生活水平的能力。维护国家社会安全需要综合考虑各种因素，包括社会公平、法治建设、教育健康、就业稳定、文化认同等，以建立一个全面、健康、公正的社会体系。

3.1.4.2 国家社会安全与国家安全关系

国家社会安全与国家安全密切相关，是国家安全的重要组成部分。国家社会安全关注的是社会结构、社会稳定和公民生活水平的维护，包括社会公平、法治、教育、就业和文化认同等方面。这些因素直接影响国家内部的和谐与稳定。国家社会安全的实现为国家提供了坚实的保障，有助于缓解社会矛盾、维护公民的权益和建立社会信任。与此同时，国家社会安全与国家安全紧密相连，因为一个社会内部稳定、公正、有序的国家更容易应对外部威胁。国家安全的维护需要建立在国家社会安全的基础上，通过合理的社会治理、公共政策和风险管理，确保国家在内外压力下能够保持坚固和稳定的整体安全状态。因此，国家社会安全是社会稳定和国家安全的基础，只有保证国家社会安全，才能最终实现社会稳定，才能实现国家安全整体目标。

3.1.4.3 总体国家安全观中的国家社会安全

总体国家安全观中的国家社会安全思想体现了一种全面、综合、以人民为中心的治理理念。该理论指出，总体国家安全是领土完整、社会稳定、人民安居乐业的全面概念，而其中社会稳定则是其不可或缺的组成部分。习近平在党的二十大报告中提出,"国家社会安全关系到国家长治久安,关系到人民安居乐业的基本前提",因此社会安全不仅仅是社会治理的一部分,更是国家整体安全的体现。

在实现国家社会安全方面,总体国家安全观突出了"人民至上"的理念。"人民是推动历史发展的伟大力量,是党和军队的坚强根基。人民的安全是全面国家安全观的出发点和落脚点。"这表明国家社会安全的核心在于保障人民的安全感和幸福感。总体国家安全观强调要通过提高社会治理水平、改善民生、保障社会公平正义,增强社会的稳定性,体现了以人民为中心的治理理念。

同时,总体国家安全观也注重预防和综合施策。在国家社会安全方面,提出了预防为主、综合施策的原则。习近平指出,"国家安全是一个综合体系工程,要以预防为主、综合施策,突出基础、关键、战略三位一体,加强系统性风险防范,完善风险应对体系"。这说明在国家安全的理念中,要注重通过综合手段、多领域合作来解决问题,以预防潜在的社会冲突和危机。

综合而言,总体国家安全观中的国家社会安全思想凸显了全面、综合、以人民为中心的治理理念,强调社会安全与国家整体安全密不可分,社会稳定是国家安全的基石,必须通过全面、综合的手段来实现国家社会安全的目标。这一理念旨在构建一个既有力又和谐、富有活力的社会体系,确保国家在各方面都能够持续发展、安定运行。

3.1.4.4 国家社会安全相关理论

社会契约理论。社会契约理论强调个体与国家之间存在一种相互的义务和责任关系,通过共同契约来维护社会安全。根据这一理论,国家社会安全的实现涉及个体和国家之间的相互信任和合作,个体在享有国家提供的安全和保护的同时,也有责任遵守社会规范和法律。国家则通过建立健全法治制度、提供公共服务和维护社会公平,履行对个体的承诺。社会契约理论强调社会中个体和国家之间的互动,倡导通过公正的社会契约关系来建立和谐、安定的社会秩序。在这一理论框架下,国家社会安全不仅仅是一种制度安排,更是社会成员之间共同努力、互信合作的结果,体现了社会稳定和安全的共同责任。

社会控制理论。社会控制理论强调社会中的规范、制度和控制机制对于维护社会秩序和安全的关键作用。根据这一理论,国家社会安全的实现需要建立有效的社会控制手段,通过法律、规范和制度来规范个体行为,防范犯罪和社会动荡。国家作为社会的组织者和管理者,通过建立健全法治体系、执法机构以及社会监督机制,对社会成员的行为进行引导和规范。社会控制理论认为,这种规范机制有助于防范和化解社会冲突,确保国家社会的和谐与稳定。因此,在社会控制理论的视角下,国家社会安全不仅依赖于物质层面的力量,更需要有效的社会规范和控制机制,来维护国家整体安全。

社会风险理论。社会风险理论强调对社会中的各种潜在威胁和风险因素的认知、评估和管理。该理论认为,国家社会安全的实现需要全面理解社会中的各种风险,包括经济不稳定、社会动荡、文化冲突等,以及外部因素,如自然灾害、公共卫生危机等。社会风险理论注重及时的风险识别和有效的管理机制,便于国家能够做出迅速而明智的决策,来应对潜在的社会不稳定因素。所以,国家社会安全不仅仅是对已知威胁的应对,更是对于不确定性和复杂性的全面考量,通过建立灵活、适应性强的社会系统,确保国家在面对多样化风险时能够有效维护社会结构的稳定和公民福祉的安全。

3.2 公共债务理论

3.2.1 公共债务的内涵

公共债务即公债,是政府为解决正常财政收入不足的问题,或实施特定的经济调控政策，以信用形式筹集资金而形成的债务。以货币借贷形式形成的货币信用是市场经济条件下普遍存在的现象，政府也同企业和个人一样会利用信用形式来满足其特定的支出需要或实现一定的经济政策目标。政府以信用来借贷的这种形式就构成了以政府为债务人的特殊的货币信用关系。

从公共财政理论的角度理解，公共债务的界定实际上包括广义上的公共债务和狭义的公共债务两种：广义上的公共债务包括政府所有行政机构或独资机构发行的债务，这些机构包括政府、公共企业和公共事业三大部分；狭义的公共债务仅指政府部门（包括中央政府和地方政府）对内和对外举借的债务。

3.2.2 公共债务理论的演变

3.2.2.1 马克思主义公共债务理论

马克思将公共债务视为主要资本积累的有力工具之一，他指出，政府债务的产生，即所谓的公债，与生产时期有关，特别是与殖民主义、海上贸易、战争时期有关。公共债务作为国家的异化，独立于执政的形式，无论是暴君、共和国还是宪法，标志着资本主义时代的开始。

马克思还强调了公共债务在原始积累中的重要性，通过购买政府债务，资本家得以迅速积累财富。为了填补财政亏空，西方资本主义国家每一次发行政府债务，都给资本拥有者带来了获取国民财富的契机，而还本付息则要通过增加赋税，加大剥削。在这种情况下，政府债务成为资本原始积累的手段，且非常有效。国家信用体系是从公共债务中产生的，现代税收制度是国家信贷运作的必要条件，因为作为国家收入补充的国债，需要涵盖政府年度利息的支付。信贷融资使政府有可能立即支付紧急开支，但这会导致税负增加。因此，由于债务累积而增加的税收导致政府必须采用新的信贷来支付新的紧急开支。这就是税收制度和政府债务相互关联的原因。

3.2.2.2 古典经济学派的公共债务理论

古典经济学派关于公债的理论都对政府举债持反对态度,认为政府在和平时期应当以税收作为财政收入用于支出,最好的财政计划是支出最少的计划,最好的租税是人民负担最少的租税。政府的收入和支出应以"量入为出"的平衡预算为原则,过度扩大财政赤字预算,再采用发行公债作为融资的财政政策,不仅会产生隔代不公平现象,还有可能引发经济危机,导致以债养债的结果,严重的甚至会导致政府破产。其中最具代表性的是亚当·斯密的公债理论和大卫·李嘉图的公债理论。

亚当·斯密的公共债务思想主要体现在其1776年发表的《国民财富的性质及其原因的研究》著作中,认为公共债务对国民经济的发展是有害的。具体来说,他认为公共债务并非所谓的追加资本,而是国内现有资本的扣除,并会造成社会劳动和物质财富的非生产性耗费。公共债务产生的根源是政府或君主的非节俭性、奢侈浪费以及战争的存在。公共债务会导致通货膨胀以及国家破产。亚当·斯密认为,由于政府或君主的不负责任,过度的公共债务就会导致国家破产,而避免或掩饰国家破产的惯用伎俩就是提高铸币名义价值,从而降低铸币的实际价值或标准成色。但铸币标准成色的下降,就会产生"劣币驱逐良币"现象,导致通货膨胀和国家信用破产。所以,公共债务对国民经济的发展是有害的。

大卫·李嘉图继承了亚当·斯密的公共债务观,也将公共债务视为国民资本被浪费的因素,认为政府用于公共债务的资金相当于抽离人民的生产资本,将有碍于工商业发展,坚决反对公共债务的发行。李嘉图等价定理认为,公共债务并非政府的净财富,政府通过税收或者公共债务所获得的公共收入对于居民经济行为的影响并无差别。由于当前公共债务的还本付息需要依靠未来税收收入对其进行偿还,而且税收的现值基本与当前的财政赤字等额,因此利用公共债务融资只是延迟的税收,完全理性的消费者有理由将债务与税收视为等价。该理论认为,公共债务是政府弥补战争经费不足的重要途径，但战后政府应努力偿清公共债务，并建立减债或偿债基金制度。李嘉图否定了公共债务可将闲置资本转换为生产性资本的机能和效果，还揭示了公共债务对经济活动的弊端和危害。

3.2.2.3 凯恩斯学派的公共债务理论

凯恩斯学派公债理论的发展，为公共债务对国民经济的正面影响效应提供了理论基础。凯恩斯公债理论是在20世纪20年代末期全球经济危机爆发后，各国经济逐步进入萧条的背景下提出的，通过对英国的公共债务进行探索和研究，试图找到能够使国家摆脱经济危机的有效途径。凯恩斯学派对公共债务对经济的影响总体上持积极态度，认为公共债务与赤字都是国家调整总供给、总需求的重要手段，当宏观经济由于不可控的因素出现波动甚至危机时，市场经济已经无法快速让国家经济回到正轨，此时通过国家干预的手段提高财政支出，能够帮助国家度过危机并解决一部分失业问题。同时，凯恩斯学派不认为财政收支保持平衡是好的，他们认为政府财政应保持一定程度的赤字来拉动经济增长。政府推行赤字政策的重要执行工具就是举借公债，政府举债能够快速有效调节财政收支状况，进而调节经济，因此公债应该成为一国经济政策的重要调控手段。

3.2.2.4 现代经济学的公共债务理论

公共选择学派公债理论。公共选择学派主张用经济学方法研究非市场决策问题。20世纪60年代，公共选择学派开始关注公债理论，并提出了诸多理论观点，代表人物为詹姆斯·布坎南和戈登·塔洛克，与之前其他学派关注整个国家和市场不同，布坎南以个体为研究角度，并结合法律和制度分析公债的性质和效果。布坎南认为，虽然举借公共债务和征税都是政府获得财政收入的重要方式，但是二者仍然存在不同：第一，公共债务是公众自愿购买的，而税收是一种强制行为；第二，税收是当期就要由纳税人承担的，但是公共债务在举借当期是不产生成本的，只有在未来还本付息时才需要承担，在这期间债权人可以主张获取个人或者政府收入的要求权；第三，公共债务不会受到国内政治势力的影响和牵制，也不会受国民约束。综合以上几点来看，公共选择学派认为公共债务在推动国家发展方面比税收更具优势。

供给学派公债理论。供给学派公债思想强调在财政政策中应更加注重供给面的调整而非需求面，特别是关注公共支出对生产力和经济增长的影响。该理论认为，政府通过发行公债筹集资金可能导致货币供应增加，从而引发通货膨胀。因此，他们主张限制政府的借款行为，以避免对经济造成不稳定的影响。供给学派认为通过控制政府支出、降低税收以及维持财政平衡等手段，可以实现财政的健康发展，故提倡有限政府的理念，以维护市场的稳定和自由。供给学派的公债思想在强调市场机制和财政纪律的同时，也对过度依赖债务融资可能带来的负面效应提出警告，强调财政的可持续性和稳健性。

3.2.3 公共债务风险理论

3.2.3.1 公共债务风险内涵和分类

公共债务风险指政府在发行债务筹集资金过程中，因无法按时偿还债务本金和利息而可能引发的一种财政潜在威胁。这一风险不仅会影响政府偿债能力和财政可持续性，还会影响经济体系稳定和国家安全。公共债务风险的影响一般包含两个层面。首先，因为举债规模过大，可能导致财政收支体系和债务清偿机制紊乱，政府被迫增加税收或削减公共服务和社会保障支出，同时可能增加投资者担忧，导致政府融资成本上升，甚至可能导致国家信用破产。其次，大量发行债务可能引发通货膨胀。在财政赤字的情况下，发债导致货币供应量急剧增加，货币贬值，物价抬升，引发通货膨胀。而通货膨胀影响了企业生产成本和利润空间，抑制了投资和消费需求，还会加剧社会收入分配不公，引发社会矛盾。

根据财政风险矩阵理论，可以将公共债务风险分为直接债务风险、或有债务风险、显性债务风险和隐性债务风险。直接债务包括国债和地方政府债务，这类债务明确记录在政府资产负债表上，偿还责任清晰。或有债务是指在特定条件下政府需要承担偿还、担保或救助责任的债务。根据是否有法律明确规定等条件，可以进一步分为显性债务和隐性债务。显性债务是指那些已经记录在政府财务报表上的债务，具有高透明度，易于监控；隐性债务则是未完全记录在财务报表上的潜在债务，如或有负债和PPP项目中的负债，这类债务因不透明而难以评估，但风险暴露时可能对财政造成较大冲击。不同类型的债务风险对国家经济安全的影响程度不同，财政管理部门应采取有针对性的措施。

3.2.3.2 公共债务风险相关理论

马克思的公债风险理论强调，国家公债不仅是筹集财政资金的工具，更是资本积累和阶级矛盾的重要因素。国家通过发行公债，将社会财富集中在少数资本家手中，从而加剧了社会的不平等，会导致潜在的财政风险和社会风险。马克思认为，公债负担最终由劳动阶级承担，因此，公债风险不仅是财政问题，更是社会经济结构的深层次问题。

财政分权理论探讨了在多级政府下，财政权力的分配与公共债务风险之间的关系。该理论认为，中央和地方政府间、各地方政府间的财政权力与支出责任不匹配会直接影响公共债务风险管理。在财政分权体制下，地方政府拥有一定的财政自主权，但也承担着更多的支出责任以及预算软约束问题。在地方经济发展和政治绩效的双重压力下，地方政府可能采取举债融资的方式扩大投资，导致地方债务规模不断增加。然而，约束机制和监督措施不能实时跟进，就容易出现道德风险和逆向选择。地方政府可预期到债务危机时的中央政府救助行为，从而倾向于过度举债，使得债务风险堆叠。由此，财政分权下的公共债务风险会造成财政不可持续，还可能引发系统性金融风险和经济危机。

委托代理理论是研究在委托人和代理人的目标利益不一致和信息不对称的情况下，如何设计最优契约以减少代理成本和道德风险。在委托代理框架下，政府作为公众的代理人，受托行使财政权力，以经济增长、社会稳定为目标。然而，由于政府和公众信息不对称，政府存在追求自身利益最大化的潜在行为倾向，如过度举债支持短期政治利益或满足部分选民需求，而忽视财政可持续性和公共利益。这就容易导致债务过度积累，增加未来的财政负担，进而威胁国家经济的稳定和安全。为此，防范公共债务风险需要加强委托代理关系中的监督和激励，通过完善法律法规、增强政府透明度、引入外部审计和社会监督等手段，约束政府的举债行为，确保公共债务管理符合长期的国家安全和发展目标。

代际公平理论主要探讨在公共财政管理中，如何合理分配债务负担，以维护财政可持续性和社会公平。代际公平理论认为，政府在进行财政投融资决策时，应当考虑到债务的代际转移效应，即当前政府通过举债来满足当代经济发展和社会福利需求的同时，也应预期到部分财政负担转移到未来政府。如果公共债务膨胀过快，不仅影响当前经济稳定，还会限制未来的财政空间和发展机会。公共债务的代际不公平可能引发社会矛盾，削弱政府的政策执行力和公信力。因此，代际公平理论强调，应在债务管理中保持审慎的财政政策，合理设定债务上限，避免过度依赖债务融资，确保政府支出效率和债务的可持续性。

3.2.3.3 公共债务风险的传导

财政风险指的是财政领域中因各种不确定因素的综合影响而导致财政资金遭受损失和财政运行遭到破坏的可能性，公共债务风险是财政风险的重要组成部分，可以向其他财政领域传导并形成更严重的财政风险。由于政府债务规模扩大和偿债压力上升，政府在预算执行、公共支出安排和财政平衡等方面会遇到种种困难和不确定性，进而可能被迫采取紧缩性的财政政策，如削减公共服务支出、降低基础设施投资等。这些措施会抑制经济增长，削减社会福利，并引发一系列经济和社会问题，进一步加剧财政不稳定。有效的财政管理应加强对公共债务风险的监测和控制，建立健全债务预警机制和应急预案，确保财政政策的稳健性和可持续性。

金融风险指的是由于金融市场的不确定性因素导致的资金损失风险。政府在发行债务融资时也面临着金融市场的不确定性，从而使公共债务风险由财政部门传导至金融市场。公共债务规模过高会影响市场对政府偿债能力的预期，使投资者信心下降，进而影响债券收益率和政府融资成本。同时，高额的公共债务还会加剧金融市场的波动，当市场预期政府可能无法有效管理债务时，资本外逃、信贷紧缩和金融资产价格剧烈波动等问题则会随之出现。此外，公共债务风险通过金融市场的传导机制，会对银行系统和非银行金融机构的资产负债表产生负面冲击，放大金融系统的脆弱性。因此，公共债务风险并不限于财政领域，还涉及更广泛的金融体系和宏观经济稳定。

系统性风险是指在一定程度上无法通过一定范围内的分散化投资来降低的风险。公共债务风险传导至财政领域和金融领域，形成财政风险和金融风险的反馈循环，进而引发系统性风险。具体来说，公共债务规模过高会削弱政府的财政稳健性和应对经济波动的能力，这种财政风险的增加会进一步冲击金融市场，引发金融机构的资产质量恶化和市场信心下降。金融市场的不稳定性又反过来影响政府的融资能力和债务管理，形成恶性循环。特别是在外部经济环境恶化或内部结构性问题突出的情况下，公共债务风险的积累可能突破临界点，引发整个经济体系的系统性风险。系统性风险不仅威胁国家的经济和金融稳定，还可能影响国家的政治和社会安全。因此，为防范系统性风险发生，必须在财政政策和货币政策之间建立有效的协调机制，确保公共债务规模和风险的长期稳定，提升经济整体的抗风险能力。

3.2.3.4 公共债务风险管理理论

公共债务风险管理理论研究了如何通过科学的管理手段和政策工具，控制和降低公共债务对国家财政稳定和经济安全的潜在威胁。该理论的核心在于通过完善公共债务结构、优化财政投融资策略和健全风险管理体制，实现债务的可持续性发展。公共债务风险管理强调债务规模和结构的合理性。适度举借公共债务能够提高政府逆周期调整经济波动和处理紧急事件的能力，但过高的公共债务水平则会增加偿债压力和信用风险。因此，政府应根据财政承受能力和宏观经济状况，科学规划债务规模和资金用途，合理搭配债务期限，避免债务期限集中偿还带来的流动性风险。还要控制内外债比例，防范外汇风险和国际资本市场波动对公共债务的影响，确保债务工具安全可控。

公共债务风险管理理论还强调债务制度化管理和风险管控机制的重要性。建立健全公共债务管理制度框架，形成法律法规、政策指引和操作规范的全覆盖制度体系，是防范和化解公共债务风险的关键。政府应提高债务透明度，定期披露债务信息，自觉接受内部监督和外部监督，建立健全债务管理问责机制，保证债务举借和资金使用的合法合规。该理论指出，应建立多层次债务风险预警体系和应急管理机制，通过合理设定和使用风险评估指标与方法，实时监测公共债务风险。同时国际经验表明，促进跨部门协调和国际合作，是提高公共债务风险管理效能的重要途径。通过强化风险意识、完善制度设计和落实政策执行，强化公共债务的可持续性和财政稳定性。

3.3 财政投资理论

3.3.1 财政投资的内涵

对于财政投资的内涵，文献中有不同的理解和表述，我们需要从广义和狭义两个角度进行更全面的界定。狭义的财政投资指政府利用财政资金进行资本性支出，包括基础设施建设、公共服务设施维护以及国有企业的资本注入等。其核心目的是通过直接投资提升公共物品和服务的供给能力，支持经济可持续发展和社会稳定运行。政府在狭义财政投资中的角色主要是作为直接投资者，通过预算内资金安排，对特定领域进行战略性投资。这种投资方式在促进经济增长、改善民生和提升国家竞争力方面具有重要作用。

广义的财政投资指政府通过多种模式配置财政资源，以直接或间接方式实现公共利益和经济发展的投资行为。除了直接的资本性支出外，还包括财政贷款、财政贴息、政府与社会资本合作（PPP）、政府投资基金等。多元化投资方式旨在发挥财政杠杆效应，引导社会资本进入国家战略性和公共性领域，弥补市场失灵，优化资源配置，促进经济结构调整。广义的财政投资体现了政府在现代市场经济中更加复杂的角色，既是直接投资者，也是资源配置的引导者和市场机制的调节者。

从财政投资主体、目的、依据、形式、地位五个角度可以更加深刻地理解财政投资的内涵。财政投资的主体是政府财政部门，资金的支出需要纳入财政预算安排。财政投资的目的是服务一定时期内国家经济社会发展战略目标，以实现宏观经济社会政策为导向，是非营利性的。财政投资的依据是政府信用，遵循有借有还、偿付利息的信用准则。广义财政投资形式既包括股权投资等直接方式，也包括财政贷款、财政贴息、政策性担保等间接方式。财政投资在财政资源配置中处于辅助地位，用以弥补税收、规费等无偿性支出的不足。

3.3.2　马克思主义政治经济学理论与财政投资

马克思主义政治经济学从资本主义国家的本质和功能出发，认为财政投资是国家干预经济的一种重要手段，体现了国家在资本积累过程中的积极角色。马克思认为财政投资与社会资本投资具有一定的相似性，指出"国家证券也像股票及其他一切有价证券一样，是借贷资本即用于生息的资本的投资领域"[①]。财政投资在马克思主义政治经济学中，被视为国家

---

① 《马克思恩格斯全集》（第25卷），第542页。

资本主义的一部分，通过对公共部门和战略性行业的投资，国家可以在一定程度上直接参与和调节资本主义生产过程。这种财政投资的最终目的是维护资本主义制度的稳定和延续，保障资本积累的顺利进行，同时在资本积累过程中，通过公共投资的方式转移和集中社会财富，从而缓和社会矛盾和冲突，维持社会的相对稳定。

马克思主义社会再生产理论强调社会处在不断的生产和再生产过程中，如何维持和重现社会结构及其矛盾，核心是社会总产品的实现问题。社会再生产不仅包括物质资料的生产和再生产，还涉及资本的流通和积累过程，以及社会劳动分工的再生产。在这一框架下，财政投资被视为国家干预和调节社会再生产过程的重要工具。财政投资可以增加企业资金，扩大生产规模，实现再生产，也有利于促进技术创新，提高生产效率。国家通过财政支出，特别是对基础设施建设和公共服务领域的投资，可以在一定程度上调节社会总需求，实现社会再生产过程的平衡与协调。在资本过度集中和不平等扩大的情况下，财政投资还可起到一定的矫正作用，缓和阶级矛盾和社会冲突，促进社会的稳定与和谐。

3.3.3 西方经济学财政投资理论

3.3.3.1 公共物品理论

公共物品理论是政府进行财政投资的西方经济学核心理论依据。公共物品理论认为公共物品具有非排他性和非竞争性特征，即一个人对公共物品的消费不会减少他人消费的可能性，同时也无法通过市场机制排除那些未支付费用的消费者。私人物品则满足竞争性和排他性特征，而准公共物品介于纯公共物品和私人物品之间。公共物品往往具有明显的社会效益，还存在"免费搭车"和"公地悲剧"现象。"免费搭车"是指参与者不需要支付任何成本便可享受与支付者等价的物品效用，严重影响了公共物品成本分担的公平性和供给的长期有效性。"公地悲剧"是指在公共物品使用过程中，由于缺乏明确的产权界定和有效的管理机制，个体出于自身利益最大化的动机而过度使用或消耗资源,最终导致资源的枯竭或公共福利的损失。

在市场经济条件下,私人物品的有效供给可以通过私人部门实现,但私人部门缺乏提供纯公共物品和准公共物品的激励,出现市场失灵问题。而纯公共物品的提供主要依赖于政府的无偿性财政支出,如国防安全、公共卫生等,要满足社会整体需求和公共利益最大化。准公共物品供给则采取财政股权投资等方式,一方面无偿性支出增加了财政压力,另一方面政府过度介入会导致市场机制的低效。因此,需要同时发挥市场资源配置和政府宏观调控功能,将市场和政府的力量有机结合,实现准公共物品有效供给。

3.3.3.2 市场失灵理论

市场失灵理论解释了政府为何需要介入市场并纠正市场机制无法自行解决的问题。市场失灵是指在某些情况下,市场机制无法有效配置资源,导致社会福利的损失。典型的市场失灵包括公共物品、外部性、信息不对称和市场垄断等,政府投资可以进行调整优化。一是由于存在外部性,市场中的私人利益与社会利益不相等,造成社会实际均衡产出偏离有效产出。财政投资通过合理配置财政资金,实现对外部性的纠正。二是由于存在信息不对称,加大了市场交易风险,对市场正常运行造成影响。财政投资可以有效发挥引导作用,通过政策性贷款和政策性担保等方式,减少信息不对称。三是由于垄断厂商追求超额利润,商品定价远高于成本价格,消费者却难以减少商品需求,造成社会福利损失。财政投资体现了政策导向,有利于打破垄断,纠正市场失灵。

市场失灵理论也体现了财政投资在促进经济稳定和社会公平方面的作用。在市场失灵的条件下,纯粹依靠市场力量容易导致资源配置效率低下和社会不平等加剧。政府通过财政投资,不仅能够填补市场无法覆盖的领域,还可以通过提供就业、支持创新和促进经济结构优化,缓解市场失灵带来的经济波动和社会矛盾。例如,在经济衰退期间,政府可以通过扩大公共投资来拉动有效需求，稳定经济增长和就业水平。财政投资还具有再分配功能，可以通过公共服务的普及和社会保障体系的完善，缩小贫富差距，维护社会的稳定、和谐。

3.3.3.3　金融市场理论

金融市场理论强调了政府在金融市场中的角色及其对经济稳定和国家安全的影响。在金融市场中，政府通过国债、地方债等金融工具进行融资，筹集资金用于公共支出和经济调控。根据金融市场理论，财政投资需要借助金融市场渠道实现资金从政府部门向支持目标的流动，受金融市场利率等因素影响。同时，财政投资活动又可以通过影响市场利率、流动性和投资者信心来调节金融市场和经济周期。在经济衰退或金融危机时，政府可以通过增加财政投资来提振市场信心，防止资本外逃和金融市场动荡。在这种情况下，财政投资起了"经济稳定器"的作用，为市场提供流动性支持，防范系统性金融风险的蔓延。

金融市场理论也指出，财政投资在促进长期经济发展和维护国家安全中具有重要的战略作用。通过在金融市场投融资，政府可将财政资源有效配置到具有高社会效益和战略意义的项目上，不仅能提高国家经济的整体竞争力，还能提升国家的综合安全水平。同时，通过建立健全金融监管政策和风险管理机制，政府可以有效防范金融市场上的投机行为，防范系统性风险的发生，确保财政投资的安全性。因此，金融市场理论揭示了财政投资如何通过金融市场机制促进经济繁荣和维护国家安全的深刻内涵。

第 4 章
国债与国家安全

4.1　我国国债发展现状与问题

国债作为公共财政与货币金融的连接点,是统一国债的融资功能与金融功能、统筹全局的关键环节之一。国债是一种特殊形式的基准性金融资产,受国家信用的支持。国债的功能由发展初期的筹集建设资金、弥补财政赤字,向宏观调控的财政政策工具转变。实施积极财政政策,通过发行长期建设国债的方式,主动地增加投资性支出,以扩大有效需求,推动经济增长。政府从以往的追求年度预算收支平衡向追求经济总量平衡转变。我国国债市场在发展中取得了显著成就,但也面临一些挑战和问题。

我国国债开始于1950年中央人民政府发行的"人民胜利折实公债",作为筹集资金的手段,1954—1958年,连续5年发行"国家经济建设公债",筹集资金支持国家经济建设。此后,我国暂停发行国债。国家经济建设债券于1968年完成还本付息。1968—1978年我国进入了既无内债又无外债的历史时期。直到1981年,国务院决定恢复发行国库券来平衡财政收支,并颁布《中华人民共和国国库券条例》。1988—1992年,国库券转让市场的开放,在一定程度上推动了国库券发行市场的发展。之后的丰富国债品种、建立市场体系等一系列重大改革,加快了国家现代化建设。

我国国债市场自1981年恢复发行以来,存量规模不断提升,期限结构不断丰富,国债衍生品稳步发展,对外开放持续深化,在支持我国实体经济和资本市场发展方面发挥了重要作用。2023年,我国债券市场高质量发展持续推进,服务实体经济的质效不断增强。根据《中国债券市场发展报告(2023)》,2023年共发行各类债券70.83万亿元,同比增长15.3%;全市场债券成交2601.29万亿元,同比增长19.0%。2024年国务院政府工作报告提出拟连续几年发行超长期特别国债,专项用于国家重大战略实施和重点领域安全能力建设,2024年先发行1万亿元。超长期特别国债的发行，旨在缓解中短期偿债压力，以时间换空间，同时为特定目标提供资金支持。这表明我国国债市场在支持国家战略和重点领域方面发挥着重要作用。

我国国债市场重启40余年以来，通过一系列国债管理制度改革探索，国债发展成效显著，在具有中国特色的市场化发展道路上不断前行，我国在国债发行方面积累了丰富的经验。国债成为国家宏观调控的重要抓手，筹资规模和水平显著提升。通过国债筹资，有力地支持了我国经济建设和改革开放的顺利进行，保证了关系国计民生的重大基础设施建设，有效支持和服务了经济社会平稳快速发展。

近年来，国债筹资规模不断提高，国债期限结构日益丰富，国债市场的容量逐渐扩大，参与主体日渐多元化，流动性逐步提高，对外开放持续推进，市场基础设施建设不断完善，国债市场实现跨越式发展，在国家经济社会建设的过程中发挥了重要的作用。但国债市场还处于发展阶段，市场运行机制并不完善，应对外部风险的能力不足。例如，市场对政策支持有进一步的期待，包括化解地方债务压力等。此外，央行是否应该直接购买国债，以实现财政政策和货币政策的有效协调，降低融资成本，增强市场信心和流动性，也是一个值得探讨的问题。

4.1.1 国债发行市场发展

国债发行市场又称一级市场，目前已形成以记账式国债和储蓄国债为主体的国债发行格局。国债发行市场化程度持续提高。随着市场制度的逐步建立，国债市场规模稳步提高，发行制度逐步完善，国债承销团组建规范，施行招标发行机制，一级市场价格发现制度逐步完善，关键期限国债滚动发行、续发行等机制陆续建立。但经济和利率环境变化、市场预期转换、投资者结构集中等都会对发行成本期限结构产生影响，仍存在国债品种创新和期限结构待完善，国债到期日分布不均衡、发行节奏有待进一步优化等问题。

1981年恢复发行国债后主要依靠行政手段推销，当时采取的发行措施是自愿认购与分配任务相结合，当自愿认购完不成发行计划时，就需要采用行政手段强制完成。1991年开始采取承购包销的国债发行方式，承销团由不同地区的承销机构组成，向财政承购一定数量的国债，通过交易所网络向投资者分销，未能售出的国债由承销方包购。1993年推行国债一级自营商制度[①]。1994年开展国债无纸化发行。1995年国债招标发行试点成功。1996年国债发行改革为按月滚动发行，提高国债发行频度，实现短期国债贴现发行，并推出按年付息的10年期和7年期附息国债。2000年起，全面实现了国债无纸化远程公开招标发行。2004年4月，财政部引入"混合式"招标方式，对价格发现和降低成本起到了积极作用。2004年开始引入电子记账的凭证式国债，后称为储蓄国债（电子式）[②]。2005年起，记账式国债实现跨市场发行。2006年开始，在记账式国债的招标中采取混合式招标。建立了规范稳定的国债承销团制度；经销方式由承销机构承购包销转变为代销，购买方式由线下交易转变为线上网络购买，构建了多平台记账式国债发行机制。自2011年以来，财政部、中国人民银行等逐步建立并完善了国债预发行、续发行制度。2017年凭证式国债正式更名为储蓄国债（凭证式）。储蓄国债[③]主要面对非机构的个人投资者，对筹集财政资金、促进经济发展、满足城乡居民投资需求发挥了重要作用。通过不断拓宽国债发行渠道，扩大储蓄国债网上和手机银行销售试点，实现了国债发行的市场化，形成了较为完整的一级市场。

　　2022年中央财政发行内债97218.17亿元，同比增长44.29%，其中储蓄国债2540.43亿元，平均发行期限4.01年；记账式国债94677.74亿

---

① 国债一级自营商是指符合一定条件，经财政部、人民银行和证监会审核批准的银行、证券公司和非银行金融机构。

② 面向国内居民个人发行、以电子方式记录债权、不能流通的国债。

③ 储蓄国债是指一国政府面向个人投资者发行的，以吸收储蓄资金为目的，满足长期储蓄性投资需求的一种不可流通国债品种。

元,平均发行期限 4.35 年(见表 4-1)。2022 年内债还本 71270.33 亿元,内债付息 6468.52 亿元。2022 年中央财政发行外债 268.8 亿元,其中主权债券 260.18 亿元,平均发行期限 3.08 年。2022 年外债还本 387.24 亿元,外债付息 55.47 亿元①。

表 4-1　　　　　　　　　不同类型国债的发行规模

年份	储蓄国债发行规模(亿元)	储蓄国债平均发行期限(年)	记账式国债发行规模(亿元)	记账式国债平均发行期限(年)
2018	3290.30	3.97	33485.28	6.55
2019	3998.24	3.97	37836.47	7.62
2020	1769.79	3.96	69138.08	7.03
2021	3068.19	3.99	64854.09	5.29
2022	2540.43	4.01	94677.74	4.35

资料来源:财政部。

目前,国债发行期限已涵盖 1 个月至 50 年的 12 个主要期限。1981 年重启国债发行时,主要为 5 年、9 年期中长期国债,后增加部分 2 年、3 年期限。1991 年,国债发行开始试行承购包销方式,国债市场进入市场化发行阶段。1994 年首次发行 6 个月、1 年期短期国债。1996 年新增 3 个月及 10 年期限,对短期国债首次实行贴现发行,国债集中发行改为滚动发行,增加了国债发行频率。1998 年起,陆续发行了 15 年、20 年、30 年、50 年超长期限国债。从 2001 年开始,启动关键期限国债建设,将 7 年期国债作为关键期限国债每年定期发行两期。2006 年,关键期限国债品种扩展到 1 年、3 年、5 年、7 年、10 年五个品种,并于每年初公布关键期限国债的全年计划。2006 年以来,开始定期滚动均衡发行 3 个月、6 个月的短期国债,从而使国债发行期限形成从 3 个月到 30 年的短期、中期、长期的国债期限结构。2011 年起,实行了对关键期限国债强制报价的做市商制度。2013 年,国债续发行框架建立。2014 年 11 月,财政部正式

---

① https://yss.mof.gov.cn/2023zyczys/202303/t20230327_3874821.htm.

发布由中央结算公司编制的中国关键期限国债收益率曲线①。从2015年二季度起，每月滚动发行一次6个月短期国债；从2015年四季度起，每周滚动发行一次3个月贴现国债，健全了短期国债市场机制。2016年财政部采取一系列措施以推进长期国债市场条件的建设，一是公布30年期国债全年发行计划，提高了发行计划的透明度；二是增加30年期国债发行次数及建立续发机制，进一步发挥好发行市场和流通市场的良性互动效应。这些举措提高了国债市场的价格质量，直接促进了国债收益率曲线编制条件的完善。

国债收益率曲线②反映了某一时点不同期限的国债即期利率或到期收益率。我国已建立了涵盖短期、中期、长期的较为完整的国债收益率曲线。2014年财政部参考国际通行做法，首次发布1年、3年、5年、7年和10年等关键期限国债收益率曲线。建立初期仅包含5个关键期限，且超短期国债、短期国债和10年以上的长期国债品种比较少，二级市场交投不活跃，还不具备成为决定整体金融市场利率基石的条件。2015年、2016年陆续公布超短期和超长期国债收益率。2015年11月27日，财政部在网站上开始公布3个月、6个月国债收益率，填补了国债收益率曲线短端的空白，为超短期限金融资产提供了定价基准。2016年10月28日，财政部在网站上公布了30年期国债收益率，使得收益曲线的期限跨度更为完整。2021年1月15日，财政部公布了2年期国债收益率，进一步完善了国债收益率曲线。目前已形成涵盖3个月至30年的期限结构较为完整的国债收益率曲线。

2022年，债券市场收益率表现分化，不同券种、不同期限债券收益率走势有所差异。国债中短期和超长期债券收益率较上年末有所下降，而中长期债券收益率则略有上升。其中，10年期国债收益率在2.58%和

---

① 收益率曲线又称为利率期限结构（Term Structure of Interest Rates），是指在某一时点上，风险、流动性、税收等性质相同的不同期限资金的收益率与到期期限之间的关系。

② 国债收益率曲线是反映某时点国债收益率水平和到期期限关系的曲线，一般以收益率为纵轴，以剩余期限为横轴。

2.92%之间波动。1—7月10年期国债收益率在2.68%和2.85%之间震荡，8月收益率快速下降，9—12月收益率呈上升趋势，年末收益率略高于年初。

我国国债收益率曲线自1999年编制发布以来，在20余年的历程中日益健全。我国不断探索科学合理的编制方法，全面吸收各类信息价格，对标国际标准。收益率曲线的数据来源包括银行间市场和交易所市场的做市商报价、货币经纪公司报价、成交价和结算价等。曲线样本点优先选取新发行且满足流动性要求的债券，并且每个工作日日终发布一次，发布时间为北京时间17：30。国债收益率曲线得到了市场、国家层面的重视和认可，已经成为我国债券市场的基准利率，是各类人民币资产的"定价锚"，2022年，中国人民银行发布的《中国货币政策执行报告2022年第一季度》明确将10年期国债收益率作为存款利率市场化定价参考利率之一。国债收益率曲线作为基准利率，支持了金融衍生品市场的发展，例如利率互换和标准债券远期等。2022年开始实施国债到期日管理，推动形成规律均衡的国债到期结构，有利于央行和市场机构开展流动性管理，提升了市场资金配置效率。截至2022年末，以国债收益率为基准的浮动利率债券规模超4.7万亿元，在同类债券中的占比超96%。国债收益率曲线定价基准作用逐步显现。经过多年培育，国债收益率曲线在境内外金融市场的应用不断深化。

4.1.2 国债流通市场发展

国债流通市场又称二级市场。与一级市场发展相适应，二级市场得到较快发展，构成了国债市场体系。按照当时人民银行的规定，商业银行退出交易所市场，其所持有的国债等由中央国债登记公司托管，并进行回购和现券买卖。银行间市场1997年开始启动。1999年后，银行间市场成为国债发行、交易的主要场所。2001年以后，银行间债券市场和上海证券交易所市场全面实施国债净价交易，与国际通行做法逐步接轨。国债二级市场的广度和深度进一步拓展，形成了银行间市场、交易所市场和商业银行柜台市场多主体并存、层次分明的国债交易市场框架。二级市场新发行关键期限国债报价做市机制初步建立，总分后台托管机制实现了国债跨市场联通，国债二级市场制度机制不断健全，运行效率不断提升，在我国多层次资本市场建设和发展中的基础性和引领性地位逐步确立。但国债转托管效率有待提高，整体流动性不高，做市商活跃市场的效应仍需强化。

1990年以后，除国债现货交易外，回购交易①、远期合约、期货交易等其他交易方式逐步推出，促进了我国国债流通市场的进一步发展。1991年上海交易所推出国债回购交易业务，后发展了质押式回购和买断式回购等新的交易种类，提高了国债市场流动性。随着国债发行规模的不断扩大，借助电子化交易网络，1998年以来的国债流通市场获得了空前的发展。2008年，国债现券交易结算量为3.84万亿元，2018年国债期货累计成交金额10.38万亿元。财政部等有关部门自1998年以来采取了一系列措施，如将金融机构进入银行间债券市场准入制度由审批改为备案，所有金融机构能够自主成为银行间市场的成员。2002年6月商业银行国债柜台交易市场开办，有利于国债二级市场流动性的提高。同年10月，人民银行允许非金融机构通过代理银行进入银行间债券市场进行现券买卖和逆回购，以改善银行间市场投资者结构。

我国国债市场是包括银行间、交易所、柜台市场的多层次交易市场。银行间市场的"双边报价商"制度是做市商制度的雏形。从2000年4月30日，中国人民银行发布《我国银行间债券市场债券交易管理办法》，提出"双边报价商"的概念，次年发布《关于规范和支持银行间债券市场双边报价业务的有关问题的通知》，并批准九家银行成为首批双边报价商。以2007年中国人民银行颁布的《全国银行间债券市场做市商管理规

---

① 国债的回购交易，是一种资金融通行为，是指国债持有人在卖出一笔国债的同时，与购买人约定，在一定期限后以约定的价格将其购回。

定》为标志，我国银行间债券市场做市商制度正式建立。初级阶段以商业银行作为主体的做市商群体，存在做市业务结构不均衡、做市商积极性不高等问题。2014年6月，全国银行间同业拆借中心正式发布《银行间债券市场尝试做市业务规程》，将市场参与成员正式分为做市商、尝试做市商以及其他市场机构三类成员，进行做市商分层制度建设。规定报价质量较好的尝试做市商可以申请成为正式做市商，不满足报价要求的正式做市商则可能被取消做市资格。此后，中国人民银行进一步明确做市商的市场地位，规定新入市的信托、券商资管、农村类金融机构等投资者只能与做市商进行交易。

为保障国债交易的连续运行，提高国债二级市场流动性，健全反映市场供求关系的国债收益率曲线，扩大国债收益率曲线作为定价基准的应用范围可以助力宏观政策的实施，提供定价参考，最终促进市场健康发展。国债收益率与其他市场利率高度相关，有对政策利率进行传导的效果，可以为货币政策的制定提供重要的参考依据，还能为各类金融产品提供更准确的定价。目前而言，除了资产支持证券类浮动利率定价基准为央行公布的贷款基准利率外，其余基准主要为国债收益率，足以见得国债收益率曲线的重要性。扩大国债收益率曲线作为定价基准的应用范围可以进一步规范二级市场，提供更好的投资环境，助力金融业健康发展。

要推动扩大国债收益率曲线作为定价基准的应用范围，具体应该推动包括中债国债收益率在内的国债收益率曲线作为贷款市场的定价基准。目前，我国信贷市场的报价利率定价基准为LPR，主要包括1年期和5年期以上两种品种，而国债收益率包含了不同期限结构的国债利率，期限结构完整且连续性强，LPR的期限点少且连续性弱。国债收益率在银行间市场发挥了定价基准作用，较为充分地反映了短期和中期政策利率的变动，有助于政策的传导。而推动国债收益率曲线作为贷款市场的定价基准还要进一步提高曲线精度，增加对信贷市场的考虑，努力增加公布频率，尝试日间多频发布，更准确地描绘债券价值，双向推动国债收益率曲线的健全完善。

2016年9月30日，财政部与中国人民银行联合发布公告①，宣布建立国债做市支持机制②。根据两部门印发的《国债做市支持操作规则》，国债做市支持运用随买、随卖等工具。其中随买是财政部在债券二级市场买入国债，随卖是财政部在债券二级市场卖出国债。国债做市支持操作通过国债做市支持操作平台进行，国债做市支持机构通过操作平台客户端参与。按操作规则，国债做市支持参与机构为做市商中的记账式国债承销团甲类成员，开展关键期限记账式国债随买、随卖等操作。做市支持的条件为每次对至少一只国债申报随买（或者随卖）需求意向的参与机构不少于5家，同时申报总额不低于2亿元。2017年"债券通"推出，国债市场对外开放，海外投资者只能通过做市商参与债券市场的市场交易。

做市商成为推动债券市场发展的重要力量，做市成交占比显著上升（见图4-1）。2022年末，作为债券市场重要组成部分的银行间市场的托管余额已达125.3万亿元，市场机构参与成员超过4000家。2022年银行间市场现券成交271.2万亿元，日均成交10893亿元。做市商参与主体也

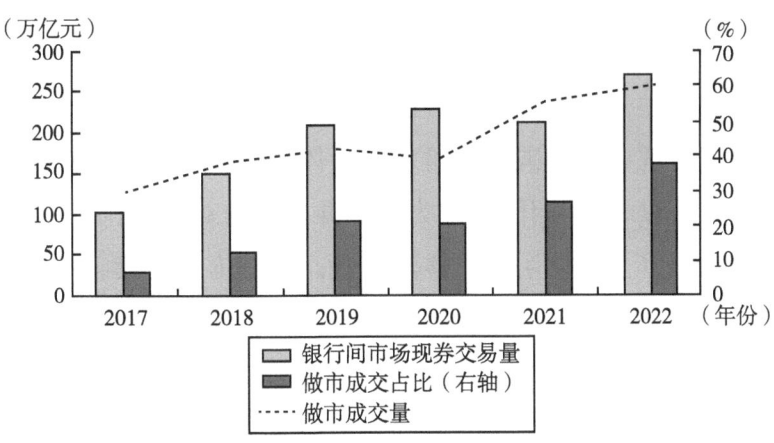

图4-1 银行间市场现券做市成交量及占比

---

① https：//www.mof.gov.cn/zhengwuxinxi/caizhengxinwen/201610/t20161009_2432283.htm。
② 国债做市支持机制，是指财政部在全国银行间债券市场运用随买、随卖等工具，支持银行间债券市场做市商对新发关键期限国债做市的市场行为。

逐步扩容并呈现多元化态势，截至2023年6月，银行间债券市场做市商已达92家，其中包括79家综合类做市商、10家利率债专项做市商。①

银行间市场推出随买、随卖国债做市支持机制，实行不间断按月操作，激发了市场主体机制创新积极性，有效提升了市场流动性。市场流动性②是反映国债市场资源配置效率的一个重要维度，也是交易市场正常运行的基础。换手率③和价差指标④是衡量流动性的通行指标，换手率高说明市场交易频繁、定价活跃、流动性较好。价差越小，市场竞争就越激烈，流动性就越强。以换手率指标来看，2020年我国国债年换手率达2.4，国债市场流动性与发达国家市场的差距逐渐缩小，并已超过日本、韩国水平。2018年以来，银行间市场整体换手率为200%—300%。国债换手率稳步提升，2021年为264%。换手率高有助于收益率曲线充分反映市场供需，定价效率不断提高。

从价差指标来看，银行间市场利率债流动性稳步向好，尤其是关键期限利率债券双边报价接近可直接成交水平。除个别期限点，关键期限利率债价差在0.25bp左右。银行间债券市场的深度显著提升，市场韧性进一步增强。然而，除关键期限国债外，大部分利率债报价价差仍较宽，尤其是老券缺乏流动性，仍有很大改善空间。

有些研究发现，美国国债报价水平整体较优，中国国债在部分期限上更具竞争力。若以10年期国债作为基准券，横向对比中国、美国、英国、日本的报价水平（见表4-2），整体来看，日本价差最大，英国和美国价差相对较小。中国债券市场作为后起之秀，逐步向世界成熟市场靠拢，价差稳定收窄，已与美国市场水平接近，2022年三季度以来价差已明显优于英国国债。我国非新发关键期限的利率债流动性仍不足，后续还需要通过活跃债券的高换手率不断带动市场流动性提升。

---

① 徐梦笛. 中国银行间债券市场做市商制度发展及展[J]. 中国货币市场，2023（7）：47-52.
② 市场流动性是指资产可以按照接近市场价水平快速售出的能力。
③ 换手率通常用一段时期的债券交易量除以该期间债券平均存续规模来计算。
④ 价差通常指市场报价的买卖价差。

表4-2　　　　　　　关键期限国债价差（2022年10月22日）

期限	中国	美国	日本	英国
3年	0.5	0.3	1.7	5.85
5年	0.7	0.2	1.2	4.51
7年	0.25	0.8	1.6	3.48
10年	0.25	0.5	1.6	1.24

资料来源：彭博资讯。

4.1.3　国债期货市场发展

国债期货是当前最主要的国债衍生品，起源于20世纪70年代的美国国债市场，其主要是为了满足投资者对冲、规避国债利率风险的需求而产生的。1992年上海证券交易所首次引进了国债期货交易。国债期货开展初期，市场交易并不活跃，1993年上交所采取了一系列措施推动期货市场发展，如将合约面额由20万元调整到2万元，参与国债期货交易的投资者由机构投资者扩大到机构投资者和个人投资者。由于在当时的财政货币政策下，交易所对国债期货交易风险估计不足，管理制度不完善，国债期货交易过度投机，有些交易机构严重违规操作，最后导致1995年2月23日爆发了国债"327事件"。1995年5月17日，中国证监会发出《关于暂停全国范围内国债期货交易试点的紧急通知》，国债期货市场探索以失败而告终。鉴于中国当时尚不具备开展国债期货交易的基本条件，中国证监会关闭了国债期货市场。此后，经过十多年的调查研究，2013年，财政部会同有关部门重启国债期货交易，2013年9月6日，5年期国债期货在中国金融期货交易所正式挂牌交易。之后10年期和2年期品种陆续推出，推动商业银行和保险机构有序参与国债期货市场。国债期货时隔18年后重返中国资本市场，活跃了国债二级市场。2017年，国债期货实现DVP（券款结付）交割，期现联动建设取得重要进展，有利于提高交易效率和安全性。2021年，国债期货成交额达27.5万亿元，活跃度接近国际成熟市场。衍生品市场的发展壮大，有效增强了市场风险对冲功能。

当前，在境内外多重因素交织影响下，债券利率呈现震荡走势，波动逐步加大，投资者风险管理需求增强。国债期货市场作为重要的利率风险管理市场，同国债现货市场联动紧密，国债收益率呈震荡走势。从当前国债期货市场运行来看，2022 年国债期货市场规模稳步上涨，风险管理功能进一步凸显。国债期货市场流动性进一步改善，交易成本持续下降，自 2019 年引入国债期货做市商以来，国债期货市场流动性进一步改善，市场定价效率持续提升。为更好提升做市质效，完善国债期货做市商梯队建设和精细化管理，中国金融期货交易所于 2022 年 2 月起实施国债期货做市商分级管理，8 家原有做市商转为主做市商，4 家新增一般做市商也稳妥开展入市交易，积极履行报价义务，促进市场高质量发展。2022 年，国债期货市场流动性进一步提升，2 年、5 年、10 年期主力合约日均最优买卖价差维持在 1 个最小变动价位水平，平均 1 档买卖深度持续增加，分别较 2021 年提高了 118.91%、79.50%、23.10%[①]。按照双边计算，国债期货日均成交规模为 3836 亿元，日均持仓规模超 8000 亿元，分别较上年增加约 70%、50%。期货和现货价格联动紧密，在促进债券市场发展方面发挥了重要作用。

以机构投资者为主的市场结构日益突出，中长期资金参与程度持续深化。2020 年以来，商业银行、保险机构、养老金、企业年金等中长期资金陆续获准参与国债期货市场，提升了公募、私募、养老和年金基金等中长期资金的参与深度。大力推动商业银行、保险机构等投资者入市，持续优化国债期货合约和规则，促进国债期货功能发挥，更好发挥中长期资金作为资本市场的"稳定器"和"压舱石"的作用，推动资本市场高质量发展。

自 2013 年第一个产品上市以来，我国国债期货市场已走过 10 年的稳健发展之路，产品体系日益完备，功能进一步增强，成为投资者日益倚重

---

① 摘自《2022 年国债期货市场运行报告》。

的利率风险管理市场。

我国国债期货市场总体运行平稳，成交量和持仓量显著增加，呈现出机构投资者参与度上升、市场流动性明显提高及期货与现货价格联动紧密等特点，并成功推出期转现交易和引入做市商制度。国债期货已成为我国金融市场具有一定影响力的标杆性产品，在提高金融机构风险管理能力、健全国债收益率曲线等方面都发挥了积极作用。不过，当前我国国债期货市场与境外成熟市场、我国债券现货市场的发展需求相比，还有较大发展空间，未来，我国国债期货市场可在投资者结构、产品体系等方面进一步完善。

4.1.4 国债市场双向开放

我国国债融入全球金融市场的步伐加快，形成双向开放的格局。在"走出去"方面，境外发行主权债券，形成人民币主权债券常态化机制，累计发行2430亿元，打造以香港为中心的离岸人民币国债市场；在"引进来"方面，"全球通"直投模式是主渠道，2010年境外机构直接入市的"全球通"模式正式确立以来，债市开放政策不断完善，全球通主渠道活力持续释放。截至2022年末，境外机构通过"全球通"在中央结算公司持有债券2.53万亿元，占比超过八成。外国投资者高占比的持有者结构进一步扩大了国债作为基准性金融资产的国际影响力，在吸引外资、助力人民币国际化等方面发挥了重要作用。这也意味着中国债券市场与全球经济的融合度进一步提高，短期跨境资本的流动更加频繁，风险增大，跨境资本流动对国债收益率溢出效应的影响增强。

随着金融开放政策措施的陆续发布，境外机构投资国债市场的便利性不断提升。2015—2016年，中国债券市场对外开放加速推进。《中国人民银行关于境外央行、国际金融组织、主权财富基金运用人民币投资银行间债券市场有关事宜的通知》（银发〔2015〕220号）以及中国人民银行公告〔2016〕第3号先后发布，允许境外央行类机构和境外商业类机构经过备案流程入市。2017年香港"债券通"建立,形成了以"全球通"为主、"债券通"和QFII为辅的多渠道境外资金入市机制;外资投资国债税收优惠政策长期实施,对境外机构而言,投资便利度和吸引力显著提升;投资者类型日益丰富,覆盖主权类机构、商业类机构全部主力市场机构。近年来境外资金呈现加速流入态势,境外投资者成为仅次于境内商业银行的第二大国债持有市场主体。

2017年推出"债券通"业务以来,我国债券市场的开放水平大幅提升,境外机构投资中国国债更加便利,投资规模也显著增加。2019年4月,我国债券被正式纳入彭博巴克莱综合指数,标志着中国债券市场与国际市场的逐渐接轨,中国债券市场国际化程度进一步提高。2019年7月,国务院金融委推出11条金融业对外开放措施,涉及多个金融领域。以"债券通"的实现,以及中国债券相继被彭博巴克莱、摩根大通、富时罗素全球三大债券指数纳入等事件为标志,中国债券市场步入全面开放阶段,根据业内专家预测,国债纳入富时世界政府债券指数(WGBI),可带来3000多亿美元的境外资金流入。

随着中国债券市场对外开放的不断深入,其影响力持续提升。中国债券被纳入全球三大债券指数,意味着中国债券市场与全球经济的融合度进一步提高,充分反映了国际投资者对中国经济长期健康发展、金融持续扩大开放的信心。境外机构投资中国债券市场的规模呈逐年增加之势。2019年1月,境外机构的持债规模为1.75万亿元,占中国债券市场余额的2.02%。截至2021年底,境外机构(包括各种渠道)累计持债规模达4万亿元(见图4-2),相当于2019年的两倍多,持有量约占银行间债券市场总规模的3.5%。其中,通过"全球通"进入中国银行间债券市场的境外商业机构数量为431家。境外机构的债券交易以现券交易为主。根据中国外汇交易中心的数据,2021年三季度,境外机构共达成交易量3.03万亿元,占同期现券市场总成交量的5%。从机构类型来看,境外商业类机构、境外央行类机构交易最为活跃。境外央行类机构以配置债券为主,而境外商业类机构主要为获取投资收益。

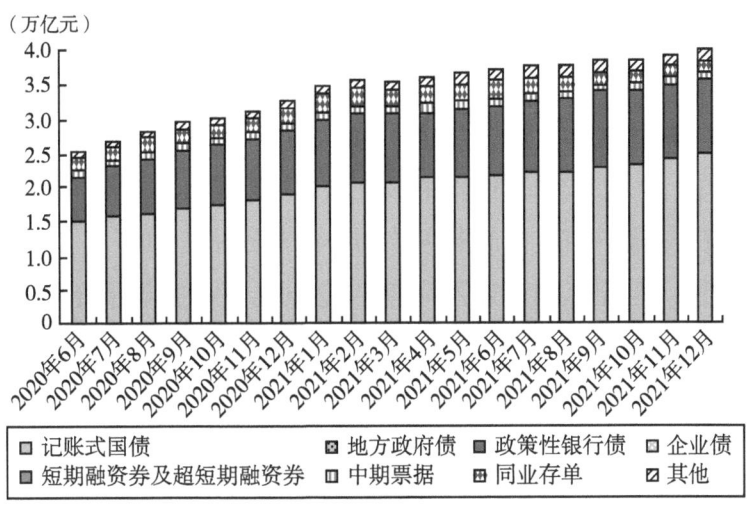

图 4-2 境外机构累计持债规模

资料来源：中央结算公司、上海清算所。

为满足境外机构多样化的交易结算需求，全国银行间同业拆借中心、中央结算公司与上海清算所于 2019 年 8 月联合发布通知，宣布参与银行间债券市场现券交易、质押式回购、买断式回购、债券借贷的交易双方，若其中有一方为境外投资者，可灵活选择结算周期。同年 8 月 23 日，野村新加坡有限公司、三井住友银行（中国）有限公司等境外机构与汇丰中国等境内机构开展银行间债券市场首批灵活选择结算周期的现券交易。中国债券市场对外开放加速推进，2019 年 10 月，《中国人民银行国家外汇管理局关于进一步便利境外投资者投资银行间债券市场有关事项的通知》（银发〔2019〕240 号）发布，允许同一境外机构根据自身投资管理需要，将其在 QFII 或 RQFII 项下的债券账户和银行间债券市场直接投资项下的债券账户中所持有的银行间市场债券进行双向非交易过户（同一境外机构 QFII/RQFII 托管账户内资金与直接投资资金账户内资金可以在境内直接双向划转）。2021 年 10 月，中央结算公司发布《关于更新银行间债券市场〈境外机构投资者业务申请表〉的通知》（中债字〔2021〕123 号），有效缩短了境外机构在联网、开户和信息变更等方面的工作时间，并减少了工作量。

截至2022年末，境外投资者持有国债2.29万亿元，占其在中央结算公司持债总量的近74%，而2023年占比为72.97%（见图4-3）。境外投资者在中央结算公司托管债券3.11万亿元，同比下降15%，全年累计减持5690亿元。分月来看，2022年末外资出现回流（见图4-4）。国债市场对外开放在探索中前进，合格境外机构投资者（QFII）、"全球通"等渠道相继开放，但配套制度还不完善，境外投资者参与不充分。

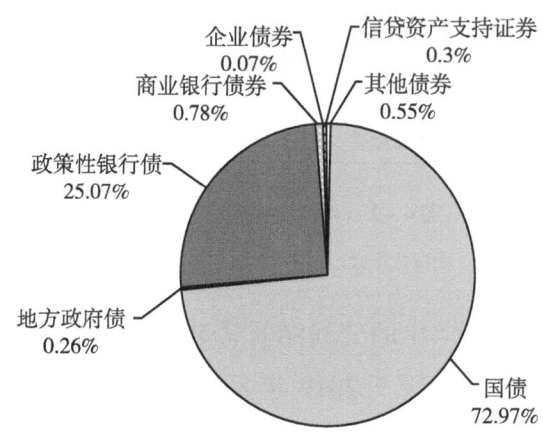

图4-3　2023年境外机构持有券种结构

资料来源：中央结算公司。

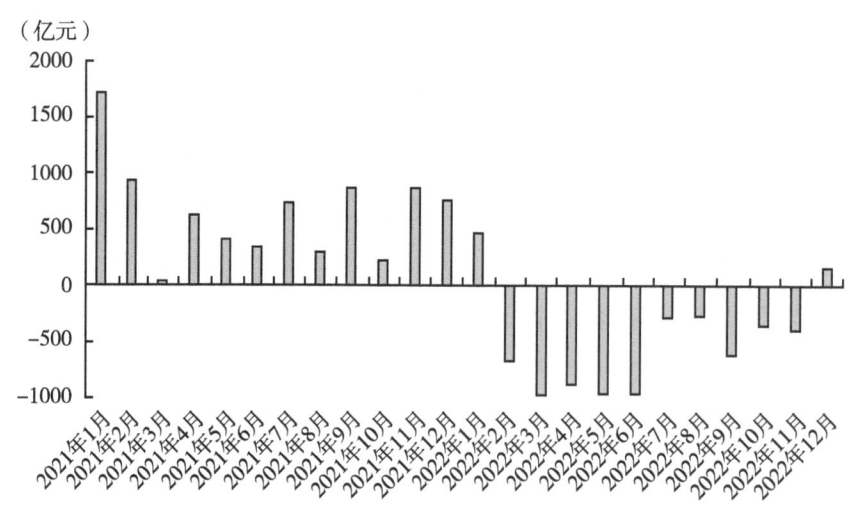

图4-4　境外投资者在中央结算公司的债券托管总量变化

资料来源：中央结算公司。

4.2 国债发展与国家安全发展

国债发展与国家安全密切相关。基于国家安全的这一视角讨论国债的发展，可以从历史的视角以及理论原理两个方面进行。在历史渊源上，国债从出现开始就是为国家安全而进行的政府融资。国债是为了维护国家安全的需要而产生的，因促进经济增长而盛行。国债的出现开辟了除税收外政府筹措资金的新渠道，同时也对政治安全产生了影响。政府需要低成本发行国债，就必须有着良好的信用背书和强大的公共财政体系，这实际上奠定了现代意义上的财政安全和经济安全的制度基础。从理论原理角度看，将概念和问题抽象化后，国债的实质就是国家信用的融资体制体系。基于国家安全的国债发展的财政视角，要注重可持续性问题。国债发展既是经济问题，也是政治问题，国债市场以持续稳健发展的中国经济为基础，在全球持续发挥着至关重要的作用；基于国家安全的国债发展的金融视角，要注重金融的稳定性问题，金融体系的安全依赖稳健、高效的国债市场，国债市场的稳健发展关乎我国金融安全乃至经济安全。在市场开放、人民币国际化的背景下，国债市场发展面临一系列的挑战：全球通胀高企、地缘政治冲突持续、主要经济体货币政策加速收紧。在复杂的内外部经济形势下，更需要关注国债发展与国家安全问题，探讨如何在维护国家安全的条件下促进我国国债市场高质量发展，建设更高质量、更为安全、更有效率、更可持续的国债市场。

4.2.1 国债发展与国家安全的关系

4.2.1.1 历史溯源——为国家安全而进行的政府融资

国债从出现开始就与国家安全密切相关。现代意义上的国债是欧洲一些国家政府为应付战争开支需要而产生的。到16世纪中叶，意大利、法国、荷兰、德国已发展出有相当规模的国债市场。在荷兰霸权兴起的过程中，荷兰、西班牙两国国债融资体制的绩效差异对双方战争、两国资本主义经济，以及金融市场的发展具有重大影响。荷兰的公债体制，可以有效地为争霸战争融资，刺激经济与金融市场发展；西班牙则深陷于公债资金成本高昂——金银资本外漏——公债破产——战争失利的恶性循环。荷西国债绩效差异的根源，在于国家信用的优劣。荷兰国家信用的卓越，离不开荷兰的财富、联省自治政体、以间接税为主的财政体系和阿姆斯特丹银行等因素，这些都为荷兰公债的偿还与流通提供了充分的保障。西班牙落后的经济发展、国王专制的政体、低效的税收体系以及被抑制的金融市场，使其国债发行、偿还与流通格外困难。英国也是成功地运用国债执行国家安全战略的例证。英国的公债市场虽起步较晚，但由于英国在光荣革命后建立了健康的公共财政体系，所以英国政府在对抗法国在欧洲争霸的战争中成功地以2.5%的利率，在资本市场上筹措公债，使得该国在战胜法国的同时，发展了自己的经济实力，并为未来称霸世界奠定了军事和经济基础。

国债的运用使政府能够方便地从资本市场上筹措到战争资金，从而为战争的胜利奠定必要的经济基础。军事安全了，政府不必再通过加税的办法筹措资金，这样就摆脱了以往在"因抗税而导致的财政危机"下倒台的状况。政府安全了，政府为了能低成本地发行公债，必须努力营造良好信誉，建立健康的公共财政体系，从而奠定了财政安全乃至整个经济安全的一个重要的制度基础。政府安全、财政安全、经济安全和军事安全构成一个相辅相成的国家安全体系。

打赢战争离不开国债，发展经济也离不开国债。为了维护国家安全而产生的国债也促进了经济增长。经济史证明，不借用政府赤字财政政策，经济无法摆脱长期通货紧缩。经济运行呈周期性特征，无论是真实经济周期，还是货币性经济周期，政府支出带来的有效需求都有熨平经济波动的作用。国债是政府增支的必要手段。滚动发行的国债能为经济持续地注入资本，从而为经济增长带来持久的动力。历史上国债是为了维护国家安全的需要而产生的，因促进经济增长而盛行。最初为了筹集战争经费而大量发行，之后便是为了满足经济的快速增长需求而不断扩张。但国债发行会导致财政不可持续以致危及国家安全。

4.2.1.2 作用机制——国家信用融资体系的安全发展

国家安全倚重国债融资，国债融资影响国家安全。基于国家安全的国债发展实质上是国家信用融资体系的安全发展。国家信用的主要作用是确保国家债务融资体系受市场信任，进而获得巨大、稳定的信用融资能力。理论上，国债融资体系可以界定为：由国家实力、制度安排以及金融市场三个层面的要素，共同构建了一个为国家债务融资体系提供信用担保和信用票据流转的系统。理论上一直存在着国债"有害论"和"有益论"之争，对国债的看法经历了古典经济学"基本否定"到现代经济学"趋利避害"的过程。但有一点是一致的，就是国债对于国家安全是必需的，需关注其促进经济增长的正向作用，也要注意其挤出投资、危及财政可持续性等负效应。

事实证明，国家信用融资体系是国债发挥正向作用的基础。18 世纪后半期开启的工业革命所带来的英国工业实力的快速增长，巩固了其已经建立的霸权地位。与其主要竞争对手法国相较，在 17 世纪末至 18 世纪中期英法霸权竞争的关键时段，英国实力没有绝对优势。英国之所以能够战胜法国并持续崛起，依靠的是特权垄断公司创造的财富、高效的国家化财政体系、制度化的国债市场、独立的中央银行以及海洋国家的战略安全性等因素所共同支撑形成的卓越国家信用。它确保英国可以通过发行国债持续、稳定地为英国与法国近百年的争霸战争筹集源源不断的资金。同时，国债的大规模顺利发行和高水平的国家信用，还对英国经济与金融体系发挥了重要的正向效应，推动了金融革命和工业革命的顺利开展。与英国不同的是，由于法国专制王权势力强大、财政改革迟滞以及中央银行缺位，其国家信用处于较低水平，法国依靠债务融资获取的资金成本过高，使得法国无法在长期战争中筹集到足够的资金，导致争霸战争失败，而且因此出现的短时沉重的偿债负担以及为减债实施的人为通货膨胀性质的公开市场操作，严重阻碍了法国金融和经济的发展。

至于英国霸权走向衰落的原因，同样可以从国家信用的视角找到根源。英国曾是世界上最强大的国家之一，其霸权地位的确立与其强大的经济实力和国家信用密切相关。然而，随着时间的推移，英国面临着多方面的挑战，包括经济竞争、殖民地独立运动等，这些因素可能削弱了其国家信用，影响了其融资能力，进而对其霸权地位产生了负面影响。第一次世界大战期间，英国积累了大量的外债（主要债权人是美国），英镑超发贬值，国家信用透支严重，导致英国经济、货币政策的制定与运行受到制约。战后，为勉强维持英国霸权秩序下的重要公共产品——金本位制，英国采取了财政赤字加上货币投放的宏观经济政策组合，引发大量经常账户赤字和黄金外流。因此，第二次世界大战前，英国的国家信用在经济衰退与债务膨胀的打击下已经逐渐弱于美国，资本流出严重，并大量转移至美国。

国家信用是国债发行的基础。一个国家如果拥有良好的国家信用，就能够以较低的成本融资，支持其各项政策的实施，包括国家安全战略。因此，维护国家信用融资体系的安全，对于国家安全至关重要。国家信用强大表现在金融市场的广度深度、流动便利性以及开放程度等方面。一个健康的国债融资体系能够保证国家在需要时能够筹集到必要的资金，同时避免过度借贷导致的经济风险。

4.2.1.3 国债发展与国家安全的联系

随着社会的发展，国家安全日益成为各国关注的焦点。国家安全发展既包括军事安全、政治安全、经济安全，也包括文化安全、社会安全等多个方面。而国债作为一种重要的财政工具，对于国家安全的发展也具有深远的影响。

国债是国家为满足财政需求而发行的债务工具，主要用于筹措国家建设、发展项目所需的资金。国债的发行和运作对于国家财政的稳定和经济的发展具有重要意义。那么，国债如何与国家安全发展相互关联呢？

首先，国债对于国家安全发展的重要意义在于经济安全。经济发展需要大量的资金投入，而国债的发行可以提供这一资金来源。经济的强大是保障国家安全的基础，只有在经济发展稳定的基础上，国家才能具备足够的实力应对国内外各种挑战和风险。购买国债的国内外投资者也能够分享国家经济发展带来的收益，从而增强国际社会对国家的认可和支持。国债的发行还可以吸引外来投资者的资金流入，促进经济发展和增长。这些投资不仅可以带来技术的引进和就业机会的增加，还可以进一步提升国家的经济实力和国际地位。一个强大的经济实力是国际地位和国家安全的重要保障，因此，国债对于维护国家安全具有重要的经济意义。

可以从多个方面来理解和分析。资金筹集方面，国债是国家为筹集资金而发行的债务工具，这些资金可以用于支持国家安全相关的项目和计划，如国防建设、基础设施改进、科研发展等。经济稳定方面，国债可以帮助政府在经济不稳定时期通过财政政策来稳定经济，保持经济的平稳增长，这是国家安全的一个重要方面。风险分散方面，通过发行国债，国家可以将财政风险分散给广大投资者，降低政府的债务负担，提高抵御外部冲击的能力。紧急响应方面，在面临自然灾害、公共卫生事件或其他紧急情况时，国债可以作为政府迅速筹集资金的手段，以应对突发事件，保护人民生命财产安全。国际信誉方面，定期且成功地发行国债可以增强国家的国际信誉，有助于在国际事务中维护国家利益和安全。宏观调控方面，国债是国家宏观调控的工具之一，通过调整国债的发行量和利率，政府可以影响货币供应量和市场利率，进而影响经济增长和通货膨胀。长期投资方面，超长期国债可以为国家提供长期稳定的资金来源，支持长期的战略项目，如科技创新、教育、环境保护等，这些项目对国家的长期安全和发展至关重要。社会信任方面，国债的发行和偿还反映了政府的信用和财政纪律，增强了社会对政府的信任，有助于维护社会稳定。资源配置方面，通过国债筹集的资金可以更有效地配置到关键领域和项目，提高资源的使用效率，促进经济和社会的全面发展。战略自主方面，拥有自主的国债市场可以减少对外部金融市场的依赖，增强国家在金融领域的战略自主性，保护国家免受外部金融波动的影响。

其次，国债对国家安全发展具有重要的战略意义。国家的军事安全是国家安全的重要组成部分，而军队的现代化建设需要大量的资金支持。国债的发行可以为军队的现代化建设提供稳定的资金来源，保障国家的防御能力和军队的战斗力。国家还可以通过在国债发行中设立特定项目，例如国防建设债券，引导社会资金向军工领域倾斜，提升国家的军事实力。

最后，国债的发行有助于促进科技创新和人才培养。国家的安全发展需要科技创新的支撑，而科技创新需要大量的投入。国家可以通过发行国债筹措资金，用于科技研究、技术创新等方面，推动科技进步和人才培养。这对国家提升创新能力和核心竞争力具有重要意义，从而保障国家的长期安全。

国债也可能对国家安全带来潜在的威胁。一方面，国债规模过大可能导致财政赤字和债务累积，增加国家的财务风险。如果国家无法有效管理债务，有可能陷入债务危机，影响国家安全。另一方面，国债还可能受到国际金融市场的波动影响，从而对国家经济和金融安全构成潜在威胁。这种不确定性可能导致国家在面对外部冲击时缺乏足够的应对能力，进而威胁国家安全。

此外，国债的发行和管理也涉及财政稳定和政治稳定。通过发行国债筹集资金，国家可以维持财政平衡和稳定，降低财政风险，确保经济的可持续发展。这种财政稳定有助于维护政治稳定，保持国内外投资者信心。然而，过度依赖国债可能增加国家财政的不稳定性，甚至引发社会不满情绪和政治动荡，对国家政治稳定造成潜在威胁。

总之，国债与国家安全之间存在着紧密而复杂的关系。国债作为一种重要的财政工具，对国家安全的发展具有重要意义。国债不仅是国家财政收入的一部分，也是实现国家安全战略、维护经济稳定和推动社会进步的重要工具。它为国家的经济发展、军队现代化建设、科技创新和人才培养提供了稳定的资金来源，推动了国家安全的全面发展。然而，国家在发行和运用国债时也需要注意财政风险管理和市场监管，以确保国债的良性发展和国家安全的长期稳定。只有以经济的发展为基础，持续提升国家的整体实力和综合竞争力，才能实现国家安全的持续发展。

4.2.2 市场扩容——支撑可持续性安全

国债发行的规模大、品种多，就能覆盖更多投资者，提供更多的可替换债券，创造更多的市场容量，有助于充分发挥国债市场对国家宏观调控的支持作用，推动国债品种、期限结构更加合理，发行制度更加完善，筹资保障能力显著增强。进一步提升国债发行、预算执行与库款管理的协同性，有效降低政府筹资成本，促进财政可持续发展。

4.2.2.1 储蓄国债发行品种创新

储蓄国债是我国国债的重要组成部分。我国 1994 年、2006 年相继推出凭证式国债和储蓄国债（电子式），较好地满足了政府筹资需要和储蓄性投资需求，但仍存在品种单一、利率定价机制固化、竞争力不足等问题。

储蓄国债主要是 3 年期和 5 年期，缺少短期和长期的品种，发行期限结构和投资人群还存在进一步优化的空间。储蓄国债可以吸收居民较长时间闲置的储蓄资金，用于国家急需的经济社会发展项目。对城乡居民而言，储蓄国债风险低、收益稳定、购买便利，尽管不能上市流通，但如有资金需要，可以提前兑付，是一种优质的金融资产。农村地区国债承销机构及网点分布较少，是农村地区国债投资便利度不高的原因。

我国储蓄国债现有凭证式和电子式两个品种。凭证式国债和电子式国债分别于 1994 年和 2006 年创设，在利率定价、发行规模、品种期限等方面基本没有发生变化。随着利率市场化、互联网快速发展、金融市场深入发展，储蓄国债的竞争力不断下降，市场呈现萎缩态势。结构单一、竞争力不足的问题体现在品种期限和定价方面。例如，只有 3 年期和 5 年期，缺少短期国债和长期国债，难以满足对流动性有不同偏好的投资者的需求。应当考虑增加短期储蓄国债的供应，如 1 个月、3 个月、6 个月和 1 年期，吸引中青年投资者的关注；也可根据中老年人渴望稳定长期持有的特点，适当增加 5 年期以上的储蓄国债品种。通过改善投资期限结构，增强国债投资对不同需求投资者的吸引力。

英国储蓄国债品种丰富，针对不同的投资者需求设计了不同的国债产品（见表 4 - 3），对我国的国债品种创新很有启发性，比如有针对希望获取免税收益并且防止通货膨胀的投资者的指数挂钩储蓄凭证。从利息确定方式看，指数挂钩储蓄凭证是一种本金指数化储蓄国债，其本金与通胀指数直接挂钩。计算公式为：T 期债券价值 = (T - 1) 期债券价值 × (1 + 通胀指数 + 固定利率)。英国财政部根据零售价格指数（RPI）确定通胀指数，根据投资市场情况、国债的市场收益率以及收益率曲线来决定固定利率部分。指数挂钩储蓄凭证属于通胀指数类国债[①]。

表 4 - 3　　　　　　　　　英国通胀指数类国债

品种	发行对象	面值（英镑）	期限	利率	收益方式	提前赎回	税收
指数挂钩储蓄凭证	7 岁以上	100—15000	3 年、5 年	可变，与指数挂钩，利差固定	到期一次性偿还本息	不足 1 年无息，超过 1 年按月取整计息	免税
固定收益储蓄凭证	7 岁以上	100—15000	2 年、5 年	固定，持有期限阶梯结构	到期一次性偿还本息	不足 1 年无息，超过 1 年按 3 个月取整计息	免税
固定利率储蓄国债	16 岁以上	500—100 万	1 年、3 年、5 年	固定，投资面值分档利率	可选择一次性偿还或定期付息	扣 60—90 天利息	应税
子女奖金债券	16 岁以上	25—3000	5 年，可展期	固定，低于市场利率	到期一次性偿还本息，加奖金	不足 1 年无息，超过 1 年不扣息	免税

---

①　通胀指数类国债是指国债的本金或利息根据通货膨胀指数变动定期进行调整的债券产品。从国际经验看，可流通的通胀指数债券多采用本金指数化方法，直接从交易价格中反映本金变化；不流通的通胀指数债券采用利率指数化方法。

续表

品种	发行对象	面值（英镑）	期限	利率	收益方式	提前赎回	税收
收入型债券	7岁以上	500—100万	无	可变，投资面值分档利率	每月付息，到期还本	不扣息	应税
养老债券	60岁以上	500—100万	1年、2年、5年	固定	每月付息，到期还本	扣60—90天息	应税
资本债券	7岁以上	500—100万	5年	固定，持有期限阶梯结构	到期一次性偿还本息	不足1年无息，超过1年不扣息	应税
有奖储蓄债券	16岁以上	100—3万	无	无	每月兑奖	不扣息	奖金免税

资料来源：李洋. 英美通胀指数储蓄国债对我国储蓄国债品种创新的启示［J］. 金融会计，2018（7）：44-49.

通胀指数类国债对于化解通货膨胀风险、促进社会稳定有积极作用。因为通货膨胀会侵蚀债券名义利率或未来现金流，发行通胀指数国债则可化解通胀风险，稳固消费者信心，防止投资者遭受过大通胀损失，促进社会经济安全稳定。推出通胀指数储蓄国债，更贴近投资者需求，可提高储蓄国债在零售储蓄市场的竞争力，满足居民投资需求和财政筹资需要。发行通胀指数国债，政府的筹资负担并不一定增加，还有可能下降。在通胀与GDP增长率正相关的情况下，发行通胀指数国债比固定利率国债更能保持政府收支平衡。设计通胀指数国债在于化解通胀风险，可以设计5—30年期通胀指数国债，弥补中长期期限储蓄国债的结构短板。

4.2.2.2 构建国债衍生产品体系

在国债市场的安全平稳运行过程中，国债衍生品的"自动稳定器"作用不容忽视。国债期货、国债期权、国债期货期权[①]是在债券市场上运

---

① 国债期货期权是以国债期货为标的物的场内期权合约。期权买方支付期权费给期权卖方，以取得在未来某段时期，以事先约定的价格买入国债期货的权利（看涨期权）或卖出国债期货的权利（看跌期权）。

用广泛的风险管理工具，是利率市场化进程中的产物，在管理利率风险、稳定市场运行等方面发挥了积极作用。

衍生品市场的发展壮大，有效增强了市场风险对冲功能。国债期货、期权是金融市场为顺应利率市场化发展趋势，满足市场参与者利率风险管理需求而产生的。1977年，美国芝加哥期货交易所（CBOT）推出全球首只长期国债期货，5年后推出以长期国债期货为标的的期权合约；1977年，CBOT推出10年期国债期货，3年后上市相应的国债期货期权；1988年和1990年，CBOT分别上市5年期和2年期国债期货，并分别在2年后上市了相应的国债期货期权，为投资者提供针对资本市场的长期利率风险管理工具。欧洲期货交易所（Eurex）分别在1990年、1991年和1997年上市长期、中期和短期德国国债期货，并在1991年、1993年和1998年分别上市相应的德国国债期货期权产品，自上市之日起，国债期货期权市场体量整体呈上升趋势。

从境外市场实践来看，国债期货期权的功能表现在以下四个方面：一是维护债券市场稳定，提升债券市场融资功能；二是丰富债券市场风险管理工具，完善收益率曲线；三是改进债券市场的交易功能，提升市场定价效率；四是提升债券市场宏观审慎效率。

期货交易可确保投资者在任何时间交易国债，从而突破了发行计划的限制。德国通过借鉴芝加哥期货交易所强化美国国债地位的经验，利用期货市场的价格发现功能，确保国债市场价格秩序，使德国国债成为欧洲资本市场上价格、质量最好的产品。期货交易有效拓展了德国国债的用途，扩大了市场需求，降低了政府融资成本和风险。德国国债已成为欧洲期货期权交易所唯一实际交割的证券类标的物。在提供符合消费者需求、以长期国债为主的产品组合的基础上，可通过掉期交易调整风险和成本结构，使所持有的资产尽量满足政府融资风险和成本最小、以短期国债为主的产品组合需求。

我国国债期货市场体系基本建立，但总体发展历史较短。我国目前市场内只有部分国债期货品种，市场体量较小、市场机制尚不完善，需要在国债市场发行制度、市场交易规则、信息披露机制、市场监管体制、相关法律法规、与其他子市场包括国外金融市场联动等方面进行改进。为推动资本市场高质量发展，助力打造一个规范、透明、开放、有活力、有韧性的资本市场，我国国债期货市场应进一步丰富产品体系、完善投资者结构、加快高水平开放，全面提升风险管理水平和市场运行质量，积极促进市场功能充分发挥。我国国债衍生品市场已推出2年、5年、10年和30年国债期货品种，但仍存在国债期货成交规模不大、国债期货品种不多的问题。下一步，不仅要丰富其他期限品种的国债期货，还要积极探索开发期权、互换、做空等机制，充分发挥国债衍生品的自动稳定器作用。交易机制不断创新，在促进国债价格合理化和投资交易模式多元化、稳定市场价格和方便机构投资者管理风险等方面具有不可忽视的前瞻性作用。未来，要不断完善金融衍生品市场，平滑长期限债券的利率风险，增加信用风险管理工具，推动技术创新应用，探索区块链等金融科技手段在债券领域的拓展应用。

国债市场容量的大小影响了市场的流动性，一般越大的市场容量提供较高流动性的可能性越大，市场被操纵扭曲的可能性则越小。国债市场容量的衡量，既可以用绝对数额，如国债发行量或余额，也可以用相对数额，如国债发行量或余额占该国GDP或金融市场的比重；既包括一级市场发行量，也包括二级市场交易量。

4.2.3 市场深化——维护稳定性安全

深化国债作为政府管理金融市场的稳定锚和缓冲器，可以遏制市场力量的内在无序波动对国债市场造成的扰动与扭曲，不仅有利于政府融资环境的稳定，而且能够防止重大震荡性事件对国债基准性地位造成影响。国债在二级市场的高流动性进一步巩固了其基准性金融资产的地位。流动性好的债券二级市场有助于形成有效的收益率曲线，进而提高债券市场的流动性，提高债券一级市场定价效率，降低债券发行成本。因此，要深化债券承销、做市、投资者合格性等市场机制建设，提升债券市场韧性和市场化定价能力。

4.2.3.1 强化基准性金融资产的功能

基于安全的国债发展的核心，一是将国债打造成为基准性金融资产，强化其作为标准化公共产品的属性，从而构建金融优势；二是满足政府自身融资需求，追求融资成本和风险最小化。为了强化国债作为基准性金融资产的地位，国债种类和数量结构应以投资者的需求结构为导向，而不是完全以政府融资成本和风险最小化为目标。但从长期看，这两重核心目标又高度一致。国债获得基准性金融资产地位不仅可强化其信用等级、降低政府融资成本，而且会催生额外的国债需求，政府可将国债作为公共产品提供给国际投资者，进而获得巨大收益。以国债为抓手谋求金融优势地位的关键，是在制度设计上处理好双重核心目标的关系。

将国债打造为基准性金融资产。强化国债在发行方式、产品结构和管理模式等方面的制度设计，着力发挥国债作为以人民币计价基准性金融资产的作用，使其具有"准货币"的信用，并以此为依托获取金融利益。货币在本质上是最高形式的基准性金融资产，国债是一种特殊形式的基准性金融资产，两者都具有国家信用的支持，产品也有标准化的特点。强化国债的基准性金融资产地位，将助力其实现"准货币"的功能。国债并不仅仅是满足政府融资需求的工具，要不断扩充功能来扩大国债的使用范围和市场需求，如将其作为现金的替代物、储备资产、银行间市场的抵押物、利率期货交易的标的物、利率风险对冲工具、所有以证券的回报率为计算基准以及重要的投资产品、货币政策操作工具等。

从发行额度安排看，每批次中长期国债的实际发行额会尽量高一些，以保证各种特定类型国债在二级市场有较强的流动性，提高交易的便利性。此外，这种单批次、高额度的安排，有利于巩固国债在期货市场上作为实际交割标的物的身份，进而建立在证券回购市场上的地位，确立其作为货币政策工具的角色。从发行时间看，在满足政府融资需求的同时，国债的发行计划突出透明性和稳定性，从而巩固市场对国债投放的预期，提高其基准性金融资产的地位。每年四季度，会发布下一年的国债发行计划，说明主要国债发行的种类、期限、数量及发行时间。此外，每季度提前发布更详细的发行计划。

电子交易技术进步显著提升了国债市场运行速度和运行效率。电子化交易在信息传播、交易撮合和指令执行速度上均有显著增长。交易者在进行交易时充分利用便捷下单指令完成复杂交易，交易者还可以使用由不同指令复合而成的指令组合，瞬时完成多个不同指令的操作，极大地提高了效率。电子交易引入报价请求（RFQ）系统，代表了更有效、更经济的可以替代场外询价的方式。RFQ功能的优势在于，即使市场活跃度较低，参与者也可以获得有竞争力的报价。多方共享、多平台披露，提升信息披露效率，提升市场信息披露的标准化、数字化水平，促进市场联通。比如，随着期货期权市场电子化的深入推进，金融机构可以获得更全面的数据，从而分析并设计出更契合投资理念和市场观点的策略，包括跨多个到期期限和多个资产市场组合交易。这些策略提升了期权产品的吸引力，为市场参与者提供了在不同时间范围和价格点管理风险的机会。

交易者市场参与程度的加深，进一步促使更有广度和透明度市场的形成，降低了各类机构进入和退出市场交易的难度，市场交易已经出现向自动化转向的明显变化，也使清算操作更加高效简洁。投资者结构更为多元化和分散化，有国内和国外的投资者，各种风格的投资者结构占比也比较合理，维持了整个国债市场的高效运行。

交易机制不断创新。传统的基于单券的投资交易策略已经不能满足当下多元化需求。利用国债期货开展基差交易、收益率曲线交易等灵活的交易策略，为组合管理增加了收益。结构性货币政策交替发力，国债收益率曲线呈阶段性陡峭化走势，投资者通过买入短期国债期货、卖出长期国债期货开展做陡曲线交易，从曲线陡峭化的变化中获得收益。支持由两只不同债券组合的产品交易，并实现跨交易机制之间的联动，为市场成员提供了更加丰富、高效、精准的投资组合管理和策略交易工具。通过期限完备的国债产品结构来深度匹配投资者的需求,从而提升国债的整体品牌影响力,国债市场成为金融市场的压舱石和人民币资产的避风港,要不断强化其基准性金融资产的地位。

4.2.3.2 优化做市商制度建设

做市商制度是债券市场发展的重要交易制度,发挥着活跃债券交易、提高市场流动性、推动债券合理定价的作用。做市商以其自有资金和债券通过连续报出现券买、卖双边价格,满足各类投资者的需求,以促成市场交易达成,提高银行间市场流动性。做市商数量众多,二级市场交易比较活跃,变现手段非常丰富,交易、结算、交割平台建设较为完善,现货、回购、预发行、远期、期货和本息拆离等交易制度比较健全,可以有效提高市场的流动性和平稳性。做市商双边报价还可以提升非活跃券的流动性,对于成交量较少、买卖盘相对有限的非活跃券,可以通过做市商的持续报价为潜在投资者提供交易便利。成熟市场的经验表明,做市商可以显著增强债券市场稳定性。在市场波动加剧时,往往供需失衡,市场出现短期非理性,造成流动性风险,做市商可以通过提供各券种持续性报价,承接交易对手盘,平抑市场波动,增强市场稳定性。

做市支持操作是完善国债市场的基础性制度,做市支持操作初步实现了降低市场风险、健全国债收益率曲线的政策目标。研究表明,随卖/随买做市支持操作有助于抑制国债收益率下行/上行波动,其中随卖操作将增加债券供给,随买操作将减少债券供给。做市支持操作对不同期限国债的合成影响集中反映了国债收益率曲线的动态变化,理论上,债券供给变化可能引起债券价格的反向调整,改善市场流动性,会影响国债收益率,也可能引起不同期限国债收益率的同步调整。但受投资者行为、市场结构、市场信息等因素制约,实际效果具有不确定性。有实证研究表明,随卖操作有助于抑制国债收益率下行,供给冲击效应的影响明显。随买操作有助于抑制国债收益率上行,上行幅度逐步收敛,国债收益率曲线继续保持扁平化态势,市场影响具有一定的时滞性。总体上,受发行管理、操作规模、操作频率等因素制约，做市支持随卖、随买操作存在一定改进空间。需要深化做市商制度建设，提高做市动力，提升做市实力。

我国实行了对关键期限国债强制报价的做市商制度，做市商作为流动性的提供者，显著提升了市场流动性，并为市场持续提供流动性。2019年以来国债年均换手率超过200%，我国债券市场的活跃度有了很大的提升，做市商报价价差明显收窄。《2022年中国债券市场投资手册》显示，10年活跃券平均价差在0.5bp左右，最优价差可达0.1bp。但目前存在做市商数量总体不多、做市商活跃市场的机制效应有待深化等问题。做市商电子化交易平台发展尚在起步阶段，与业务结合深度不足，大部分做市仍以人工报价为主，做市效率有待进一步提高。

国际上做市商制度实施较好的经验有：财政部门均注重发挥国债"最后供给者"的角色，对国债承销商、做市商等核心成员提供流动性支持；直接参与国债二级市场交易，向市场注入流动性；面向一级承销商、交易商提供现券买卖与回购、证券借贷、流动性互换等做市支持操作。德国国债市场是世界上最大和流动性最好的主权债务市场，换手率高于400%。国债在二级市场的高流动性进一步巩固了其基准性金融资产的地位。

为了进一步完善国债做市支持机制，促进国债市场高质量发展，建议适当放宽做市支持操作的覆盖面，逐步引入更多的做市商参与做市支持操作，从而使得做市支持机制能在更大范围内响应市场需求，增强风险缓释效应；适度扩大做市支持规模，加大随买操作力度、频率，增强中短期国债的市场流动性和市场承载力，更好地反映国债市场供求关系。

要适当降低做市商资格准入的门槛，优化对做市商的激励和约束措施，强化对做市商的管理，形成做市商市场上"优胜劣汰"的动态模式，最大限度地发挥提高国债市场流动性、平稳性的作用。尽管目前国债、金融债等做市支持能够一定程度降低做市商的存货成本，但也存在做市支持时效性不足等问题。建议加强做市商与发行人的紧密联系机制，提供更高时效性、更多期限券种的随买随卖支持政策。借鉴"债券通"实践经验，推动多级托管模式建设，从而促进市场分层，实现代理、做市、托管等业务服务一体化，提升业务联动性。提供更多对冲工具，降低在单边市场做市商的逆向选择成本。推出更多国债衍生产品对冲工具，以增强做市商对冲风险能力。

近年来欧美债券市场交易电子化趋势明显，提高了做市商的做市效率。目前我国债券市场电子化交易水平已经有了一定的提高，但与欧美等成熟市场相比，仍有较大提升空间。未来可以鼓励更多成熟的做市商搭建其专属电子化交易平台：一方面提升做市商的做市动力及影响力，另一方面提高做市透明度及效率。

我国的发展要素、发展路径、发展模式较之前发生了许多变化，对国债种类、期限、结构、流动性，以及政策的倾斜重点等，提出了更多、更高的要求。若要实现主权货币国际化，就要有足够广度、深度和高流动性的国债市场。通过充分发挥国债基准性金融资产的作用和"准货币"功能，为国际资本流动提供"蓄水池"。

4.2.3.3 完善收益率曲线的基准作用

国债收益率曲线由中央国债登记结算有限责任公司编制和提供，是关键期限国债及其收益率水平形成的图表。国债收益率曲线反映了市场的价值、成本、信号和预期，包含大量市场信息，既是市场定价的基础[①]，又是货币政策在宏观和微观之间传导的重要载体。国债收益率曲线是发行国债、管理国债市场、实施货币政策的重要参考，在货币政策传导和宏观经济调控中扮演着重要角色。

反映短期、中期、长期无风险利率水平的国债收益率曲线为市场金融产品提供了定价的基础，一些关键期限的国债收益率更是受到市场关注。反映市场供求关系的国债收益率曲线也是宏观政策调控市场的重要依据，是各国央行制定货币政策的重要基础。完善的国债收益率曲线有助于提高

---

① 为投资者在一级市场计算国债投标利率、在二级市场预测价格提供相应依据。

国债管理政策的透明度，有利于国债市场持续稳定健康发展。

我国国债收益率曲线为机构、个人投资者参与国债市场提供了指导，也增强了市场参与主体对收益率曲线的关注程度，夯实了国债收益率曲线基准度，进一步深化了利率市场化改革，发挥了国债收益率曲线的指导功能，但也存在国债收益率曲线应用范围不广、国债金融功能发挥不足的问题。在基本面、流动性、政策面、境外市场的综合影响下，近年我国国债收益率整体呈震荡走势。国债期货成交量和持仓量同比增加明显，原因为：一是国债收益率走势以震荡为主，市场机构利率风险管理需求相应增加；二是国债期货市场引入做市商制度后，市场流动性大幅提升，投资者的交易成本降低，促进了投资者期现、跨期、跨品种等交易策略的开展。

国债收益率曲线能否成为金融市场体系风险定价基准以及货币金融政策实施的有效载体，取决于国债市场本身的流动性和市场有效性。只有市场流动性充分和透明高效，才能形成平滑的国债收益率曲线，从而准确反映市场价格、供求和预期信息，有效降低市场定价和交易成本。

国债收益率曲线是货币政策利率与宏观经济的桥梁。世界各主要经济体多已完成了货币政策框架转型。各国的货币政策操作框架比较相似，一般是将某一短期货币市场利率作为政策利率，通过债券收益率曲线，实现短期利率向长期利率的传导，最终长期利率的变化导致实体经济相应变化，实现货币政策最终目标。

货币政策持续跟踪国债收益率变化，国债作为担保质押品在公开市场操作、融资融券、衍生品交易等领域广泛应用。随着国债金融功能不断增强，国债收益率曲线的基准地位进一步夯实，不仅为推动利率市场化等重大改革提供了有力支持，而且能够准确、有效地反映市场预期，为宏观经济运行预测、财政与货币政策更好协同提供了重要工具。

4.2.4 市场开放——协同发展与安全

在金融市场开放和人民币国际化背景下，中国国债成为国际上重要的金融产品。人民币国债境外持有比例持续增加，体现了境外投资者对人民币资产的信心，也给我国带来了跨境资金异动的风险。效率和安全是发展的目标。当前我国金融市场监管的价值宜以安全价值为先。安全优先的价值取向要求金融领域的穿透式监管足够深入，不但要实现对资金全过程的穿透式监管，还涉及金融市场参与主体适当性及其行为合规性的穿透识别。安全、信息集中穿透的系统设计目标正是穿透式监管的价值追求和目的所在。债券登记托管结算基础设施在保障跨境金融交易的安全与效率、维护国家金融主权方面发挥了关键作用，是实施宏观审慎管理和防范风险的重要抓手。登记、托管、结算是债券市场基础设施的重要职能，覆盖债券全生命周期，涉及债券和资金的运转、债券权益的确认和转移，以及交易最终目的的达成。债券登记托管结算基础设施制度缺陷可能引发的风险，主要有多级托管导致的资产安全风险、主权安全风险、结算风险、操作风险以及数据安全风险。全面实行"集中统一、一级托管"的政府债券后台管理制度，有效实现穿透监管，夯实了市场安全运行基础，保障了我国国债市场开放的安全、高效、稳定。

4.2.4.1 国债市场的开放策略

在全球化的金融背景下，人民币国际化的进程与金融市场监管策略紧密相连。中国国债作为人民币国际化的重要组成部分，其国际化进程不仅对提升人民币的国际地位具有重要意义，也为全球投资者提供了新的投资渠道。然而，随着金融市场的不断开放，监管挑战也日益增多。穿透式监管策略作为应对复杂金融环境的有效手段，对于保障金融市场的稳定和促进国债国际化具有重要作用。

自 2009 年试点跨境贸易人民币结算以来，人民币国际化经历了快速发展。2016 年，人民币正式加入国际货币基金组织（IMF）特别提款权（SDR）货币篮子，成为国际储备货币之一。此后，人民币在全球支付货币中的排名持续上升，根据 SWIFT 数据，截至 2024 年，人民币已成为全球第四大支付货币，占比达到 3.2%。

在跨境贸易投资方面，人民币在跨境贸易和投资中的使用不断增加。中国与多个国家和地区签订了货币互换协议，推动了人民币在国际贸易中的结算使用。同时，中国资本市场的开放，如沪港通、深港通以及债券通等，为境外投资者提供了更多投资人民币资产的渠道。

在离岸金融市场方面，香港作为全球最大的离岸人民币市场，其人民币存款和交易量持续增长。其他离岸中心如伦敦、新加坡等也在不断发展，为人民币国际化提供了有力支持。人民币国际化提升了其在国际货币体系中的地位，增强了其作为储备货币的吸引力。根据IMF的数据，截至2024年，人民币在全球外汇储备中的占比已达到2.87%，显示出国际社会对人民币的信心。随着人民币国际化的推进，越来越多的中央银行和主权财富基金开始持有人民币作为其外汇储备的一部分，反映了人民币作为国际储备货币的地位逐渐得到认可。

中国国债作为人民币国际化的重要组成部分，吸引了众多国际投资者。中国国债的国际化不仅提高了人民币资产的国际吸引力，也为中国金融市场的进一步开放和人民币的国际使用提供了动力。

中国国债国际化的策略和措施主要包括以下几个方面：（1）市场准入放宽。逐步放宽境外投资者的市场准入条件，降低准入门槛，增加市场参与主体的多样性。（2）交易机制优化。优化交易机制，提高交易效率，包括简化交易流程、降低交易成本等。（3）风险管理加强。加强风险管理，包括完善信用评级体系、增强市场透明度、提高市场流动性等。（4）跨境资金流动管理。完善跨境资金流动管理，包括资本项目可兑换、汇率机制改革等，以适应国际资本流动的新趋势。（5）国际合作与交流。加强与国际金融市场的合作与交流，包括加入国际金融组织、推动人民币加入特别提款权（SDR）货币篮子等。（6）政策支持与创新。出台一系列政策支持国债市场国际化，如税收优惠、会计审计标准国际化等，同时鼓励金融产品和服务创新，满足不同投资者的需求。（7）监管能力提升。提升监管能力，实现穿透式监管，确保金融市场稳定，防范系统性金融风险。通过上述策略与措施，中国国债市场在国际化进程中不断深化开放，增强了国际竞争力和影响力,为人民币国际化提供了有力支撑。

4.2.4.2 市场监管的穿透式策略

随着人民币国际化的推进,在中国国债吸引了更多境外投资者的关注。在人民币国际化的背景下,中国国债的国际化进程中,穿透式监管显得尤为重要。国际化带来了监管环境的复杂性,不同国家和地区的监管标准和实践存在差异。穿透式监管需要克服这些差异,实现监管的一致性和协同性。

穿透式监管是一种监管方法,它强调监管机构需要深入到金融市场运作的各个层面,确保监管措施能够真正作用到市场参与者,从而提高监管的有效性。实施穿透式监管需要构建一个全面的监管框架,涵盖数据收集、风险评估、政策制定和执行等多个方面。

数据收集与分析:监管机构需要建立完善的数据收集机制,收集国债发行和交易的详细信息,包括投资者身份、资金来源、交易规模等。通过大数据分析技术,监管机构可以深入挖掘数据背后的信息,识别异常交易行为和潜在风险。

风险评估机制:基于收集的数据,监管机构应建立科学的风险评估模型,评估国债国际化过程中可能面临的市场风险、信用风险和流动性风险等。风险评估结果将为监管政策的制定提供依据。

政策制定与调整:根据风险评估结果,监管机构需要制定相应的监管政策,如资本流动管理、投资者适当性管理等。政策制定过程中,监管机构应充分考虑市场发展和国际合作的需要,确保政策的合理性和有效性。

监管执行与国际合作:穿透式监管的实施需要监管机构加强内部协调和外部合作。内部协调包括不同监管部门之间的信息共享和协同监管;外部合作则涉及与其他国家监管机构的沟通和协作,共同应对跨境金融风险。

技术与人才支持:为了有效实施穿透式监管,监管机构需要加强技术投入,利用区块链、人工智能等先进技术提高穿透式监管在金融市场中的应用。

穿透式监管在金融市场中的应用是一个复杂而多维的过程，它要求监管机构能够深入理解金融活动的实质内容，而不仅仅是表面形式。以下是穿透式监管在金融市场中的几个主要应用方面：（1）识别金融产品的实质。穿透式监管要求监管机构能够透过金融产品的复杂结构，识别其核心功能和风险特性。这包括对金融产品的资金来源、中间环节和最终投向进行全流程的监管。（2）防止监管套利。通过穿透式监管，监管机构可以防止金融机构利用监管空白或不一致性进行监管套利，确保所有金融活动都在适当的监管框架下进行。（3）增强市场透明度。穿透式监管强调信息披露的重要性，要求金融机构提供充分、准确的信息，使投资者和监管机构都能够清楚地了解金融产品的性质和风险。（4）跨机构和跨市场监管协同。金融市场的混业经营特性要求监管机构之间进行有效的协调和合作。穿透式监管有助于实现跨机构和跨市场的监管协同，形成统一的监管标准和机制。（5）风险管理和宏观审慎监管。穿透式监管有助于监管机构更准确地评估和计量金融市场的风险，从而实施有效的风险管理和宏观审慎政策。（6）防范系统性风险。通过穿透式监管，监管机构能够及时发现和处理可能引发系统性风险的因素，如高杠杆、流动性错配等，从而维护金融市场的稳定。（7）促进金融创新的健康发展。穿透式监管不是抑制金融创新，而是在确保风险可控的前提下，鼓励和引导金融创新朝着有利于实体经济和服务投资者的方向发展。（8）保护投资者权益。穿透式监管有助于投资者能够获得必要的信息，做出明智的投资决策，同时在出现问题时能够追溯责任，维护投资者的合法权益。（9）应对新兴金融活动。随着金融科技的发展，新的金融活动和业务模式不断涌现。穿透式监管能够适应这些变化，确保新兴金融活动得到适当的监管。（10）国际监管合作。在全球化的金融市场中，穿透式监管还涉及跨国监管合作，以应对跨境金融活动带来的挑战。

穿透式监管的实施需要监管机构具备较强的专业能力、先进的技术手段和有效的协调机制。通过穿透式监管，可以提高金融市场的监管效率和效果，促进金融市场的健康发展。主要体现在以下几个方面：（1）跨境资金流动监管：通过穿透式监管，监管机构能够追踪资金流向，确保境外投资者的资金流动合法合规，同时防止非法资本流动对国内市场造成冲击。（2）信息披露要求：要求金融机构和市场参与者提供更加透明和详细的信息，使监管机构能够深入了解市场运作，及时发现和处理潜在的风险点。（3）技术应用：利用大数据、人工智能等先进技术手段，提高监管的效率和精准度。例如，通过分析交易数据，监管机构可以更早地识别市场操纵和欺诈行为。（4）国际合作：在全球化的金融市场中，穿透式监管需要各国监管机构之间的密切合作。通过信息共享、联合监管等方式，形成全球性的监管网络，共同应对跨境金融风险。

穿透式监管的实施，对于促进中国国债市场的健康发展，提升人民币国际化水平，维护国家金融市场稳定具有重要意义。通过这种监管策略，可以更好地应对金融市场的复杂性和不确定性，保障国家金融安全。此外，穿透式监管还能够提高市场透明度，增强投资者信心，提升中国国债的国际接受度。

4.2.4.3 交易安全的基础设施保障策略

市场基础设施（Financial Market Infrastructures，FMIs）是指为金融市场交易提供必要条件和公共服务的各种系统与设施，它们是金融活动顺利进行的基石。根据国际清算银行支付结算体系委员会（CPSS）和国际证监会组织（IOSCO）的定义，市场基础设施是指为金融市场主体提供清算、结算或记录支付的多边系统，包括重要支付系统（PS）、中央证券托管机构（CSD）、证券结算系统（SSS）、中央对手方（CCP）和交易数据库（TR）等。这些基础设施对于金融市场的稳定运行至关重要，它们不仅涉及金融安全，有利于识别、追踪和量化金融风险，而且由于中央对手方的存在，还可以降低交易对手信用风险，减少多种市场冲击，对于提高市场效率、降低交易成本、增强市场透明度、提高风险管理能力等发挥了关键作用。

维护国债市场的对外开放安全，强化基础设施建设至关重要，原因如下：（1）提高市场效率。良好的市场基础设施能够提高交易执行的速度和效率，确保国债市场的流动性和稳定性。强化市场基础设施建设可以提高市场数据的透明度和信息的准确性，从而提高市场效率和流动性。（2）加强风险管理。通过中央对手方和交易数据库等基础设施，可以更好地监控和管理市场风险，预防和减少潜在的金融风险。通过建立健全市场基础设施，可以更有效地监控和管理市场风险，包括信用风险、市场风险和流动性风险等。（3）增加透明度。市场基础设施通过提供交易报告和数据服务，增加市场的透明度，帮助投资者做出更加明智的投资决策。（4）促进公平竞争。统一规范的市场基础设施为所有市场参与者提供了公平的竞争环境，吸引更多的投资者参与国债市场。（5）支持监管。市场基础设施为监管机构提供了监管市场和执行政策所需的工具和数据支持，有助于维护市场秩序和防范系统性风险。（6）促进互联互通。强化基础设施有助于实现国内外金融市场的互联互通，为境外投资者提供更加便利的投资渠道。（7）促进金融创新。先进的市场基础设施支持金融产品和服务的创新，为国债市场参与者提供更多的投资和风险管理工具。（8）保障交易安全。通过中央证券存管等基础设施，确保交易的安全性和结算的最终性，降低交易对手风险。在开放条件下，强化基础设施建设有助于维护国家金融安全，防范和控制外部风险的输入。

因此，为了保障国债市场的健康发展和对外开放的安全，强化市场基础设施建设是必不可少的。这不仅有助于提升市场的吸引力和竞争力，也是实现金融市场稳定和国家金融安全的重要保障。

从维护国债市场对外开放安全的角度，加强基础设施建设可以采取以下措施：（1）建立统一的制度规则，按照"一套制度规则、一个债券市场"的原则，统一资金跨境管理，确保市场运作的一致性和透明度。（2）完善债券托管服务，允许境外机构投资者根据实际需要，自主选择债券登记结算机构或境内托管银行提供债券托管服务，增强市场的灵活性和安全性。（3）推动金融基础设施互联互通，促进市场要素自由流动，实现债券市场基础设施的互联互通，提升市场整体效率。（4）加强市场监测和数据收集，坚持穿透式数据和信息收集，建立健全交易报告库，提高市场透明度和风险管理能力。（5）发展金融科技应用，利用区块链、大数据等技术提高债券市场的运行效率和风险防控能力。（6）提升结算效率和安全性，全面实现券款对付（DVP）结算机制，缩短结算周期，提高资金使用效率和交易安全性。（7）强化法律和监管框架，制定和完善相关法律法规，加强市场监管，确保市场健康有序发展。（8）增强市场参与者的多元化，吸引更多境外投资者参与，提升市场流动性和稳健性，同时促进国际收支平衡。（9）推动债券市场数字化建设，应用区块链等技术，推动债市信息披露数字化和标准化，提高信息披露的质量和效率。（10）加强国际合作，与国际金融市场基础设施接轨，提升我国债券市场的国际竞争力和吸引力。通过上述措施，可以有效强化国债市场的基础设施建设，保障市场的安全稳定，促进国债市场的健康发展和对外开放。

在加强市场交易基础设施建设的同时，还需要完善风险防范机制，确保金融市场的稳定和安全。这包括加强对市场异常波动的监测和预警，提高对金融风险的预防、预警、处置和问责能力，以及运用大数据等现代技术手段来提升监管效率和效果。通过这些措施，可以为国债市场的对外开放提供一个更加安全、稳健的交易环境。

4.2.4.4 建立自主的主权信用评级体系

自主的主权信用评级体系指的是一个国家根据自己的国情、市场特点和经济发展水平，独立建立并运营的信用评级体系。这种体系通常由本国的评级机构来实施，能够更准确地评估国内和国际债务工具的信用风险，反映债务发行主体的偿债能力和意愿，为投资者提供参考，并为政府的金融监管和宏观经济政策提供支持。自主的主权信用评级体系对于维护国家金融安全、增强国际话语权、促进经济稳定发展等具有重要意义。

自主的主权信用评级体系通常包括以下几个关键特征：（1）独立性。评级体系不受外部政治、经济利益的影响，保证评级结果的客观性和公正性。（2）适应性。体系能够适应本国市场的特点和需求，更贴合国内经济发展的实际状况。(3) 技术专业性。评级机构具备专业的技术能力和丰富的市场经验，能够提供高质量的评级服务。(4) 透明性。评级方法、流程和结果对市场参与者公开透明，增强市场信心。(5) 与国际接轨。在保持独立性的同时，评级体系也与国际标准和惯例相兼容，以促进国际交流和合作。

建立自主的主权信用评级体系，增强国内外投资者对本国债务工具的信心，有助于减少对外国评级机构的依赖，避免外部评级机构可能存在的偏见或利益冲突，更好地保护国家的经济利益和金融安全。

建立自主的主权信用评级体系与国债的安全发展具有密切的关系和重要的意义，具体表现在以下几个方面：(1) 增强金融安全。自主的主权信用评级体系有助于国家更好地评估和管理国债风险，保障国债市场的稳定，从而维护国家金融安全。(2) 提升国际话语权。通过建立自主评级体系，可以增强国家在国际金融市场中的影响力和话语权，有利于形成公平合理的国际金融秩序。(3) 支持货币政策。国债作为现代金融体系的基石，其评级直接关系到货币政策的实施效果。自主评级体系有助于更准确地反映国债的信用状况，支持货币政策的有效传导。(4) 促进经济发展。自主评级体系可以更真实地反映国家的经济状况和国债的信用风险，有助于吸引外资，促进经济发展和资本市场的成熟。(5) 维护国家利益。在国际金融市场中，自主评级体系有助于维护国家利益，尤其是在全球金融危机等重大事件中，能够更好地保护国家资产，维护金融稳定。(6) 提高评级准确性。自主评级体系可能更加了解本国的经济和金融市场特点，能够提供更加准确和符合国情的评级结果，减少由于外部评级机构可能存在的信息不对称或偏见所带来的风险。(7) 推动评级体系多元化。建立自主评级体系有助于推动国际评级体系的多元化发展，减少对单一评级机构的依赖，增强整个评级行业的竞争力和活力。(8) 助力人民币国际化。自主评级体系的发展有助于增强人民币资产的国际吸引力，支持人民币国际化进程，提高国家在全球经济中的地位。(9) 促进债券市场发展。自主评级体系可以提高债券市场的透明度和效率，吸引更多的投资者参与，促进债券市场的发展和创新。(10) 应对国际评级变动。在国际政治经济形势复杂多变的背景下，自主评级体系能够更好地应对外部评级变动带来的影响，保持国内金融市场的稳定。总之，建立自主的主权信用评级体系对于维护国家金融安全、促进经济发展、增强国际竞争力等都具有重要的意义。

建立自主的主权信用评级体系是一个复杂的过程，涉及多个步骤和关键要素：(1) 明确评级目标和原则。建立主权信用评级体系的首要步骤是明确评级的目标和原则，包括评级的用途、服务对象以及评级的独立性、客观性和公正性。确立评级体系的目标，比如为投资者提供决策参考、促进金融市场稳定、提高国家金融安全、增强国际话语权等，并制定评级的基本原则，如独立性、公正性、透明性等。(2) 制定评级方法和模型。开发一套科学的评级方法和模型，通常包括定量分析和定性分析相结合，涵盖经济、政治、金融、法律和市场等多方面因素。定量分析涉及经济、财政、债务等数据的统计和预测，而定性分析则考虑政治稳定性、政府效能、法律法规等非数量化因素。(3) 确定评级要素和指标。识别并确定影响主权信用评级的关键要素，例如偿债环境、财富创造能力、偿债来源与负债平衡等，并为这些要素设定具体的量化指标。构建一个全面的评级指标体系，涵盖经济实力、财政实力、对外偿付实力、政治稳定性、政府效率、法律法规保护等多个维度。(4) 收集和处理数据。建立数据收集机制，确保评级所需数据的准确性和时效性，包括宏观经济数据、政府财政状况、市场信息等。建立数据收集和处理机制，确保评级过程中使用的数据是准确、全面和及时的。(5) 建立专业团队。组建具有专业知识和经验的评级分析师团队，他们需要对经济、金融、政治等领域有深入的理解。组建一支由经济学家、金融分析师、政策分析师等专业人士组成的团队，负责评级体系的运作和维护。(6) 制定评级流程和标准。确立评级流程，包括初评、复评、监督审查等环节，确保评级的透明度和可追溯性。设定评级的等级划分标准，包括各个等级的定义、评级的符号系统以及不同等级之间的界限。(7) 加强法律法规建设。制定相关的法律法规，为评级体系的建立和运行提供法律支持和监管框架。（8）提高透明度和公信力。通过公开评级方法、流程和结果，提高评级体系的透明度和市场认可度。（9）与国际标准接轨。在确保自主性的同时，考虑与国际评级标准接轨，提高国际认可度和影响力。推动评级结果在金融市场的广泛应用，包括债券发行、投资决策等，并在国际市场上推广自主评级体系，提高其影响力和认可度。（10）不断更新和完善。评级体系需要根据市场变化、经济发展和国际标准不断地更新和改进。根据全球经济环境和金融市场的变化，定期对评级体系进行回顾和更新，确保其适应性和准确性。建立评级体系的持续监督机制，根据国内外经济环境的变化，定期对评级方法和标准进行更新和优化。

通过上述步骤，逐步建立起一个独立、可靠和权威的自主主权信用评级体系。

4.3 国债发展对国家安全的影响

4.3.1 国债发展对国家安全的积极作用

4.3.1.1 提供资金支持

国债作为一种财政工具，对国家安全具有多方面的积极作用。国债是政府筹集资金的重要手段，通过发行国债，政府能够集中社会闲散资金，用于支持国家重大战略实施和重点领域安全能力建设。基础设施是国家发展的重要基础，国债资金可以用于交通、能源、通信等基础设施建设，提高国家的综合国力和安全保障能力。科技创新是国家安全的关键，国债资金可以用于支持科研项目和技术开发，推动科技进步和产业升级，增强国家的竞争力。国债资金可以用于教育、医疗、社会保障等民生领域，提高国民生活水平，促进社会稳定和谐。在面临自然灾害、公共卫生事件等突发情况时，国债可以作为应急资金，快速响应，保障国家和人民的安全。国债资金也可以用于国防和军队建设，加强国家安全防护，保障国家主权和领土完整。稳健的国债市场能够增强国际投资者对国家经济和政治稳定性的信心，提升国家的国际形象和信誉。

4.3.1.2 吸引外来投资

国债作为一种安全资产，为外国投资者提供了新的投资渠道，有助于投资组合的多元化，同时为国家带来资金流入。国债市场的开放和完善是向国际投资者发出的积极信号，表明国家愿意与全球资本市场接轨，吸引外资进入。中国投资者购买国债有助于推动本币在国际市场上的使用，加速本币的国际化进程。外资的参与增加了国债市场的深度和流动性，有助于降低政府的融资成本，提高财政资金的使用效率。外资的流入有助于增强国家经济的韧性，通过多元化的资金来源减少对单一融资渠道的依赖。

国债通常被视为安全资产，尤其是在全球经济不确定性增加的背景下，中国国债因其稳定的收益率和较低的风险性，成为国际投资者的重要选择。中国人民银行数据显示，截至2023年末，境外机构持有的中国国债规模已超过2万亿元人民币，显示出中国国债对外资的吸引力。这些资金的流入不仅为国家经济发展提供了动力，也有助于提升国家的国际地位和经济安全。一个成熟和流动性好的国债市场可以提高国家的国际信誉，增强外国投资者的信心，吸引更多的外国直接投资和证券投资。

4.3.1.3 促进宏观经济稳定

国债为政府提供了更大的政策调控空间，使得政府能够在必要时采取积极的财政政策来应对经济和社会挑战。国债的发行与使用还有助于宏观经济的稳定。在经济下行压力加大时，政府可以通过增加国债发行来实施积极的财政政策，通过公共支出刺激经济增长，稳定就业市场。同时，国债利息支出是政府财政支出的一部分，合理的国债规模可以保证政府在经济波动时有足够的财政空间进行调控，提供反周期财政支持。国债市场的发展有助于完善金融市场的基础设施,提高市场效率,为宏观经济稳定提供良好的金融环境。根据国际货币基金组织(IMF)的报告,国债与GDP的比率在一定程度上反映了一个国家的债务水平和偿债能力。中国国债与GDP的比率一直保持在合理区间,显示出我国在国债管理上的稳健性,有助于维护国家经济安全和金融市场的稳定。

4.3.1.4 增强国家战略能力

国债提供了政府实施独立政策的财政空间,减少对外债和国际金融市场的依赖,增强国家的战略自主性。国债还为国家战略能力的增强提供了资金保障。在国防和军队现代化方面,国债资金可以用于研发先进武器系统、提升军队训练水平和改善军事基础设施。这些投资对于维护国家主权和领土完整至关重要。政府可以利用国债筹集的资金进行战略性投资,促进关键产业和高科技领域的发展,提高国家在全球竞争中的地位。此外,国债资金也可以用于支持国家重大科技项目和新兴产业的发展,如5G通信、人工智能等领域,这些技术的进步有助于提升国家在全球竞争中的地位,增强国家的综合国力。通过国债支持的科研投资,可以加速科技创新,增强国家在关键技术领域的竞争力和自主可控能力。

4.3.2 国债对国家安全的潜在风险

4.3.2.1 财政风险与债务累积

国债规模的过度膨胀可能导致国家财政赤字的增加,从而积累大量债务。长期的财政赤字可能会导致国债规模不断累积,增加政府的债务负担。随着债务规模的增加,政府偿还债务的能力和债务的可持续性可能会受到影响。过高的债务水平可能会限制政府在应对经济危机或其他紧急情况时的政策空间。根据国际货币基金组织(IMF)的数据,全球债务水平自2008年金融危机以来已经显著上升,部分国家的债务占GDP比率已经超过了100%。高债务水平限制了政府在经济衰退时期的财政政策空间,增加了财政风险，这在一定程度上削弱了国家应对突发事件的能力，对国家安全构成威胁。

4.3.2.2 国际金融市场波动的影响

国债作为国家对外债务的一部分，其价格和收益率受到国际金融市场波动的影响。例如，全球利率的上升可能导致国债成本增加，增加国家的债务负担。国际金融市场的动荡可能会引发资本流动，影响国家的外汇储备和汇率稳定。资本外流可能会对国家的国际收支平衡造成压力，进而影响国债的国际吸引力。此外，汇率波动也可能影响以外国货币计价的国债价值，进而影响国家的外汇储备和金融稳定。根据世界银行的报告，发展中国家的国债市场对汇率波动尤为敏感，可能引发资本外流，给国家安全带来风险。

4.3.2.3 政治与经济政策的制约

大规模的国债可能导致政府在制定经济政策时受到制约，特别是在财政紧缩时期。政府可能不得不削减公共支出或增加税收来偿还债务，这可能影响国内的社会福利和经济发展。此外，债务国可能在国际政治中受到债权国的影响，其外交政策的独立性受到限制，从而影响国家安全。

4.3.2.4 社会稳定与公共信任的侵蚀

如果国债规模过大，政府的还本付息压力增加，可能导致税收增加或公共服务减少，影响民众的生活质量，从而引发社会不满和不稳定。国债资金的使用如果缺乏透明度或效率，可能导致资源分配不公，加剧社会贫富差距，引起社会阶层间的矛盾和冲突。高债务水平可能限制政府在教育、医疗、社会保障等公共领域的投入，影响民生改善，减少民众对政府的信任和支持。国债的过度依赖可能引起公众对政府财政管理能力的质疑，导致社会不稳定和公共信任的下降。大量国债意味着未来的税收将用于偿还债务，这可能被视为将当前的财政负担转嫁给下一代，引发代际不公平。长期的财政赤字和债务累积可能使公众担忧未来的税收负担,引发社会不满和抗议活动。这种社会动荡不仅影响国家的内部稳定,也可能被外部势力利用,对国家安全构成威胁。

4.3.3 国债发展与国家安全的协同

通过上述分析,可以看出国债对国家安全既有积极作用,也存在潜在威胁。国家需要在促进经济发展和维护国家安全之间找到平衡点,合理控制国债规模,加强管理和监管,以确保国家的长期稳定和安全。

4.3.3.1 合理控制国债规模

国债的发展与国家安全之间存在密切的协同关系,合理控制国债规模是确保这种协同效应的关键。合理控制国债规模是维护国家安全的关键。严格控制财政赤字和债务水平,确保国债发行与国家财政的可持续性相一致。国债的发行需要与货币政策相协调,通过公开市场操作等手段,平滑国债发行对市场流动性的影响,避免对市场流动性和利率水平产生不利影响。确保国债政策与国家宏观经济政策相协调,形成政策合力,支持国家宏观调控。对国债规模进行动态监控,及时发现并处理潜在的风险点。比如根据国际货币基金组织(IMF)的数据,国债占GDP的比例应控制在一个可持续的范围内。例如,发达国家的国债占GDP比例通常不超过90%,而新兴市场国家则应低于60%。这一比例的控制有助于降低债务累积带来的风险,确保国家在面临突发事件时有足够的财政空间进行应对。

4.3.3.2 加强国债管理

加强国债管理对于实现国债发展与国家安全的协同至关重要。加强国债管理是确保国家财政稳定和金融安全的重要措施。

有效的国债管理包括但不限于:明确国债管理目标,确保国债的发行和使用符合国家安全和发展战略,同时满足经济发展的需要。发行计划的制定与执行，确保国债发行与国家经济发展需求相匹配。根据国家的经济状况、财政需求和长期发展战略，制定合理的国债发行和偿还策略。债务结构的优化，平衡短期与长期债务，降低债务成本。通过调整国债的期限、利率和类型，形成多元化的国债结构，以适应不同投资者的需求并降低融资成本。发展和完善国债市场，提高国债的流动性和市场化程度，吸引更多的投资者参与国债投资。提升透明度和公众参与度，通过提高信息披露的质量和频率，增强市场参与者对国债市场的信心。提高国债管理的透明度，增强公众对国债政策的理解和信任。法律法规的完善，确保国债发行和使用的合规性。确保国债资金用于关键领域和项目，如基础设施建设、科技创新、教育和医疗等，以提高资金使用效率和经济社会效益。通过立法确立国债管理的基本原则和框架，为国债的健康发展提供政策支持。风险评估与监控，及时发现并应对可能的财政风险。建立健全风险管理体系，构建国债风险评估和预警机制，及时识别和应对潜在的财政风险。

第 5 章
地方政府债券与国家安全发展

5.1 地方政府债券结构的现状分析

按偿债资金来源划分，地方政府债券可以分为一般债券和专项债券。一般债券是指省、自治区、直辖市政府（含经省级政府批准自办债券发行的计划单列市政府）为没有收益的公益性项目发行的、约定一定期限内主要以一般公共预算收入还本付息的政府债券。一般债券资金收支列入一般公共预算管理。专项债券是为有一定收益的公益性项目发行的、约定一定期限内以公益性项目对应的政府性基金或专项收入还本付息的政府债券。专项债券资金纳入政府性基金预算管理。一般债券和专项债券间的显著区别在于其所对应的公益性项目是否可产生收益。没有收益的项目，偿债来源是一般公共预算收入，为一般债券；有一定收益的项目，偿债来源是政府性基金或专项收入，为专项债券。

自新预算法对地方政府债券的分类管理进行明确界定之后，国家已经出台了一系列关于地方政府分类债券的管理办法和制度文件。如2017年，财政部通过颁布财预〔2017〕62号、财预〔2017〕89号、财预〔2017〕97号等政策文件，指导地方政府按照政府性基金收入项目分类发行项目收益专项债，截至目前市场上已发行过的项目收益专项债，有土地储备专项债、收费公路专项债、轨道交通专项债、棚改专项债等品种。2020年12月，国务院正式发布了《地方政府债券发行管理办法》（以下简称《管理办法》），并同时废止了《地方政府一般债券发行管理暂行办法》（财库〔2015〕64号）和《地方政府专项债券发行管理暂行办法》（财库〔2015〕83号）两份文件。《管理办法》对债券发行额度和期限、信用评级和信息披露、债券发行与托管等进行了明确界定。

5.1.1 一般债和专项债的纵向结构分析

5.1.1.1 规模结构分析

自 2009 年起,地方政府通过债券试点等方式进行融资,并逐渐得到政策确定。试点时期内地方政府债券的发债批准额度相对较低,且限额仅当年有效,不得结转下年。2009—2011年,全国人大批准的地方政府债券发行额度均为每年 2000 亿元。随着地方政府融资需求的增加,2012 年、2013 年和 2014 年的批准额度分别增加至 2500 亿元、3500 亿元和 4000 亿元。

随着新预算法的实施和国发 43 号文的出台,地方政府债券开始大规模发行。2015 年开始,地方政府债券发行规模大幅飙升。2015 年发行 38350.62 亿元,是 2014 年发行规模的 9.59 倍,2016 年更是增加至 60458.40 亿元。2014—2016 年地方政府债券发行规模急剧攀升的主要原因,在于体量庞大的政府性债务置换为地方政府债券。2017 年以后地方政府债券的发行规模有所回落。2017—2022 年,地方政府债券的发行规模保持相对稳定,均控制在 4 万亿—7 万亿元,2023 年地方政府债券发行量首次突破 9 万亿元(见表 5-1)。正是地方政府债券发行规模的有效控制,使得历年地方政府显性债务余额均控制在地方政府债务限额范围内。

表 5-1　　地方政府债券及其限额情况　　单位:亿元

年份	地方债券发行金额	地方政府债务余额	地方政府债务限额
2014	4000	154074.3	
2015	38350.6	160074.3	
2016	60458.41	153164	171874.3
2017	43581	164706	188174.3
2018	41652	183862	209974.3
2019	43624	213072	240774.3
2020	64438.13	256615	288074.3
2021	74898	304700.5	332774.3

续表

年份	地方债券发行金额	地方政府债务余额	地方政府债务限额
2022	73676	350618	376474.3
2023	93253.68	407372.93	421674.3

资料来源：《中国统计年鉴》，Wind 数据库。

从地方政府债券使用限额的情况看，2015—2023 年，地方政府债务余额均控制在全国人大批准的限额之内。截至 2023 年 12 月末，全国地方政府债务余额 407372.93 亿元，控制在全国人大批准的限额（421674.3 亿元）之内。上述情况说明在中央防控债务风险的背景下，财政部等相关部委从多个方面规范地方政府发债行为，各种防范风险的举措相继落地，对违规违法举债行为进行了严厉控制，地方政府发债方式和管理逐步规范化和市场化。

如表 5-2 所示，从 2015 年起，一般债券的发行规模明显高于专项债券，在总债务规模中的占比约为六成，表明此时地方政府债券的发行种类以一般债券为主。这种情况在 2019 年之后发生逆转。2019 年，相比一般债券，专项债券发行规模逐渐增加，专项债券的作用更为突出，原因主要在于：2019 年之后，经济下行压力更大，考虑到总需求增长走弱、政策空间短期受限，地方专项债扩容成为短期逆周期政策主要的"调节器"。在 2020 年新冠疫情严重冲击下，更需要依赖专项债作为短期宏观调控政策的调控器和中长期结构调整的政策工具，进行政策调节，专项债发行规模激增至 37500 亿元。

表 5-2　　　　　　　　地方债结构及偿债来源情况　　　　　　　　单位：亿元

年份	一般债发行额	一般债余额	一般公共预算收入	一般债发行额占一般公共预算收入的比例（%）	一般债余额占一般公共预算收入的比例（%）	专项债发行额	专项债余额	政府性基金收入	专项债发行额占政府性基金收入的比例（%）	专项债余额占政府性基金收入的比例（%）
2015	28008		83002.04	33.74		9143		39558.88	23.11	
2016	35339.84	71419.74	87239.35	40.51	81.87	25118.56	34862.06	43575.31	57.64	80

续表

年份	一般债发行额	一般债余额	一般公共预算收入	一般债发行额占一般公共预算收入的比例（%）	一般债余额占一般公共预算收入的比例（%）	专项债发行额	专项债余额	政府性基金收入	专项债发行额占政府性基金收入的比例（%）	专项债余额占政府性基金收入的比例（%）
2017	23619	103322	91469.41	25.82	112.96	19962	61384	58640.48	34.04	104.68
2018	22192	109939	97903.38	22.67	112.29	19460	73923	72376.52	26.89	102.14
2019	17742	118694	101080.61	17.55	117.43	25882	94378	80476.13	32.16	117.27
2020	9800	127393.4	100143.16	9.79	127.21	37500	129217.37	97654.89	38.4	132.32
2021	7865	137706.81	111084.23	7.08	123.97	35844	166993.68	94858.9	37.79	176.04
2022	7182	143961.67	108818.5	6.6	132.3	40286	206691.24	74559.07	54.03	277.22
2023	7006.66	157026.41	117218.55	5.98	133.96	39443.96	248383.34	70705	55.79	351.30

资料来源：《中国统计年鉴》，Wind 数据库。

一般债和专项债在地方财政的实际运行中发挥着重要的作用。当前的地方政府债务运行呈现如下特征：（1）从债券发行额与其偿还来源看，一般债与一般公共预算收入的比值在 2016 年达到峰值，随即进入了不断下降的轨道，反映了国家对一般债风险有效控制的实际效果。（2）由于受置换债的置换需求影响，一般债余额与一般公共预算的比值在 2017 年显著提高，但之后得到了明显的控制，保持相对稳定。（3）关于专项债的走向，未来需要在防风险与稳增长之间寻求平衡。对专项债的近年变化情况应当给予足够的关注，在允许地方发债的前 3 年，专项债与一般债的运行特征基本类似，其发行额和余额累积情况均受到了置换债的影响。但是在 2018 年基本结束上一轮置换任务之后，与一般债相比，专项债异军突起，其发行规模在 2019 年和 2020 年均显著超过一般债。地方政府债务中，一般债务以税收收入作为偿债来源，纳入一般公共预算管理，这部分债务体量不大，整体风险不太大。专项债务以投资项目收益作为偿债来源，纳入政府性基金预算管理，这部分债务体量在近两年呈现迅速增长的态势，发挥着弥补经济社会发展领域"短板"等政策功效。目前专项债的放量发行整体风险相对可控，各地政府的发行规模均经过财政部和人大财经委员会等部门审批，也经过了较严格的预算管理。但是，一方面，在减税降费力度较大、地方政府土地出让金收入增速放缓的情况下，应注意个别区域地方政府的地方债投向和使用效率问题。另一方面，由于地方政府挖掘有稳定利润流保障的投资项目比较困难，投资项目收益很难在短期内满足偿债需求，存在投资和收益错配的流动性风险。

5.1.1.2 债券品种结构分析

专项债补短板、稳投资的效果在持续呈现。近些年，专项债发行不仅提速扩容，品种也在不断创新，为增加有效投资、优化经济结构、稳定总需求和保持经济持续健康发展起了重要的支撑作用。从发行品种看，自2017年以来，由最初的土储、棚改和收费公路三个标准化专项债品种逐步扩展，目前已经覆盖了扶贫开发、产业园区、乡村振兴、水利设施、城乡发展建设、生态建设等诸多领域（见表5-3）。

表5-3　　　　　　　地方政府专项债券的主要类型

市政公用类专项债券 （供水、供热、供气、停车场）	生态环保类专项债券 （污水/垃圾处理、河道整治、园林绿化）
医疗卫生类专项债券 （医院、养老、设备采购）	教育类专项债券 （高等院校、幼儿园、职业技术学校）
乡村振兴类专项债券 （环境整治、农业生产、生活配套）	产业园区类专项债券 （标准化厂房、孵化基地、人才公寓）
交通类专项债券 （轨道交通、铁路建设、城市交通、机场）	新型城镇化、新能源、消费

2018年，项目收益债券在上年的基础上，新增棚户区改造专项债、高校专项债、生态保护专项债、产业园区专项债、公立医院专项债、绿道专项债、水务建设专项债、教育类项目专项债、地下综合管廊专项债、工业园区专项债、医疗卫生专项债等30多个品种。当年土地储备专项债、棚户区改造专项债、收费公路专项债发行规模较大，分别为5600亿元、3400亿元和744.60亿元，其余品种项目收益债券发行规模均小于40亿元。

2019年，地方政府债券政策最突出的变化是在经济下行压力加大的情况下，地方政府专项债券的重要作用被摆在更加突出的位置，专项债券使用范围得到拓宽，结构得到优化，专项债券管理制度也更为完善。一是进一步扩大了专项债的使用领域，实现了债券品种的创新。根据地方重大项目建设需要，扩大专项债使用范围，重点用于铁路、轨道交通、城市停车场等交通基础设施，城乡电网、天然气管网和储气设施等能源项目，农林水利、城镇污水垃圾处理等生态环保项目，职业教育和托幼、医疗、养老等民生服务，冷链物流设施、水电气热等市政和产业园区基础设施。江西省赣江新区发行全国首单绿色市政专项债，全国绿色市政债发行规模共39.5亿元，地方政府专项债券品种实现了进一步的创新。二是将专项债用作项目资本金的范围明确为符合上述重点投向的重大基础设施领域。以省为单位，专项债资金用于项目资本金的规模占该省份专项债规模的比例可为20%左右。2019年，棚户区改造专项债券发行规模7172.12亿元；土地储备专项债券发行规模6782.75亿元，收费公路专项债券规模1525.51亿元，轨道交通专项债券规模217.05亿元。上述债券数量占项目收益债券的69.83%。

2020年的地方专项债发行呈现两个亮点：一是规模的扩张。专项债的发行额从上年的25882亿元，迅速提升到37500亿元，增长11618亿元，巨额的发行额增量主要是基于对2020年新冠疫情影响下宏观经济走势的谨慎判断。二是暂停土地类专项债的发行。专项债在总量攀升的同时，结构上得到进一步的优化，用于土地储备类领域的专项债没有发行，专项债大量向基础设施建设方面倾斜，有助于应对疫情冲击和促进经济回升。

2021年，我国地方专项债发行35844亿元，大幅高于一般债发行规模，同时相较于2020年略有降低，整体来看保持了相对较大且稳定的规模。根据经济形势变化，2021年下半年发行进度明显加快，每月发行规模均超过5000亿元，体现了当年财政政策积极稳定宏观经济的导向。债券发行保持较大规模，主要有两方面原因：一是我国在疫情防控常态化下实现"六稳""六保"目标，需要各级政府适度举债，加大疫情防控投入和关键领域投资。从资金投向来看，已发行的专项债约59%投向基建领域，与2020年同期相比下降12个百分点，这主要是由于棚改对基建的分流效应。分项目来看，城乡冷链物流、市政和园区基建为第一大投向，占比为31%，交通基建、棚改类、社会事业占比较高，分别为18%、16%和14%。2021年主要项目投向和2020年的差别在于保障房、安置房与棚改，2020年对此类项目的投向占比仅为1%，而2021年大幅增长到16%。二是我国政府债务总体规模相对较低，为保持债务发行跨周期调节能力留有较大余地。

2022年受超预期因素冲击，我国经济面临一定下行压力。为充分发挥宏观政策逆周期调节作用，专项债发行规模相较于2021年新增4442亿元，一般债发行数量则减少了683亿元。2022年新增新基建、新能源、新消费三个领域，更加精准匹配投资需求，主要有以下特点：其一，专项债持续聚焦于交通、水利、能源等重大基建项目，近两成投向上述领域，持续支持扩大有效投资。其二，逐步加大对信息网络等新基建的支持，占比小幅升至7%，助力形成新的经济增长点。其三，投向新型城镇化的占比稳步提升至13%，依托城市更新及乡村振兴不断优化城乡发展格局。其四，重点支持医疗、养老、物流等短板项目，合计占比近两成。其五，继续拓宽为中小银行补充资本金的新用途，合计发行中小银行专项债630亿元，更全面地发挥稳企业、调结构的作用。

2023年全年共发行新增专项债券39443.96亿元，发行节奏较2022年有所放缓。新增专项债券最大投向领域为市政和产业园区基础设施，占比为55%，与上年基本持平。其次分别为棚户区改造、铁路、医疗，占比均超过5%，收费公路、农林水利和轨道交通也是重要的投向领域。

5.1.1.3 债券期限结构分析

自允许发行地方债以来，一般债券的可发行期限主要有1年、3年、5年、7年和10年。专项债券的可发行期限主要有1年、2年、3年、5

年、7年和10年。因此，从发债期限看，我国当时的地方政府债券发行主要包含1年、2年、3年、5年、7年和10年等期限品种。根据财库〔2018〕61号文，公开发行的地方政府一般债券增加2年、15年、20年期限，公开发行的地方政府普通专项债券增加15年、20年期限。

2009年地方债放开之后，在"代发代还"的模式下，2009—2011年每年2000亿元的发债规模中，只有3年期和5年期的中短期债券品种。在地方债的发行端由"代发"向"自发"试点转变之后，地方债的发行期限也有所延长，从2012年开始增加了7年期债券品种，但2012—2013年地方债市场仍以3年期和5年期的中短期债券品种为主。2014年，我国地方政府债券市场由"代发代还"向"自发自还"试点转变，试点地区的发债期限也进一步延长为5年、7年和10年。自2014年开始发行10年期的地方债品种，使得我国地方政府债券市场逐步呈现出以发行5年、7年和10年等中长期债券品种为主的趋势。

2018年，对于公开发行的一般专项债券和普通专项债券，增加15年、20年期限。我国地方政府债券的发债期限在不同年份中分布不同。地方债期限主要分布于1年、2年、3年、5年、7年、10年、15年、20年和30年，长期限品种明显增多，但以5年期为主。其中，3年期发行规模6346.37亿元，占比15.2%；5年期发行规模17931.46亿元，占比43.1%；7年期发行规模9447.95亿元，占比22.7%；10年期发行规模6913.68亿元，占比16.6%；10年期以上的品种总发行规模为525.69亿元，占比仅为1.25%。

2019年，地方债期限结构主要以5年期和10年期为主，但长期限品种明显增多，最长期限已达30年。5年期发行规模最大，为13787.86亿元，占比31.6%。10年期的发行规模为12324.60亿元，占比28.3%。2019年以来，10年期以上品种发行明显增多，15年期、20年期和30年期债券的发行规模共计8104.85亿元，占比18.58%，比2018年上升17.33个百分点。由于10年以上长期限债券的增多，2019年地方债平均期限明显拉长，由2018年的平均6.32年上升到9.68年。另外，2019年含赎回选择权和提前偿还条款的债券共42只，占比3.84%，规模856.45亿元，占比1.96%。在含赎回选择权债券中，2年后行权的债券较多，共计6只债券。含权债券的增多，反映了地方政府债券在发行期限上的创新，有利于解决项目现金流与偿债之间的匹配问题，对提高财政资金效益具有重要的意义。

2021年地方债加权平均期限11.9年，较2020年缩短2.7年，主要是短期（1—3年期）债券发行数量增加、30年期债券发行数量减少。从期限来看，2021年全年地方债期限整体缩短，加权平均期限11.9年，而2020年加权平均期限为14.6年。从具体期限分布看，2021年发行的1956只地方政府债中，发行期限为10年的数量最多，为502只，占比25.21%；其次为15年、20年和7年，分别占比18.08%、15.67%和14.36%。

2022年，在超长期专项债发行量增加的带动下，地方债平均发行期限有所拉长。2022年地方债整体朝超长期品种倾斜，10年期以上地方债发行量约3.1万亿元，较2021年增加逾6500亿元，占全年发行量的43%；5—10年期地方债发行量近3.8万亿元，较2021年减少约8000亿元，占全年发行量的51%；5年期以内地方债发行量约4700亿元，较2021年小幅增加近600亿元，占全年发行量的6%。从规模加权平均发行期限来看，由于专项债平均发行期限拉长至创历史新高的15.5年，2022年地方债平均发行期限拉长至13.2年左右，而一般债平均发行期限因超长期新增一般债占比限制而仅小幅增加至7.9年。

2023年专项债券发行期限不断延长，20年期债券占据主力，30年期债券规模逐渐增加。2020—2023年，每年新增专项债券主力期限分别为10年、15年、20年。2023年30年期新增专项债券发行9199亿元，较2022年增加1732亿元。

根据政策规定，财政部不再限制地方债券期限比例结构，地方财政部门可以自主确定期限，对于专项债券，逐步提高长期债券发行占比，因而，随着项目收益专项债券发行的增多以及发行期限的拉长，地方政府债券期限也将明显拉长。专项债券期限拉长，既是地方政府缓解偿债压力的举措，也是债券资金偿还与项目现金流期限匹配的需要。

5.1.2　一般债和专项债的区域结构分析

从各省份的债券运行情况看，存在如下特征。

（1）全国所有省份地方政府债务余额均小于地方政府债务限额，地方政府严格在债务限额内举债。历年全国各地的一般债和专项债均未出现超限额举债的情况，地方政府债务限额从债务余额方面对地方政府债务风险进行防范，取得了明显效果。

（2）从发行地区看，自赋予地方自行发债权限之后，2015—2022年地方政府债券的发行区域主要集中在广东、江苏、山东、四川、浙江等存量债务规模较大的地区。其中，广东以22988亿元的总发行规模居于所有省份之首，其次是江苏，发行规模是20694亿元，第三位是山东，发行规模达20508亿元。整体来看，依然是东部沿海地区的经济发达省份的发行规模较大，发行规模最小的是西藏。

（3）地方政府债券，作为银边债券，是受政府信用担保的，是阳光化的债务存在形式，因此其融资风险是显性化的，易于控制。一般债体现了地方基于一般公共预算资金缺口进行举债的动机，以及在一般公共预算约束下地方政府进行无收益来源的公益性资本性项目融资的需要，更有利于经济相对落后的地区政府。专项债更多地体现地方政府基于经济发展的需求对资本性项目融资的需要，经济相对发达的地区专项债项目的收益流更加充裕，因而更具有举借专项债的客观条件。从一般债和专项债的结构关系看，与一般债弥补一般公共预算收入的作用不同，专项债更多地反映了当地对有偿债能力的项目进行融资的需求，即更多地用于经济发展领域。从表5-4的实际情况看，专项债与一般债比值较高的多为经济发达的省份，依次为北京、广东、山东、天津、安徽等。

表 5-4 2022年各省份一般债和专项债余额情况 单位：亿元

地区	债券余额总额	一般债 发行额	一般债 限额	一般债 余额	专项债 发行额	专项债 限额	专项债 余额
北京	10550	289	3294.3	2335	2643	8908.1	8215
天津	8642	292	2005.8	1993	1155	6884.3	6649
河北	15646	984	7453.84	6327	2594	9705.26	9319
山西	6259	452	3162	2958	896	3344	3301
内蒙古	9329	891	7127.1	6574	491	2852	2755
辽宁	8358	866	7443.3	5369	691	4275.2	2989
吉林	7112	605	3895.2	3603	920	3653.9	3509
黑龙江	7203	736	3807.4	4714	537	3603.2	2489
上海	8537	788	4371.9	3540	1014	6931.2	4997
江苏	20679	1353	7432.3	7377	2460	15161.84	13302
浙江	17279	893	6374.4	6180	2791	11301.6	11099
安徽	13217	567	4743.08	4131	2127	9563.91	9086
福建	10117	480	3675	3172	1696	7323	6945
江西	10806	745	4574.55	3991	1844	7219.89	6815
山东	23588.02	893	8024.75	7556.22	3630	16390.85	16031.8
河南	15072	1099	6741.5	5748.3	2900	9692.5	9355.5
湖北	13838	781	5403.2	5297	2164	9122.1	8541
湖南	15407.66	1030	7407.02	7222.79	1777	8184.89	8184.87
广东	22830	931	7304	7070	4355	18954.07	15760
广西	9596	826	4900.45	4558	1138	5183.8	5038
海南	3437	271	1873.1	1650	500	1830.3	1787
重庆	10012	504	3325	3122	1613	6956	6890
四川	17666	1184	7640.9	7138	2689	10866.1	10528
贵州	12425	1059	6895.27	6545	1023	6067.08	5880
云南	12055	1035	6644.66	5710	1421	6520.39	6345
西藏	566	95	447.3	389	31	198	177
陕西	9687	642	5193.84	4536	1293	5396.31	5151
甘肃	6002	345	2569.3	2336	1152	3821.5	3666
青海	3015	345	2461.9	2294	150	798.8	721
宁夏	1970	205	1674.4	1463	53	562.5	507
新疆	8913	624	4957.93	4422	1235	4593	4491

资料来源：《中国财政年鉴》。

（4）各省份一般债的债务率存在明显差异，发达地区债务率较小。从一般债债务率①的横向比较看（见图5-1），债务率可以分为三个梯队。一般债债务率小于100%的省份（低风险地区），有北京、山东、上海、山西、江苏、浙江、福建、广东。债务率为100%—200%的省份（中风险地区），有河北、安徽、江西、湖北、海南、河南、重庆、四川、陕西等。债务率在200%以上的省份（高风险地区），有内蒙古、辽宁、吉林、黑龙江、湖南、广西、贵州、云南、甘肃、青海、宁夏、西藏、新疆等。其中债务率最高的为青海，超过600%。经济发达省份的一般债的债务率往往较小，而中西部欠发达地区依赖于一般债来填补一般公共预算的缺口，因而一般债的债务率较高。

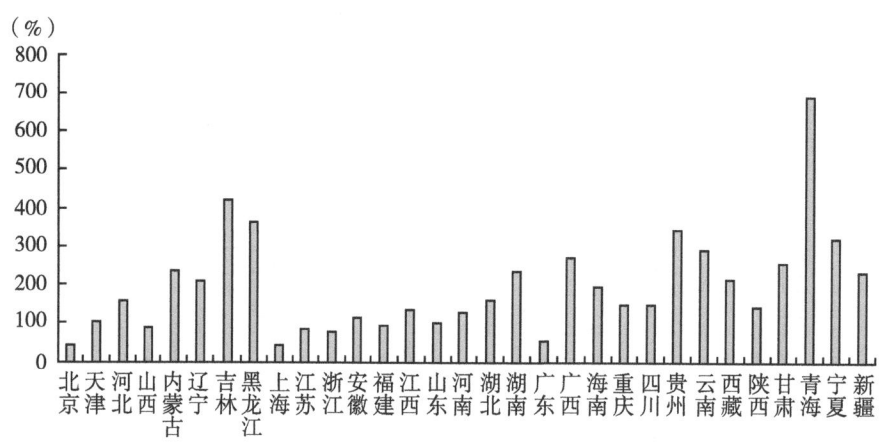

图5-1 2022年各省份一般债债务率比较情况

资料来源：笔者测算所得。

地方一般债由省级财政部门统一发行后，转贷各市县，进入当地一般公共预算，可用于地方部门公益性项目资本金支出，是缓解地方财政运行困难、维持地方财政稳定的重要工具。在面临财政压力的情况下，地方政府通过增加债务以缓解财政压力，但也增加了地方政府的偿债风险。由图5-2可知，各省份一般债债务率与以人均GDP衡量的经济发达程度呈

---

① 此处的债务率是一般债余额占当地一般公共预算收入的比值。

较强的负相关性。地方政府为了缓解财政困难而举借一般债,在一定程度上验证了地方债的"财政缺口假说",即地方政府是为了弥补自身财力的不足而进行举债的。

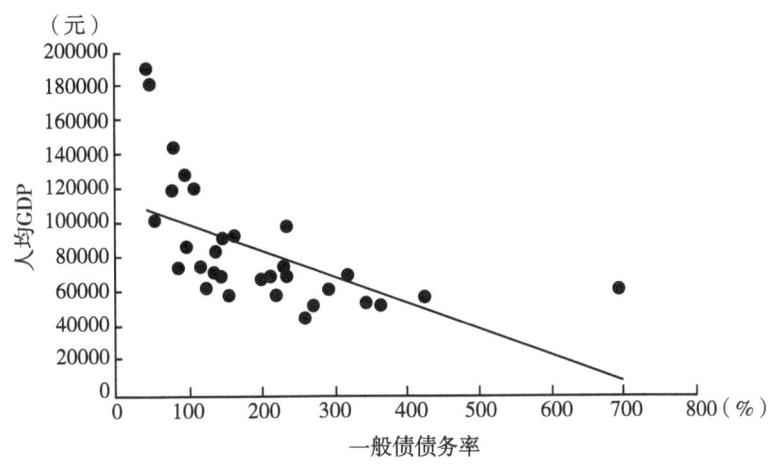

图 5-2　人均 GDP 和一般债债务率散点图

（5）各省份专项债的债务率存在明显的区域间差异。从专项债的横向比较看（见图 5-3），其债务率也可以分为三个梯队。专项债的债务率①在 100% 以内的省份（低风险地区），有上海和江苏。债务率为 100%—200% 的省份（中风险地区），有浙江、河南、内蒙古、湖南、山东、北京、海南、辽宁、重庆、贵州、西藏、广西、吉林等。其余省份的专项债的债务率大于 200%（高风险地区）。其中债务率最高的是宁夏,为 428.14%,其次是天津,为 374.23%。

随着地方政府融资更加规范,未来地方债特别是专项债将成为基建资金的重要来源。2020 年专项债券发行额度为 37500 亿元,比 2019 年提升 11618 亿元。2021 年的专项债券发行额为 35844 亿元,比 2020 年略有下降,但 2022 年激增至 40286 亿元,专项债正逐步替代融资平台在基建和公共服务等领域的政府融资功能,化解隐性债务风险。在看到专项债发挥

---

① 此处的债务率是专项债余额与政府性基金收入的比值。

积极作用的同时，也要关注其潜在的经济社会联动风险，尤其是专项债依赖于政府性基金来偿还债务，可能促使地方政府加强对土地、房地产等行业的依赖，形成专项债与土地财政的捆绑效应，同时也要时刻关注其流动性风险，尤其是经济欠发达地区。

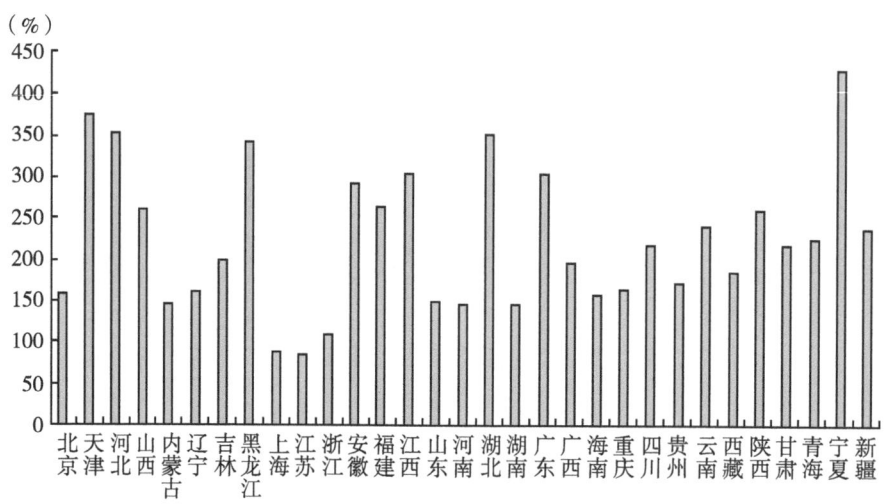

图 5-3　2022 年各省份专项债债务率比较情况

资料来源：笔者测算所得。

5.1.3　地方政府债券存在的问题

5.1.3.1　地方政府偿债压力增加

在当前财政经济形势需要不断依靠地方债来发挥其重要功能的背景下，地方政府债券，无论是专项债，还是一般债规模，都在滚动式发行，债券规模不断膨胀。债券规模的膨胀带来的直接后果就是地方政府整体付息压力增大，同时地方财力相对下滑，两者形成一定的错配。新增债务大部分用于"还利息"，付息压力成为当前财政紧平衡下的一个刚性支出，加剧财政困难。

在还本付息方面，2021 年 1—12 月，地方政府债券到期偿还本金

26685亿元，其中发行再融资债券偿还本金23019亿元、安排财政资金等偿还本金3666亿元，当年12月当月到期偿还本金316亿元。财政资金直接偿还到期本金的比例仅为13.74%，剩余的86%全部通过再融资方式"借新债还旧债"。2021年1—12月，地方政府债券支付利息9280亿元，其中，12月当月地方政府债券支付利息462亿元。

2022年，全国发行再融资债券26110亿元，其中一般债券15178亿元、专项债券10932亿元。2022年，地方政府债券到期偿还本金27758亿元，其中发行再融资债券偿还本金23910亿元、安排财政资金等偿还本金3848亿元，财政资金偿还本金比例仅为13.86%。2023年地方政府债券到期偿还本金36658亿元，其中发行再融资债券偿还本金32918亿元、安排财政资金等偿还本金3740亿元。偿还比例与2021年基本类似且再融资偿债比例逐渐提升，足见当前地方财政在实际运行中确实没有足够的财政资金偿还旧债。

5.1.3.2 地方债券的管理存在问题，需要改善

与一般债使用一般公共预算收入偿还有所差异，专项债以政府性基金预算收入偿债，但近年来政府性基金预算收入状况并不理想，甚至出现了下降趋势。2022年全国政府性基金预算收入77879亿元，比上年下降20.6%，其中地方政府性基金预算本级收入比上年下降21.6%。我国专项债发行规模持续提速，必然存在专项债质量良莠不齐、项目前期准备不充分、仓促上马、资金闲置等问题。

首先，地方债务结构不能匹配其发展需求。"专项债"占比过高，容易受到外部环境冲击，一些项目由于准备不充分或筹备期发生重大变化等，实施时间一再拖延，造成资金闲置时间较长。部分地区还存在超范围使用专项债券资金、违规挪用资金的问题。根据2020年度审计工作报告，5个地区将50.03亿元违规投向景观工程、商业性项目等禁止类领域；47个地区违规挪用157.98亿元；5个地区虚报33个专项债券项目支出，至2022年底有60.27亿元结存未用。长期占用或违规挪用专项债资金将使其

无法充分发挥拉动投资与专项建设的积极作用。

其次,新增债券和再融资债券结构存在优化空间。由于前期发行的债券已到期,为偿还到期的一般债券和专项债券本金,再融资债券发行需求增加。2022年全国发行再融资债券26110亿元,占发行地方政府债券总额的35.44%。再融资债券取得的资金不能直接用于项目建设,在考量地方还本付息能力且债券发行限额的情况下,发行的再融资债券不仅影响了新增债券发行,以及后续基础设施、民生项目建设,还会增加地方政府未来偿债压力。

再次,项目收益不足,专项债项目收益无法覆盖其成本,项目偿还存在一定的不确定性。一方面,部分项目单位统筹能力不足,无法深入挖掘及筛选项目,或在申报中不重视,单纯以争取更多债券资金为目的进行盲目申报,以及在项目评审阶段不够严谨细致,导致现有优质储备项目不足,虽投入大量财力、物力,但项目收益较低,可能无法达到预期水平。另一方面,受经济和楼市下行压力影响,房地产行业资金流紧张,2021年以来我国土地出让市场低迷,2022年全国土地成交面积14.6亿平方米,同比下降36%;成交金额4.6万亿元,同比下降32%。土地红利减少使得一些高度依赖"土地财政"的地方政府的财政缺口增加,且土地市场回暖预期较长,因此,项目偿还面临一定的不确定性。

最后,期限结构与政府现金流有待进一步匹配,项目付息持续承压。目前地方政府倾向于发行各类超长期专项债。地方债所涉项目建设周期长、规模大,很可能导致政府短期无现金流收入,同时还要对长期债券还息,导致付息压力增加。

5.1.3.3 地方债券发行利率存在异象

我国地方政府债券的信用风险与流动性均逊于国债,以此推理,地方债的发行利率应高于同期和同类期限结构的国债才能确保债券顺利发行。但目前地方债券,尤其是专项债发行利率存在两大异象:一是利率明显低于同期国债收益率;二是利率高于同期国债收益率但低于地方债自身正常水平。从一级市场发行情况看，2022年地方债平均发行利率较2021年回落至3.02%附近，各期限地方债一级中标利率均值在2.15%和3.40%之间，与国债的估值利差为11—17bp。

地方政府为了扩大自己的经济利益，将地区经济资源与地方债交易进行捆绑，实施搭售合约的治理机制，通过行政干预压低债券利率，造成了地方债特别是专项债市场化定价的缺失。行政力量介入债券定价过程，使得债券资金价格不能反映其风险水平，将会影响地方债使用效率和区域经济发展效率。另外，若债券到期时市场利率已上升，政府将需要负担更高的利息费用；若市场利率下降，地方政府需要承担债券提前赎回的费用，也会增加财政压力。

5.2 地方政府债券发展与国家安全发展

5.2.1 地方政府债券的财政风险

5.2.1.1 未来地方政府强劲的融资需求依然存在

基础设施是一国经济社会发展的重要支撑。现代化基础设施体系是现代化经济体系的重要组成部分。建设现代化经济体系，必须打造现代化基础设施体系。从整体上看，未来的基础设施建设，主要体现在新型基础设施、新型城镇化等重大工程和重要领域的建设上。

近年来，中央经济工作会议和政府工作报告多次提出要加快新型基础设施建设。新型基础设施也是我国"十四五"时期的建设重点，《国民经济和社会发展第十四个五年规划和2035年远景目标纲要》对此做出明确部署。新型基础设施建设既是立足当前，也是面向未来的投资，新型基础设施建设把短期的需求和长期的潜在增长机遇相结合，在许多行业、许多领域都带来空前的发展机会。新型基础设施建设已成为稳投资、惠民生、促发展的重要引擎。未来新基建布局建设需面向算力网络基础设施、能源电力基础设施、通信网络基础设施等重点领域发力。据有关研究机构估算，2020年我国新基建投资规模超万亿元，未来新基建投资将持续扩大，投资增速达到两位数，在基建投资中的占比将逐步提高至15%—20%，到2025年累计投资规模有望达到20万亿元①。

我国的新型城镇化，需要地方政府在地方性基础设施、地方性公共服务方面有更大力度和更加持续的财政资金支持。国家发改委发布的《"十四五"新型城镇化实施方案》要求，到2025年，全国常住人口城镇化率稳步提高，户籍人口城镇化率明显提高，户籍人口城镇化率与常住人口城镇化率差距明显缩小。

目前我国户籍人口城镇化率仅为48.3%，与常住人口城镇化率（66.2%）相比，两者差距接近20个百分点。要不断抹平户籍城镇化和常住人口城镇化的差距，就需要不断地进行城市投资，提供均等化的公共服务和公共设施。每"城镇化"一个人，需要配合包括供水、燃气、供热、道路交通、污水处理、绿化、卫生等在内的巨量城市投资。统计数据表明，城镇化率每提高一个百分点，平均拉动投资增长3.7个百分点，照此估算，未来要进行的新型城镇化还将持续产生巨大的城市投资需求。

5.2.1.2 近些年地方政府债务规模增长迅猛，地方债风险不断堆积

从图5-4可以看出，自20世纪90年代开始，我国地方政府债务规模迅速膨胀，债务余额年均增速保持在20%以上。其中1998年和2009年的债务增速更是超过了50%，这是由于政府为了应对1997年亚洲金融危机和2008年国际金融危机的影响，出台了一系列经济刺激计划，可见地方政府债务受政府政策的影响较大。

一般的研究主要关注地方政府债券或地方政府债务的风险情况，本报

---

① 《"十四五"新型基础设施建设专家谈：新型基础设施建设呼唤新型投融资体系》，http://www.sic.gov.cn/News/455/11238.htm?eqid=d8d6bb71000d9d71000000036438a44d。

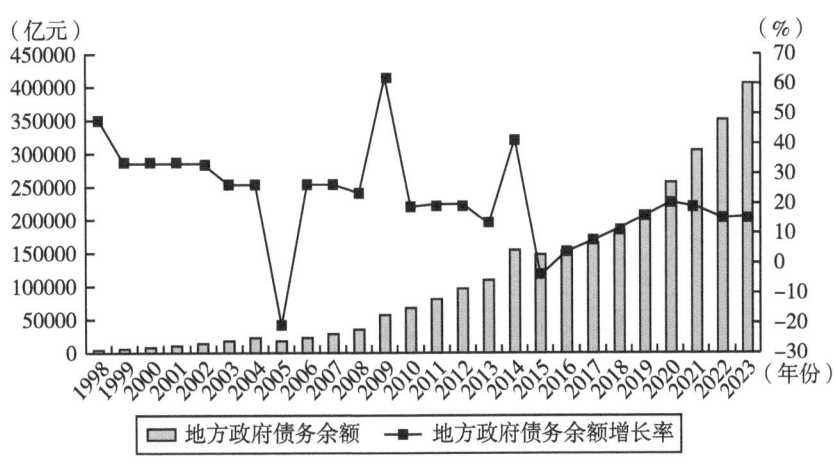

图 5-4 地方政府债务余额情况

资料来源：Wind 数据库，各年《中国统计年鉴》。

告将地方政府债券与国债进行结合研究。由图 5-5 可知，我国国债和地方政府债券的总额占 GDP 的比重近年来不断提高，比重提高的速度也比较快，从 2016 年的 30.33% 提升至 2022 年的 50.35%，假以时日将逼近甚至突破 60% 的水平。细究迅速增长的原因，不难看出，一方面，国债的发行历史较为长久，而且发行规模受到相对严格的控制，因此其增长速度相对平缓。国债的负债率相对比较稳定，维持在 20% 左右的水平，虽然近些年有所增长，但是相比专项债的增长，相对比较平缓。另一方面，地方政府债券的增长速度是总债券的负债率提升较为迅猛的主要原因。地方政府债券余额在经历国家财政投融资改革之后出现了很大的变化，历年平均增长速度在 20% 左右。仅从地方债券来看，地方政府债务余额在 1999 年首次超过地方政府财政收入，地方政府债务余额规模逐年扩大，反映了无论是在地方政府投融资体制改革之前还是之后，地方政府都存在着通过债务进行融资的客观需求。

从土地出让金的角度看，历年的地方政府债务余额均明显超过土地出让金的数额，表明以土地财政资金来偿还地方政府债务，存在着较大的风险。

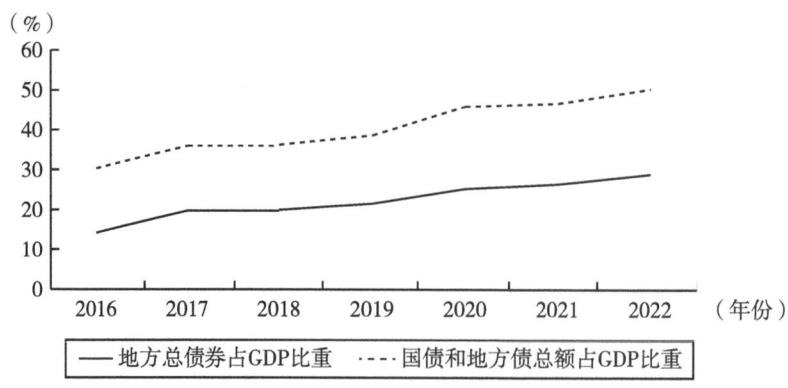

图 5-5 地方债与国债负债率情况

资料来源：《中国统计年鉴》。

5.2.1.3 地方政府显性债务风险虽总体可控，但专项债的风险苗头开始呈现

我国财政投融资体制机制改革以来，我国地方政府债券的发行步入正规渠道。2015 年，因前期政府性债务的大规模置换，地方政府债券开始显现出大规模发行的节奏，当年地方政府债券发行总额（包括一般债和专项债）为 38350.62 亿元，是 2014 年发行规模的 9.59 倍，2016 年则进一步增长至 60458.40 亿元，而且当年一般债发行规模达到 28008 亿元，专项债规模当年仅为 9143 亿元，一般债是专项债的 3 倍之余。2017 年至今，地方政府债券的发行规模保持相对稳定，均控制在 4 万亿元和 6 万亿元之间。从地方政府债券使用限额的角度进行分析，近年来，地方政府债务余额均很好地控制在全国人大批准的限额之内。2023 年，全国地方政府债务余额 407372.93 亿元，小于全国人大批准的限额（421674.3 亿元）。上述情况说明在国家防控政府债务风险的背景下，相关部委通过一系列的法律法规、规章制度和管理办法，从多方面、多领域规范了地方政府发债行为，地方政府发债方式和管理逐步规范化和市场化。

从省份数据看，全国所有省份的地方政府债务余额也均小于地方政府债务限额，地方政府严格在债务限额内举债。从地方政府债务限额使用情况看，历年全国各地的一般债和专项债均未出现超限额举债的情况，地方政府债务限额从债务余额方面对地方政府债务风险进行防范，取得了显著效果。

地方债券的风险主要集中在专项债方面。2023年一般债发行规模虽然仅为7006.66亿元，占一般公共预算收入的5.98%（这个比重近年来是下降的），但是一般债的余额为15.7万亿元（一般债的余额历年也是增长的），占一般公共预算收入的比重高达133.96%（这个比重历年也是上升的），说明一般债在发行端控制得较好。因顾虑到偿债能力等问题，一般债的发行额每年都有所下降，但是由于前期基数较高，未来的偿债风险也在一定程度上存在。总的来说，因为受限额的严格管控，一般债风险的控制较好，风险也就相对可控。

2023年，专项债发行规模达到3.94万亿元，近些年基本上都是在3.5万亿元左右，是一般债的3—5倍。正因为其发行规模庞大以及还本付息的节奏较慢，专项债的余额历年累积起来也就相当可观，余额每年都是以4万亿元的数量级在增长，2023年已经达到24.8万亿元，远超一般债规模。专项债的偿还来源主要是政府性基金收入，而政府性基金收入受疫情冲击以及房地产行情的影响较大。从2021年开始，政府性基金收入呈现阶梯式下跌态势，从2021年的9.49万亿元下降到2022年的7.46万亿元，下降幅度高达21.4%，这是历年来绝无仅有的情况，2023年也下降了5个百分点。政府性基金收入不升反降的后果就是专项债发行规模和余额占政府性基金收入的比重，却是反向上升的，反映了未来的偿债风险。2023年专项债余额占基金收入的比重高达351%，2022年为270%，2021年为170%，这是非常显著的变化，要引起注意。

5.2.1.4 不同区域债务负担差别显著，部分省份债务负担较重

上述分析的是地方政府债券的总体情况。本部分将会对各个省份的债务负担进行研究。从横向看，经济越不发达的地区，债务负担越重，而经济总量越大的地区，债务负担越轻。欠发达地区债务存量居高不下，经济增长所承受的债务负担较重，因此未来新增债务空间相对有限。这些地区

的债务负担不断上升是短期内难以扭转的趋势,其偿债压力将进一步增加。从一般债的情况看,2022年各省份的平均债务率为197.5%,接近200%,已经远超100%的水平,此处的债务率反映的是各省份一般公共预算收入(各省份的自有收入,不包含转移支付收入)用于偿还债务的情况,可以看出一般债的偿债风险相对较高。

分地区来看,2022年的一般债债务率偏高的省份集中在青海(697%)、吉林(423%)、黑龙江(365%)、贵州(347%)、广西(270%)等地区。这些省份高企的债务率需要引起足够的重视,未来如果出现债务偿还危机,则很可能主要来自这些省份。一般债债务率偏低的省份主要包括北京(40.86%)、上海(46.53%)、广东(53.24%)、山西(85.64%)等。从客观情况看,这些省份以一般公共预算收入为基础计算的债务率不仅远低于上述高债务率省份,还远低于全国平均水平,说明当前的一般债负担呈现明显的区域分化特征。将此特征与各地区的人均GDP水平做个比较,可以得出结论,即一般债的偿债风险与地区的经济发展水平存在明显的反向关系,经济落后的省份往往一般债务负担较重,偿债风险也明显偏高,可以说中西部省份普遍面临经济发展水平低、负债率高的双重困境。中西部欠发达地区更需要依赖一般债来填补一般公共预算的缺口。

虽地方债风险可控,但部分省份财政收入下降,而个别省份财政收入大幅下降,导致地方债风险增大。尤其是地方政府专项债券,主要以政府性基金收入偿还,但2024年以来,大部分省份政府性基金收入大幅下降,这对专项债券偿债来源造成巨大负面影响。具体来看,宁夏的专项债占政府性基金收入的比重最高,达到了428%,天津、河北、湖北、黑龙江紧随其后,分别为374.23%、351.62%、353.88%、340.13%。这些地区尤其需要关注政府性基金、土地财政与专项债之间的联动风险,避免形成恶性循环。专项债需要关注其潜在的经济社会联动风险,尤其是专项债通过政府性基金来偿还债务,可能会强化地方政府对土地财政、房地产行业等的依赖性,形成专项债与土地财政的捆绑效应。要时刻关注专项债的流动性风险,尤其是经济欠发达地区。

从地方政府债务的结构上，也能窥探出地方政府的经济发展及其债务风险信息。2022年，内蒙古、辽宁、黑龙江、贵州、西藏、青海、宁夏等地的一般债券发行规模均高于专项债券，这些地区以一般债券发行为主，一般债券的作用相对突出，部分地区一般公共预算收支运行可能存在一定的困难。这些地区一般债券的余额也显著超过专项债券的余额，说明未来的一般债偿债压力较高，一般公共预算收入约束较紧。

东北三省（黑龙江、吉林、辽宁）的政府债券余额结构中，一般债券余额占比均高于65%，其中辽宁和黑龙江的比例超过70%，说明未来偿债压力较高，而一般公共预算收入约束较紧。2019年贵州、辽宁和内蒙古政府债券余额中置换债券余额的比例分别为71.41%、68.11%和61.33%，福建、湖南等18个省份的置换债券余额占比超过40%，因此置换债券偿还依旧是这些省份未来几年的重要工作[①]。

5.2.2 地方政府债券与经济安全

5.2.2.1 地方债券对经济发展的积极作用

（1）地方政府发行债券，弥补了地方财政运行的资金缺口，同时投资于经济社会所需要的基础设施，突破了经济发展的瓶颈，有效促进了经济高质量发展。

地方一般债主要用于填补地方财政运行的收支缺口，地方一般债由省级财政部门统一发行后，转贷各市县，进入当地一般公共预算，可用于地方部门公益性项目资本金支出，是缓解地方财政运行困难、维持地方财政稳定的重要工具。

基础设施的投资，具有公共产品属性，有很强的正外部性，有利于突破经济发展瓶颈，优化产业结构，提升经济发展质量。地方政府通过举债

---

① 吕冰洋，等. 中国财政运行报告（2019/2020）：滚石上山［M］. 北京：中国财政经济出版社，2020.

实现了自身的基础设施投资需求,而基础设施在一定程度上属于优质资产,有利于经济社会发展。不能想当然地将地方政府债务视为洪水猛兽。包括汉森在内的凯恩斯主义者认为,政府发行债务债券,只要能取得良好的经济绩效,负债率就会被不断扩大的经济容量所稀释,政府举债具备中长期视角下的可持续性。基础设施投资,是为社会生产和居民生活提供公共服务的物质工程设施,是用于保证一国经济社会正常运转所需要的公共设施系统,对于一国的经济增长起了重要的作用。政府对基础设施的投资,可以降低经济发展过程中的交易费用。而且一国的投资政策往往着眼于国民经济发展中的重要基础性产业、先导性产业、瓶颈性产业,可以调整和优化产业结构,促进经济的健康优质发展。

我国的地方债在改革和实践中不断前行。近些年,地方债发行提速扩容,专项债品种也不断增加,为增加有效投资、优化经济结构、稳定总需求和保持经济持续健康发展提供了重要的支撑。

从发行品种看,自 2017 年以来,地方政府专项债券不断扩围,品种不断丰富,从最开始的土地储备、棚改项目和收费公路等,逐渐扩展到高校、生态保护、产业园区建设、公立医院、地下综合管廊、城乡电网、天然气管网和储气设施,以及农林水利、城镇污水垃圾处理等。专项债在品种增加的同时,也做到了用途多样化,更加助力于地方经济的结构优化。2022 年,专项债更是覆盖新基建、新能源、消费等新领域,使得专项债的投资结构更为合理。在这个过程中,地方政府依托专项债的品种优化,实现了新型城镇化和新基建的建设,以此推动整体经济高质量发展。

(2)地方债券作为积极财政政策的调控工具,发挥了重要的稳增长、促发展的作用。

地方政府债券,尤其是专项债,是地方政府基础设施融资的主要来源。近年来专项债规模不断扩大,虽然积累了一定的风险,但是不可否认的是地方专项债总能在经济下行时期发挥了积极的作用,弥补国内投资的不足,有助于缓解经济下行压力。在近些年经济下行的情况下,地方政府债券起了明显的补短板、促增长的作用。

在新发展格局下,当前经济以内需为主,更加需要地方政府债券充当宏观调控舵手的重要角色。2020年至今,受多方因素的影响,我国经济面临明显的下行压力,需要更好发挥专项债资金带动社会资金的作用,保障重点项目资金需求,扩大有效投资。作为地方政府债券的"主力",专项债带动投资的作用明显加强,投资进度也随着每个时期国内经济运行的实际情况而灵活调整。具体来看,专项债所带来的新增投资额度在2020年之后明显增加,这与经济形势变化带来的投资加快密不可分。2020年新增专项债投资37500亿元,与2019年相比增加了1万多亿元;2021年新增专项债投资35844亿元;2022年新增专项债投资4.03万亿元。可以看出,专项债在经济下行压力加大的背景下发挥着明显的稳投资、促结构的作用,这是其他财政政策工具无法实现的。

从资金投向看,近年来专项债聚焦于交通基础设施、市政和产业园区、保障性安居工程、卫生健康、农林水利、教育养老、文化旅游等领域的重大项目和关键领域,解决了原先因资金缺乏而无法解决的关键问题,有力地支持了我国高质量发展阶段下的重点项目和重大民生工程建设,同时也带动和扩大了有效投资,使经济保持平稳运行。可以说,专项债日益成为积极财政政策的重要抓手。

当前以及未来的一段时间内,我国经济社会发展所面临的环境仍然严峻,经济运行仍面临不少风险与挑战,国际地缘政治日益复杂,世界经济面临增速下行风险。"十四五"时期,财政政策的实施应当更加积极有为,特别是在财政政策的加力增效过程中,要做好中长期财政安排和财政政策调控,适当控制财政赤字率,同时更好地发挥财政投融资的逆周期调节作用。需要进一步发挥地方债券的投融资功能,继续精准聚焦于国家重大战略,支持铁路、收费公路、机场、城镇基础设施、农业农村基础设施等重大项目建设;着眼于培育长期可持续竞争力,形成面向5G、人工智能、大数据、云计算、电子化、智能化改造等新一代技术基础设施建设项目,提高经济发展的质量,充分利用财政投融资工具进行有效的配套融资支持。

5.2.2.2 地方政府债券对经济安全的消极影响

（1）地方政府债券对宏观经济的负面影响。地方政府债券通常用于支持基础设施建设，如道路、桥梁、水电站等。这些项目对于提升生产力和促进经济增长至关重要。然而，如果债券项目存在风险，如管理不善或者债务水平过高，可能导致项目推迟或取消，或者因缺乏严格论证而存在重复建设的问题，可能造成项目资源浪费，对经济增长造成负面影响。部分地方政府重借轻还，只考虑短期利益，对债务资金的投向和运营缺乏重视，资金过度流向能快速产生 GDP 的基建领域且浪费严重（于海峰和崔迪，2010）。

从财政可持续性角度，债务风险与财政可持续性之间存在紧密联系。如果债务不可持续，政府可能需要采取措施来填补财政赤字，如加大税收或削减支出，这将对经济增长产生负面影响。地方政府债务负担的加重往往伴随着财政支出的提高和财政缺口的扩大。财政部的数据显示，2019 年全国财政收入 19.04 万亿元，财政支出 23.89 万亿元，财政赤字 4.85 万亿元，财政收支缺口占 GDP 的比例为 4.89%，创 2004 年以来新高。

从债务负担和偿还能力角度来讲，地方政府债券的发行增加了地方政府的债务负担。如果债务水平过高，债券利息和本金的偿还可能成为财政负担，还款负担增加，可支配资金减少，可能导致财政赤字或债务违约，对经济增长产生不利影响。2015 年以来，全国地方政府债务持续扩张，主要增量来自地方政府专项债。2022 年末，全国一般债务余额 14.39 万亿元，专项债务余额 20.67 万亿元，合计 35 万亿元左右，较 2015 年分别增长 55.4%、276.2%。尤其是 2019 年以后，地方债务同比增速维持在 15% 以上，实际达到 GDP 增速的 3 倍。此外，地方融资平台债务余额和增速也是非常惊人的。根据 2023 年预算报告，2022 年末地方一般债余额限额为 158289.22 亿元，2023 年全国人大通过的地方财政赤字为 7200 亿元，因此 2023 年末地方一般债余额限额为 165489.22 亿元。地方政府过度举债形成过高的债务率会导致"财政吃紧",对资金投向和效率产生消极影响。地方政府在追求短期政绩或项目融资时过度举债,还款负担增加,限制了可用于公共支出和基础设施投资的资源,可能对长期经济增长产生负面影响。政府筹措的债务资金主要用于市政基础设施建设和交通运输设施建设,其中市政建设、交通运输和土地收储所用资金占债务总资金的大多数。债务还款负担的加重限制了政府在公共服务设施建设中的投入。与此同时,公共产品如保障性住房、高速公路、机场等在未来可以形成相应的收入并具有很好的社会效益,但是这些基础设施的建设周期长、回收周期长,如果没有将借款期限与建设周期相匹配并缺乏规范的债务风险管理手段,地方政府会面临巨大债务违约风险。

从地方政府债务偿还机制来看,中国地方政府债务的偿还存在明显的"土地财政依赖"。专项债本身就是以政府性基金为基础发行的债券,而政府性基金又以国有土地使用权收入为主体部分,因而要想发行更大规模的地方专项债券,就需要以相对稳定甚至不断增长的土地出让金为偿还来源。地方政府以"土地谋发展",通过土地出让收入、土地抵押借款以及以土地出让金作为担保和偿债来源的地方债,创造了一种为城市基础设施建设提供重要资金来源的土地融资模式,同时基础设施的改善和投资又能进一步推动城市经济增长,提高居民生活质量,然后进一步推动商住用地的价格上涨。这种极富中国特色的财政现象被学术界称为"土地财政",是理解中国经济和社会发展的一把"密钥"。1998—2021年,我国的土地出让收入从507亿元增加到87501亿元,20余年增长了171.5倍。然而,住房价格的升高,一方面有利于地方政府通过土地抵押获得更多的贷款,另一方面使得社会资本不断向房地产相关行业聚集,脱离原有经营主业,出现了"金融热、实体冷"的问题,增加了金融风险和社会风险,进一步增加了系统性风险。

(2) 地方债对私人投资的挤出效应。由于地方政府对金融市场拥有一定的控制权与话语权,而且会扭曲资源配置,损害社会经济效率,所以一旦地方政府负债需要增加,必然优先保障政府所需资金的供给,在资金总盘短期不变的情况下，就需要对原本应当进入市场用于社会投资和家庭消费的资金进行占用。如果政府借助自身的控制权使得这些资金超过使用限度，就会导致市场贷款配额失调，对社会投资和家庭消费产生"挤出效应"，金融资本过度向政府倾斜，短期来看会影响市场的资金流向，削弱了社会消费和投资的意愿，长期来看势必给资本市场带来极大的不利影响。在社会总金融资源一定的情况下，政府债务扩张、增长过快可能会使社会利率上升，利率的上升将对私人消费和投资产生"挤出效应"。地方政府往往倾向于"借新还旧"以减轻巨额债务负担，这将进一步推升利率，导致政府负债率提高，由此进入恶性循环，对经济高质量发展产生消极影响。

2015年开始实施的地方政府性债务管理改革，从根本上转变了地方政府的融资方式，"去杠杆"效果初步显现。由图5-6可知，2015年后地方政府性债务呈现缓慢增长态势，融资方式由主要依赖银行贷款转为政府债券，尤其是2021年政府债务呈现迅速增长趋势。同时，地方政府通过债券融资取得的资金用于当地基础设施建设，促进了当地经济的增长，有利于地方政府所属有关机构通过土地等财产抵押获得更多的银行贷款。由于政府与企业在金融市场中的竞争关系，此项改革在影响政府性债务的同时也对企业投资有一定的挤出作用。

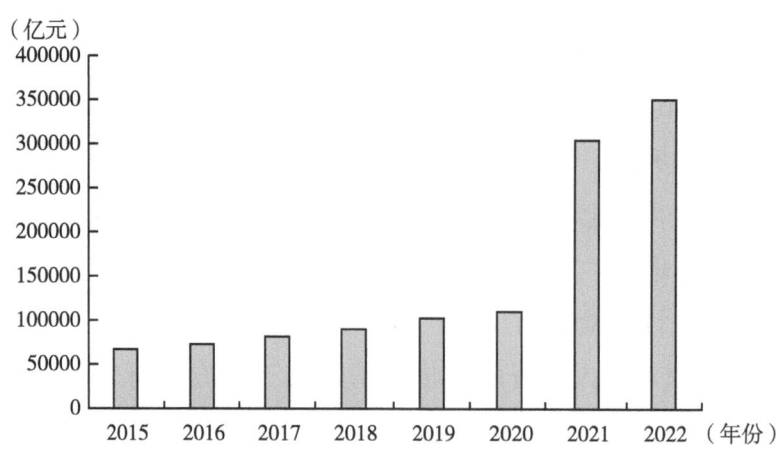

图5-6 地方政府债券余额变化趋势

（3）地方债的债务规模膨胀给地方经济发展带来了一定的负面影响。一般来说，地方债在发行时就需要考虑其偿还风险。地方债是否具有偿还风险，主要看地方债与经济增长孰高孰低，以及地方债与地方财政能力孰高孰低。经济增长可以增加政府财政收入，提高政府偿债能力。如果经济增长强劲，政府就有更多的空间来降低债务风险。例如，政府可以通过债务重组、债务置换等方式来降低债务成本和债务风险。一般来说，地方债增速小于 GDP 增速，则 GDP 的增长可以起到减少地方债风险的作用，否则会增加地方债务风险。但是，要实现经济增长和化解地方债务的良性循环，需要地方政府采取有效的措施，例如加强财政管理、提高透明度、加强问责制、提高税收征管能力等。同时，也需要中央政府加强对地方政府的监管和指导，确保地方债务的合理控制和风险防范。

从图 5-7 可以看出，地方政府债务余额呈逐年上升的趋势，2018 年之前增长较为平缓，2018 年之后增长迅速。这意味着地方政府债务负担逐年加重。

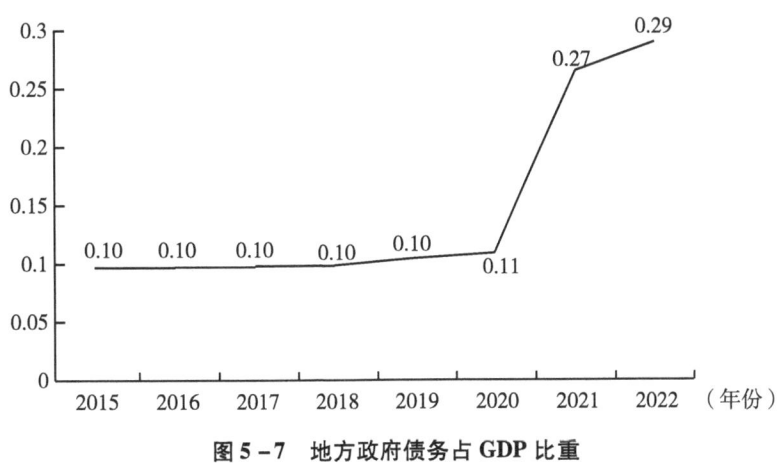

图 5-7　地方政府债务占 GDP 比重

由图 5-8 可知，地方政府债务增速每年均高于 GDP 增速，且每年变化较大，然而 2017 年以后，GDP 增长速度呈现出逐年下降的趋势，两者在 2018 年后差距逐渐扩大。这意味着经济增长难以维持地方政府债务规模的扩大。

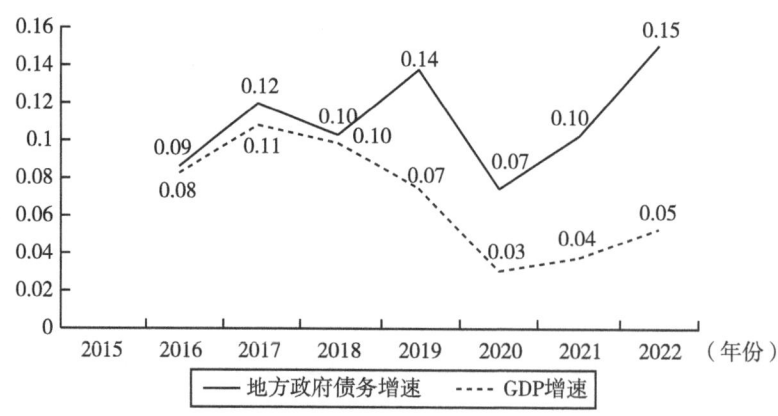

图 5-8 地方政府债务与 GDP 增速比较

（4）地方政府债券与商业银行利益关联，风险相通，而且金融风险的爆发将直接导致社会政治风险。地方政府与当地商业银行等金融机构存在复杂且单一的关系。复杂体现在地方政府的融资方式上，地方政府能够以多种形式获得金融机构的资金，如地方政府债券、政府投资基金、PPP项目等融资方式。单一体现在商业银行等金融机构是地方政府性债务最大的投资主体，两者之间的关系就是较为单一的债权债务关系。根据2013年的审计数据，银行贷款、发行债券、信托融资分别占地方政府性债务的56.56%、10.32%、7.97%。根据"中债登"公布的数据，截至2023年底，商业银行持有81.87%的地方债。事实上，金融机构之所以愿意将资金投向地方政府性债务，无非有两个原因。其一，地方政府的信用高于绝大多数企业，而且还有中央政府为其兜底，所以银行基于安全性和收益性原则，愿意将大量资金投向地方政府性债务。其二，我国的财政与金融关系失衡，地方金融机构受当地政府管辖，地方金融工作难免受政府行政干预，比如地方政府通过财政资金存款、财政补贴等方式，诱导商业银行等金融机构为一些政府主导的项目建设提供资金。

基于这样的复杂关系与软约束，地方政府性债务扩张必然会对当地的银行系统造成影响，会导致商业银行的资产与负债期限错配，致使其不良贷款率上升，流动性降低，信用能力下降，最终可能引发金融部门的系统性风险。因金融资源本身遍布社会各个方面和经济生活各个领域，金融风险的爆发将直接引发社会政治危机。

5.2.3 地方政府债券发展与金融风险

（1）地方债券的投资结构较为单一，主要由商业银行持有，地方政府与商业银行形成了风险关联的利益共同体，相互交叉影响。当前，银行机构是我国地方债券的主要买家。迄今为止，我国地方债主要由商业银行、保险机构、证券公司以及其他市场投资者持有，投资者基础尚未实现多元化。2021年以来，我国地方政府债券规模庞大，每年有4万亿—5万亿元增长额。从持有者结构来看（见表5-5），银行间市场投资者持有地方债券的比例始终高于96%，其中商业银行对地方政府债券的持有比例虽呈下降趋势，却始终高于82%，且持有金额逐年增加，保险机构持有债券的规模呈上升趋势，境外机构和柜台市场持有者的持有金额有所增加，但持有比例均处于低位。截至2023年12月，银行间债券市场投资者持有地方政府债券占的比例为96.26%，其中商业银行持有地方政府债券332116.98亿元，占比81.87%，而其中又以区域性中小银行持有为主。

表5-5　　　　　　　　地方政府债券持有者结构情况

持有机构		2021年1月		2021年12月		2022年12月		2023年12月	
		金额（亿元）	占比（%）	金额（亿元）	占比（%）	金额（亿元）	占比（%）	金额（亿元）	占比（%）
银行间市场	商业银行	220476.47	85.46	253331.83	83.60	289500.93	82.97	332116.98	81.87
	信用社	1512.41	0.59	1518.19	0.50	1682.85	0.48	1940.35	0.48
	保险机构	5564.87	2.16	10229.78	3.38	13070.06	3.75	17237.80	4.25
	证券公司	1287.91	0.50	060.34	1.01	4145.17	1.19	5804.17	1.43
	非法人产品	6444.11	2.50	11029.25	3.64	15852.38	4.54	22515.02	5.55
	境外机构	31.50	0.01	115.40	0.04	72.50	0.02	82.05	0.02
	其他	15505.77	6.01	13674.81	4.51	12427.86	3.56	10782.04	2.66
柜台市场		29.59	0.01	78.68	0.03	88.31	0.03	121.92	0.03
其他市场		7128.39	2.76	9975.83	3.29	12082.67	3.46	15067.33	3.71
合计		257981.01	100.00	303014.10	100.00	348922.72	100.00	405667.66	100.00

资料来源：中国债券信息网。

上述持有者结构引发了财政政策货币化，以及金融政策财政化的交互作用，并使得财政风险和金融风险互溢性增强（李扬，2021）。若地方政府债券违约率异常升高，可能对地方金融体系的稳定性构成威胁，并有触发区域性金融危机的风险。

债务的过度积累可能引发频繁的地方政府债务危机，若政府因缺乏必要资金而无法履行到期债券偿还义务，其信用将不可避免地受损，流通价格的下降将对债券持有者的经营状况产生不利影响。20世纪90年代，巴西和墨西哥出现金融危机，在很大程度上就是政府债务困境引起的。地方政府如果出现系统性偿债风险，为避免演化为区域性乃至全国性的金融风险，常利用年度财政预算资金或发行新的债券进行债务置换，使得现实中财政与金融职能与经济利益交织，债务风险与金融风险相互扩散，从而成为引发系统性金融风险的潜在因素。当地方政府无力偿还债务时，财政风险会通过上述路径转移至银行等金融机构，考虑到银行业稳健运行对于中国金融体系的重要性，一旦爆发系统性金融风险，政府必会介入救援，可能选择由中央财政兜底。因此，地方政府债券的金融安全问题对政府财政资金管理和金融机构稳定运营至关重要。

地方政府债券是地方政府的融资来源，近年来地方政府债券的融资规模每年均达到了4万多亿元的水平，而且无论是一般债还是专项债，部分地方政府存在一定的偿债风险。银行承担着国民经济正常运行的各项融资职责，为经济发展提供资金支持，我国地方商业银行与地方政府的关系是相伴相生的，地方政府债券常被认为是安全性较高的投资品种，其利息收入相对稳定，在二级市场上也具有一定的流动性，商业银行基于再融资需求、风险管理、政府政策等因素，愿意购买并持有地方政府债券，是地方政府债券稳定且长期的持有方。我国地方债引致的金融风险主要集中在银行系统。因此，地方政府债券危机也会波及商业银行的日常经营。当前我国金融市场以银行间接融资机构为主，而商业银行等因为政府身份与信誉的特殊性，常对政府项目安全性给予过高评估并乐意提供支持，形成了目前地方政府债务占据银行资产较大比例的格局。

商业银行购买地方政府债券，向地方政府与社会发展提供资金支持，也会存在潜在风险，主要体现在两个方面。

其一，政府信用风险。信用风险是地方政府发行债券后，由于各种原因可能无法按时还本付息。这与地方政府的财政状况、经济发展水平、债务管理能力等因素密切相关，如果出现地方政府的财政预算收入无法满足到期债券偿还的需求，或地方政府债券规模过大而超过其偿债能力等情况，就会带来信用风险。若地方政府治理能力不足，债务管理和风险控制力度不够，很可能增加债券偿还难度并引发更多危机。前文的分析表明，虽然一般债近年来的发行规模较小，但是由于其主要偿还来源是一般公共预算，而且受前期发行额累积的影响，部分欠发达地区的一般债偿债压力较大，因而更容易出现地方债券信用风险。地方政府拥有自主管理债券的权利，但在实际执行过程中若债券信用质量出现问题或管理失当，带来的信用风险会对银行产生多方面的影响。如果地方政府无法按时偿还债务，可能导致银行持有的相关资产变成不良资产，影响其资产质量与盈利能力，未来对于地方政府债券选择也会更加慎重。如果银行不良资产持续增多，利益相关者可能会对银行稳健性产生怀疑，甚至带来股价下跌或存款流失等相对严重的后果。另外，银行可能由于担心地方政府信用风险而逐渐减小债券购买规模，这不仅影响商业银行的未来债券持有量与收益，也会影响地方政府设施建设和社会事业发展。

其二，银行流动性风险。流动性风险是银行自身所拥有的流动资产不足以支付其债务，进而导致其偿付能力缺失并产生亏损的风险。商业银行在持有债券过程中产生的流动性风险主要是"短债长投"带来的期限错配问题，导致银行在短期内难以变现债券资产。地方政府发行不同期限的债券为基础设施建设或公共工程筹措资金，这些项目通常建设周期和产生收益的时间较长。短期内债券偿还压力与超长期项目回报可能会带来期限错配问题，需要政府拥有足够财力兑现到期债券。银行作为债券持有者，对现金流的业务需求较强。如果地方政府无法及时偿还已到期债务，则会降低银行的资金回流效率，资产与负债的期限结构不一致还可能限制银行的资金筹措能力，加大流动性风险。

银行在地方政府债券业务中疏于资金监控，并且对突发状况应对不足，会导致信用风险与流动性风险积累过度，最终可能导致单一银行内部风险不可控并外延至金融系统。毛锐等（2018）也提出，地方政府发债的目的是实施相应的宏观经济调控，因而地方政府债务规模呈现顺周期特征，而地方政府债券发行后资金大都来自银行，地方政府债务的波动可能引起银行部门杠杆率的调整以及净资本的变动，加之中央政府隐性担保程度不断下降，债券风险持续累积就会引发金融风险。

（2）土地财政以金融为媒介，将地方政府债券和金融机构紧紧关联在一起，极易形成"多米诺"连锁反应，加剧了金融体系的不安全程度。土地财政凭借着优质的土地资产和房地产行业的发展红利，在很长一段时间内成为地方政府的"第二财政"。但是正如前文所述，近年来土地财政陷入了低迷，而土地收入不稳定会增加地方政府的显性债或隐性债风险，并可能引发金融风险。土地财政发挥着地方财政投融资的重要作用，是财政（政府债务）与金融风险的连接点。土地出让收入是专项债偿还资金的担保，与项目收益一并为地方政府提供了稳定的偿债来源，但也是目前地方政府债券潜在风险的来源之一。基于土地资源获得的政府性基金收入，用于弥补地方政府财政收入不足，以及城市发展和经济建设。在面临偿债压力时，地方政府可能会选择发行新的债券来调整债务结构。地方政府专项债近些年由于发行速度较为迅猛，出现了与政府性基金收入不匹配的偿还风险，债务风险逐渐显现。

土地财政以金融为媒介，将地方政府、金融机构、房地产商进行捆绑。一旦某一环节出现停滞，就会通过"多米诺骨牌"传导，引发连锁反应。地方政府在公共基础设施方面的资金投入规模大，收益周期较长，较难在短期内达到收入和支出的平衡。在此过程中，如果对债券长期规划、投资项目的严格科学可行性论证与收益评估、资金投入的管理和监督机制缺乏长远而有效的布局，可能导致地方政府债券融资资金大量浪费、投入产出效率低下，直接影响政府还款能力。事实上，我国地方债目前正面临这样的困境，前期项目考察不科学、项目资金长期闲置或使用不规范的现象频出，极易造成偿债危机并波及金融机构。

土地财政过热，易引发地方政府短视行为，刺激政府过于依赖土地财政、房地产等行业而出现收入结构失衡的情况，这在短期债券发行中容易被忽略。若对土地收益依赖过重，地方政府抵御预期风险的能力将下降。当外来冲击影响土地价格时，由于地方政府性基金收入中大部分来自土地出让金，而这也是地方政府债券偿还资金的主要来源，地方政府将会直面还本付息资金不足的难题，并将此压力传导至金融机构，带来金融机构业务困境与资金流阻滞，增大金融风险。

土地市场低迷，也会给地方政府债券和金融系统带来冲击。土地出让收入的减少，一方面直接影响政府性基金收入用于偿还到期债券的资金规模，可用财力下行或将引起政府债务率指标被动上升，容易超出风险预警线；另一方面会使地方政府的项目支出压力增大，间接增加政府债务付息压力。从债券长期发行来看，地方政府债券的信用评级可能受到影响而增加发行成本，市场对债券预期收益与地方政府偿债能力的信心也会受到波及，进而影响地方债券市场的稳定性。当影响延伸至金融系统，地方政府债券风险的上升可能会影响底层金融产品，并延展至资本市场，影响资金流稳健流动。

2022年，受疫情冲击，叠加房企融资困难与居民购房信心不足，房地产市场持续低迷，政府性基金收入快速下行。由表5-6可知，在经历连续四年大幅增长以后，2022年国有土地使用权出让收入为66854亿元，比上年下降23.3%。我国大部分省份土地出让收入负增长，其中吉林、天津、青海、甘肃、云南降幅居前，2022年土地出让收入同比分别下降65.7%、65.1%、60.5%、51.3%和50.8%，在一定程度上冲击了地方政府可用财力。一般来说，债务规模较大、债务偿还能力较弱、土地市场波动较大的地方政府更容易面临债券偿付风险。特别是经济欠发达地区，一旦土地价格波动较大，则无法保证债券本息偿还。从而导致债券持有者资金流动效率降低和资产恶化，为金融发展埋下了隐患。

表 5-6　　　　　　　　2018—2023 年全国土地出让成交情况

年份	土地出让成交总价（亿元）	溢价率（%）
2015	29609.97	13.30
2016	36717.79	33.19
2017	51245.44	26.82
2018	65095.85	14.57
2019	77914	12.38
2020	84142	13.35
2021	87051	10.12
2022	66854	3.72
2023	46238.14	4.30

资料来源：财政部网站，Wind 数据库。

土地价格下降时，地方政府偿债能力随之下降，债务风险上升会导致债券利率上升和价格下跌。对于债券投资者而言，商业银行等金融中介机构的资产负债表和资金规模在上述变动中尤为关键。杠杆率的上升和风险溢价的增加可能导致这些机构在资产负债表的约束下，通过出售资产来实现对低而稳定的杠杆率的追求。这一过程可能会对一般企业的信贷供应产生压缩效应，同时行业信用危机加大，进而增加系统性金融风险（李玉龙，2019）。

（3）地方债券"短债长投"，存在期限错配问题，易出现流动性风险，若土地财政和地方政府债券稳定性受到影响，将会放大债务风险对金融部门和实体经济的冲击。我国地方债券"短债长投"，存在期限错配问题，易出现流动性风险。从债务期限来看，我国地方政府融资渠道有限，通常通过向银行出售不同期限的地方政府债券来筹集资金。一方面，流动性管理是银行稳健经营的关键，受客户日常需求、流动性覆盖率监管指标和市场利率变化等的影响，商业银行倾向于持有高流动性资产、参与货币市场操作、使用中央银行借贷等手段控制机构流动性风险，确保能及时获得充足资金。另一方面，从资金投向看，地方政府通过发行债券筹集的资金，大部分投入到市政建设、交通运输、土地等项目中，这些项目建设期限较长，且短期资金回报率不高，难以满足偿还债务的紧急需求。这就会产生债券已到期而项目收益不足，地方政府财政资金不足以偿付利息和本金的困境，大多数地方政府在这种情况下会选择继续发行债券以偿还旧债。上文的分析表明，近年来地方政府债券确实存在着一定程度"借新还旧"的状况。2023年，地方政府债券到期偿还本金36658亿元，其中发行再融资债券偿还本金32918亿元，安排财政资金等偿还本金3740亿元，财政资金偿还本金比例仅为10.20%。

"借新还旧"模式使地方政府利息负担加重，资金流动性不足。由于商业银行在地方政府债券资金来源中占有相当大的比例，这种期限错配问题在我国并不完善的金融市场上，容易引起系统的流动性风险（陈志勇等，2015）。尽管发行长期地方政府债券能够在一定程度上缓解短期偿债压力，但是期限越长，利息负担越重，加之每期发行长期债券，期末金融机构的资产负债表中会留存越来越多的地方政府债券。此时若土地财政和地方政府债券稳定性受到影响，将会放大债务风险对金融部门和实体经济的冲击，从而增大系统性金融风险。

当金融风险上升、经济形势恶化时，由于企业违约风险高于地方政府，金融机构会偏向增持地方政府债券，普通企业信贷规模被动减少，从而抑制企业投融资，导致企业总产出与土地价格持续下降，受金融加速器机制影响，地方政府债务风险与金融风险将相互强化，陷入恶性循环。熊琛和金昊（2018）认为地方政府债务部门与金融部门具有双向强化传导螺旋结构，对所处的经济状态十分敏感，而地方政府为了缓解财政压力延长政府债券期限的政策则会加重违约风险爆发所带来的经济衰退。

（4）地方政府债券信息披露的不完善，将加速地方政府债务风险向金融风险的转移。及时、有效地披露债券信息，能够降低利益相关方因信息不对称而提升的融资成本，也能使投资者通过了解地方财政状况和项目信息提升对发行人的信赖程度，从而从整体上提高债券发行成功率（杜通和李东升，2023）。通过高质量信息披露，潜在投资者能够对发行人的价值有所认识,并对债券风险和收益进行评估,从而选择优质债券,提升此类债券的流通性。自 2014 年起,我国陆续发布政策,如《关于 2014 年地方政府债券自发自还试点信息披露工作的指导意见》、《地方政府债务信息公开办法(试行)》,以及《关于进一步深化预算管理制度改革的意见》中提出"健全地方政府债务信息公开及债券信息披露机制",推动了地方债券信息披露机制的建立,并分别建立了中国地方政府债券信息公开平台和中国债券信息网,提供了地方政府债券信息和相关统计数据披露渠道。

从目前的信息披露情况来看,债券披露并不规范。在债券发行前,一般需公开发行通知、信用评级报告以及专项债"两案一书"等,当前各地方政府披露内容不尽相同,其中信用评级报告差异较大,第三方机构往往选择发行人的优势指标披露,而有意掩饰劣势指标或风险项目。部分地区也会额外披露文件,进一步展示当地的经济、财政情况及未来规划。例如,山东在文件中特别强调其坚实的制造业基础和丰富的海洋资源与相关经济潜力,而山西则着重于其丰富的煤炭资源以及正在进行的经济转型措施。在文件中,一部分地区会对债券资金具体用途与项目归属等进行详细说明;有些省份的发行公告仅对项目投向类别简单说明,缺乏项目和资金使用情况的具体信息,导致透明度不足。

债券存续期内,发行人理应披露债券资金流向、使用效率、项目建设与运行状况等,但除必要的还本付息公告,并非所有地方政府都将相关项目文件一一披露。上海作为信息披露质量较高的地区,其债券存续期间的披露文件详尽列出了资金去向、在建进度与报告期运营状况。这种透明度有利于市场参与者全面了解募集资金的使用情况及项目建设的实际进展,也有助于未来债券的发行与购买;而甘肃在一些债券发行中,披露的信息较为笼统,缺乏详细的债务结构和偿还计划说明。债券信息披露良莠不齐,将妨碍投资者对项目进行评估,也不利于对债务风险的监控与及时处理。债务风险长期叠加,加之前述各种风险传导机制的运行,可能会引发更加严重的金融风险。徐忠(2018)认为,由于地方政府债务规模不断攀升以及相关信息披露机制不透明，债务问题引发的财政风险可能直接转化为金融风险。

5.2.4 地方债券发展与社会安全

当社会存在收入分配不公平的现象时，社会安全将会受到负面影响。不平等的收入分配状况，意味着一个社会一定时期内收入分配向某些人群倾斜，造成资源的过度集中，增加了社会不同阶层间的贫富差距，而社会的弱势群体将因掌握或获得资源的有限而可能降低居住环境质量、教育质量、生活品质等，削弱了他们对未来的信心和安全感。相反，在分配公平的收入结构格局中，人们从社会经济发展中获得或共享到了更多的经济增长成果，获得感更强，从而有利于社会安定和社会稳定。本部分主要基于收入分配的视角探讨地方政府债券对社会安全的影响。

一方面，地方政府债务在作用于经济发展的同时，也因其具有资产效应而具有一定的收入分配效应。经济学领域的李嘉图等价定理认为，政府支出是通过发行国债融资还是通过税收融资没有任何区别，即债务和税收等价。该定理假设消费者能够充分理性，准确地预见到无限的未来，不会因为一时的税收减少而改变其原来的消费计划，而是通过增加储蓄来支付未来增加的税收，即国债是延迟的税收。但是现实中，李嘉图等价定理往往不成立，地方政府债券往往因为具有利息支付以及安全性等特点，而具有较强的投资性，是老百姓心目中比较好的投资选择，地方政府债券具有明显的资产属性。地方政府债券本身是具有一定安全性、流动性且能增加财富的资产，是社会公众良好的投资品种，其安全性仅次于国债，被称为"银边债券"，公债余额的积累将影响持有者的消费行为和投资行为。地方政府债券是面向大众发行的，但是往往高收入群体在扣除必要的消费之余具有更强的实力购买大额的地方债券，获得更多的利息收益。地方债券的偿还资金来自全社会课征的税收，而偿还的利息主要由少数持有地方债的高收入阶层所获得，从这个角度说，地方债券规模的扩大，将可能因持有结构的问题而不利于收入公平分配。

另一方面,地方债券影响是通过土地财政及房价的方式影响社会安全的。从一定意义上说,财富分配的合理与否,将影响着社会安全的状态,而衡量一国财富或收入分配合理性的标准,主要是基尼系数等。一般认为,基尼系数越高,表明一个社会的收入分配差距越大,而收入分配差距达到严重程度时可能引发社会分配领域的安全问题。基尼系数以 0.4 为分界线,超过 0.4 表示收入差距较大,收入财富主要集中于少数群体,居民的收入分配状况不甚理想。而一个社会房价的高低直接影响居民的收入分配或财富分配,当前房地产已成为我国居民的主要资产,持有房产越多的人往往意味着其过去积累的财富越多或者其收入水平越高,尤其在相对发达的地区。高收入人群往往愿意将手中的收入转换为房产,以享有房价增值带来的收益。反之,中低收入人群购买房屋主要是基于居住的刚性需求,持有房产的数量也很有限,没有能力或者很少享受到房价长期增长所带来的红利和财富。

基于此,地方债券通过土地财政和房价的关联性影响社会安全。尤其是专项债本身就是以政府性基金为基础进行发行的债券,而政府性基金又以国有土地使用权收入作为主体,因而要想发行更大规模的地方专项债券,就需要以相对稳定甚至不断增长的土地出让金为偿还来源。地方专项债是地方政府进行基础设施建设的主要融资工具,满足了地方工业化和城镇化的资金需求。专项债主要用于地方基础设施建设,基础设施的完善为房价的上涨提供了外在客观条件,而房价的增值效应,将影响着不同地区的收入分配格局。不同收入群体在房价增值过程中享受的增值效应不同,往往高收入群体获得的增值红利更多,从而加剧了收入分配的不平衡。地方政府对土地财政的依赖容易对当地房价产生捆绑效应,地方政府希望通过房价的增值来保证房地产持续发展,进而使土地财政得以持续运行。因此,地方政府具有明显助推房价上升,或者维持房价不降从而改善当地财政状况的主观动机,同时,为了专项债券顺利发行而保证土地出让顺利进行。房价水平高低将直接影响当地收入分配。

5.3 从国家安全角度推动地方政府债券的改革与发展

5.3.1 提高地方债券的经济效率和使用效率

当前地方政府债券可能存在着一定的偿还风险和流动性风险，但是地方政府债券主要用于经济社会发展所需的基础设施建设领域，这些基础设施投资将在各自的领域发挥着一定的功效。化解地方政府债务风险，首先需要提高资金的配置效率，将投资资金尽可能运用到位，运用得当。

地方政府债务资金的使用应遵循"黄金法则"，即严格限制债务融资投向公共基础设施之外的领域，提高政府债务的经济效率，同时应遵循"节约原则"，提高资金的使用效率，只有这样才能有助于控制政府债务风险。

5.3.2 完善地方政府债券管理机制，建立现代公债制度

"十四五"时期，进一步健全政府债务管理制度，既有效发挥政府债务融资的积极作用，又坚决防范化解风险，增强财政可持续性。

（1）完善地方政府债务限额确定机制，一般债务限额与一般公共预算收入相匹配，专项债务限额与政府性基金预算收入及项目收益相匹配。对于一般债而言，一般债券项目没有直接对应的收益，因此其风险防范，应着眼于或落脚于规模的控制上，并具体体现在限额规模的确定上。专项债券需要对应项目的明确收益做偿还保障，这在很大程度上意味着风险防范应该更多地落脚在项目本身，主要依靠项目本身的收益来保证偿债的安全性。未来需要进一步完善专项债限额确定办法，避免专项债快速扩容与项目收益以及政府性基金之间的失衡问题，降低专项债的债务风险。制定

科学合理的地方政府专项债务限额,既要避免专项债项目资金闲置风险,也要关注专项债集中到期的偿债压力。

(2)加强专项债务项目筛查和过程管理,建立微观财务指标甄别项目机制。建立健全公共投资项目绩效审计,将债务资金投资项目的建设进程、投资成本—收益、经济社会影响等重要指标纳入项目的绩效考核体系,建立健全地方债务资金的绩效评价体系。减少专项债务项目的风险转移,实现举债策略从"重举债、轻风险"向"重项目质量、轻融资扩张"转变,建立专项债务的"自发自还"机制,完善专项债务项目的自我风险防控机制,减少偿债资金的预算软约束,减少项目风险向财政风险的转移。

(3)采取有效的风险管控措施,强化风险监控与风险管理。通过构建债券动态流量指标体系,实时关注债务风险的信用风险和流动性风险,变事后约束机制为事前预警机制,加强市场化约束机制。建立健全专项债券的"借、用、还"相统一的投融资机制,强化地方财政对其专项债务风险的主体责任。建立债务项目的退出机制,完善低效项目的淘汰机制,提高投资效率,防范债务风险。

以乡村振兴专项债为例,现实中多数乡村振兴专项债存在项目规模较小、项目经营属性不足、项目内容多、项目收入来源匮乏、无法实现项目收益与融资自求平衡、项目基本无收益来源等问题,使得乡村振兴专项债券存在一定的信用风险,未来还本付息有难度。为了防范乡村振兴项目的债务风险,未来需要聚集区域内各乡镇同类型项目,统一规划,形成整体项目,提高项目的融合性和发展潜力;识别并充分挖掘债务项目的潜在收入,提升经营属性,扩大项目收入来源,提高专项债券还本付息能力;加强项目后续的运营管理,多途径有效保障各项收入的可持续性实现。

(4)完善地方政府债券市场的价格形成机制。债券价格需要体现地方政府的资信水平与投资项目本身的收益,需要体现债券市场的流动性风险,使债券价格对地方政府的融资行为产生市场化约束。当前的债券价格并不能反映其自身的偿债风险和流动性风险，应尽量减少上级政府对当地债券的隐性担保。

（5）完善债务信息公开制度。现有的地方政府债券信息公开平台向投资者提供了更充分、更完整的信息，但目前仍处于起步阶段，信息公开存在着不充分、不到位等问题。未来可考虑实现省以下各级政府的纵深贯通和全面覆盖。不仅公开债务余额和限额的信息，还应公开一般公共预算收支和政府性基金收支以及债务率等相应指标数据，通过债务风险指标的直接展示，以及地方政府之间的横向比较，进一步强化地方债务治理中的公众参与和社会监督。

5.3.3 建立地方政府债务风险与金融风险隔离机制

切断地方债务与金融的传导机制的重要举措，就是建立地方政府债券风险与金融风险之间的隔离机制。地方政府要确保债券发行的规范和透明，加强对地方债券的管理和监督，加强财政部门和金融部门的协调合作，加强财政政策和货币政策的配合，提高国民经济整体应对风险的能力。

建立地方政府债务风险—金融风险传导隔离机制。逐步降低地方政府对土地出让收入的依赖，完善土地税费制度，构建稳定的地方财政收入来源渠道，逐步缓解对土地财政的依赖；尽量减少地方政府对超长期政府债券的依赖，降低金融部门对地方政府债务风险的敏感度；地方政府债务投资主体应该多元化，引入非金融机构和个体持有，分散积聚在金融部门的风险。

5.3.4 优化地方债券建设项目布局

在地方债券的用途方面进行把控，兼顾经济性项目和社会性项目的有机结合，保持合理结构。未来专项债应加大对保障房、安置房、市政设施、乡村振兴、新型城镇化、医疗、养老等民生项目的支持，弥补民生领域的短板，发挥专项债促发展的作用，实现经济的高质量发展。通过项目建设，可以改善社会分配格局，提高政府提供公共服务的水平，加强社会安全网的基础设施建设，有助于增进社会的整体福利。

第6章
地方政府隐性债务与国家安全

我国地方政府隐性债务问题，作为当前学术界和社会实践部门共同关注的焦点议题，已成为国家治理现代化的重要挑战。在过去十余年的治理过程中，地方政府债务管理策略逐渐进入"开前门、堵后门"的新阶段。在此过程中，一般债券和专项债券也在向规范化方向发展。然而，受多种复杂因素影响，我国地方政府隐性债务风险仍在扩散，债务风险治理形势日益严峻。隐性债务风险不仅对经济安全构成威胁，也影响了社会稳定和政治安全，给国家安全带来多重潜在风险。同时，国家安全观的提出也为地方政府隐性债务的化解和管理提出了新的要求和视角。本章将围绕地方政府隐性债务的发展现状、问题成因、治理阻碍以及地方政府隐性债务与国家安全之间的关联等内容，探讨国家安全下化解地方政府隐性债务的治理之策。

6.1 我国地方政府隐性债务发展现状与问题

6.1.1 我国地方政府隐性债务发展现状

6.1.1.1 我国地方政府隐性债务发展历程

党的二十大报告强调高质量发展是全面建设社会主义现代化国家的首要任务。但要实现高质量发展，必须筑牢强大、持久、可持续的国家安全网，要为高质量发展提供全面保证。当前，地方政府隐性债务存在不可忽视的风险，已成为影响我国经济安全和平稳发展的重大隐患，受到决策层的高度关注。"十四五"规划指出要"稳妥化解地方政府隐性债务"，这说明在今后推进地方政府隐性债务治理的过程中，如何统筹发展与安全，成了一项迫切需要研究的课题。

地方政府隐性债务问题由来已久。1994 年我国在中央与地方间实施分税制改革，导致财权上移、事权下沉。在此背景下，很多地方本级财政支出占大头，收入占小头，差额靠上级转移支付弥补，又加之省以下的分税制改革不到位，"纵向财政失衡"问题在所难免。地方政府开始尝试成立各类城市投资公司作为融资平台，以独立企业法人形式代替政府进行直接或间接融资。2008年金融危机后，为刺激经济和稳增长，中国实施了"四万亿计划"。而当时这4万亿元资金中只有不到30%来自中央政府，超过70%来自地方财政、地方债券、金融机构贷款、民间投资等。由于1995年的《预算法》明确规定地方政府不能在预算中列赤字，不能发行地方债融资，国家对地方发债进行了变通，采用"代发代还"，以及逐步试点"自发代还"、"自发自还"等模式发行债券；2009年3月，央行与银监会联合发文对城投公司融资功能予以认可。由此，"四万亿计划"推出后，地方政府通过融资平台举借的债务规模迅速增长，此类债务可以算是最早的隐性债务。

2009年银行贷款快速扩张之后，中央政府认识到债务的扩张可能失控。2010年底，中央经济工作会议提出"加强地方政府性债务管理"，审计署也在2011年以及2012—2013年进行了两轮审计，初步摸清了各地区政府性债务规模。以2015年1月1日实施新《预算法》为契机，中央开始改变政策方向，采用"开前门、堵后门"、"修明渠、堵暗道"的思路，有条件地放开地方政府的发债权。然而在"开前门、堵后门"的政策导向下，地方政府隐性债务并未消失。究其原因，一方面是"前门"开得不宽。尽管新《预算法》允许地方政府发行债务，但发债主体限制在省、自治区、直辖市一级，发债规模限制在国务院规定的限额内，债务资金只能用于公益性资本支出，不得用于经常性支出，且发债条件严苛、管理流程复杂。另一方面是"后门"并未堵严。虽然在2014年10月《国务院关于加强地方政府性债务管理的意见》（国发〔2014〕43号）发布之后，城投公司普遍开始转型为市场化运营，切断与地方政府融资的关联，建立风险自担、自负盈亏的现代企业制度，但从实践来看，城投公司的转型道路较为艰难。即使城投公司转型成功，成为独立运营的企业，还可以通过政府采购、PPP 项目等方式与地方政府产生关联。后来地方政府又开始采用政府采购、政府投资基金、PPP 项目等方式扩张融资渠道，由此产生了新的隐性债问题。

从 2018 年开始，地方政府隐性债务主要以化解存量和严控增量为主线。2018 年 8 月，《关于防范化解地方政府隐性债务风险的意见》（中发〔2018〕27 号）明确了隐性债务范围，并在全国范围内开展隐性债务摸底统计，要求地方政府在 5—10 年内化解隐性债务。在 2020 年全国财政工作会议上，财政部强调要将防范化解地方政府隐性债务风险作为工作的重点，加强地方政府债务的管理，遏制地方政府隐性债务的增长，以市场方式化解存量债务，厘清地方政府举债的边界。2021 年 4 月，国务院发布《关于进一步深化预算管理制度改革的意见》，强调严禁地方政府以企业债务形式增加隐性债务等。随着债务化解工作的不断推进，中央层面先后推出地方债特殊再融资债券、建制县隐性债务化解试点、全域无隐性债务试点等化债方案，各地方政府因地制宜积极化解存量隐性债务。2022 年 12 月召开的中央经济工作会议两次提及防范化解地方政府债务风险。2023 年国务院政府工作报告强调"防范化解地方政府债务风险，优化债务期限结构，降低利息负担，遏制增量、化解存量"。2023 年 7 月的中央政治局会议把"地方政府债务"口径变为"地方债务"，同时 10 月的中央金融工作会议延续了"地方债务"的提法，提出建立防范化解地方债务风险长效机制，这意味着继地方政府显性债务、地方政府隐性债务之后，地方国有企业各类经营性债务也将全部纳入风险防范化解范围，即对地方债务严格实行全口径管理。

地方政府债务是一个关系到国家财政安全和经济稳定的重大问题，而当前全球经济疲软，地缘政治冲突和逆全球化愈演愈烈，国际宏观经济金融形势更加错综复杂，我国经济发展也面临着需求收缩、供给冲击、预期转弱等多方面压力。在内忧外患下，地方政府隐性债务的风险防范和治理被放在了更重要的位置上（见表 6-1）。

表6-1　　　　　　　　涉及政府隐性债务化解的相关文件和会议

时间	文件/会议	主要内容
2019年4月	《财政部关于梳理PPP项目增加地方政府隐性债务情况的通知》（财办金〔2019〕40号）	要求对于增加地方政府隐性债务的PPP项目，应当中止实施或转为其他合法合规方式继续实施，若继续实施应当按照地方政府隐性债务管理有关规定妥善整改并做好地方政府隐性债务化解工作。
2021年3月	《国务院国资委关于加强地方国有企业债务风险管控工作的指导意见》（国资发财评规〔2021〕18号）	加强对企业隐性债务的管控，严控资产出表、表外融资等行为，指导企业合理使用权益类融资工具。
2021年4月	《国务院关于进一步深化预算管理制度改革的意见》（国发〔2021〕5号）	坚决遏制隐性债务增量，妥善处置和化解隐性债务存量。完善常态化监控机制，进一步加强日常监督管理，决不允许新增隐性债务上新项目、铺新摊子。严禁地方政府以企业债务形式增加隐性债务。
2021年7月	《银行保险机构进一步做好地方政府隐性债务风险防范化解工作的指导意见》（银保监〔2021〕15号）	不得以任何方式增加地方隐性债务，继续发力化解地方政府隐性债务，坚决打破财政依赖和财政兜底的幻象，严禁新增或虚假化解地方政府隐性债务，固守不发生系统性金融风险的底线。
2022年5月	《财政部关于地方政府隐性债务问责典型案例的通报》	通报8个隐性债务问责典型案例。
2022年7月	《财政部关于融资平台公司违法违规融资新增地方政府隐性债务问责典型案例的通报》	通报8起融资平台公司违法违规融资新增隐性债务问责典型案例。
2022年8月	《财政部关于政协第十三届全国委员会第五次会议第00072号提案答复的函》	检查中央不救助原则，做到"谁家的孩子谁抱"，建立市场化、法制化的债务违约处置机制。
2023年7月	中央政治局会议	有效防范化解地方债务风险，制定实施一揽子化债方案。
2023年10月	中央金融工作会议	建立防范化解地方债务风险长效机制，建立同高质量发展相适应的政府债务管理机制。

6.1.1.2　我国地方政府隐性债务主要形式

2018年10月，《中共中央国务院关于防范化解地方政府隐性债务风险的意见》第一次明确定义了隐性债，将隐性债务界定为表外直接或间接承诺财政资金偿还或提供担保的地方政府债务。从大的分类来说地方政府隐性债主要包含三类：第一，地方政府（含政府部门和机构）、国有企事业单位等举借的债务，约定由财政资金偿还。第二，举债主体为地方国有企业事业单位，但该类债务实质上由政府提供担保。第三，借用投资基金、政府采购、PPP项目等合法形式，但地方政府有约定回购投资本金或承诺保底收益等违规行为，使得在此过程中形成的政府中长期支出成为隐性债。

具体情形有七类：第一，通过地方政府融资平台公司、国有企事业单位等直接借入、拖欠或者提供担保、回购等信用支持形成政府隐性债务的，或者通过地方有关企事业单位以银行贷款、债券、信托、资产管理产品、资产证券化产品、金融（融资）租赁以及其他金融产品和非法集资等方式举借债务，实际依靠财政资金偿还的；第二，参与政府和社会资本合作（PPP）项目、设立或者参与设立各类政府投资基金时，约定政府及其部门回购社会资本方的投资本金、承担社会资本方的投资本金损失、保证社会资本方最低收益，以及通过其他"名股实债"方式融资的；第三，利用政府购买服务合同为建设工程融资、以建设—移交（BT）方式实施建设工程、采取承包方带资承包方式或者以决（结）算未完成等各种理由拖延支付工程款方式规避政府债务管理的；第四，以机关、事业单位、社会团体的国有资产为相关单位和个人融资进行抵押、质押以及以售后回租、售后回购等方式变相抵押、质押，或者将非经营性资产、不具有合法合规产权的经营性资产注入企业并要求企业融资的；第五，将政府储备土地或者未依法履行划拨、出让、租赁、作价出资、入股等供应程序的土地注入企业并要求企业融资，或者承诺将预期土地出让收入作为企业偿债资金来源并要求企业融资的；第六，审批或者开工建设需要政府出资的建设项目时，未考虑财政承受能力和政府投资能力而导致增加政府隐性债务的；第七，其他违法违规举借债务的情形。

6.1.1.3 我国地方政府隐性债务现状

2015年以后，我国地方政府隐性债务并没有官方数据公布。财政部原部长楼继伟在《比较》杂志上发表的《新时代中国财政体系改革和未来展望》一文中表示,地方政府隐性债务余额数据没有官方统计,市场估计为 30 万亿—50 万亿元。由于融资平台目前是我国地方政府隐性债务的最主要载体,因此,各大机构主要依据城投债进行测算。

(1) 地方政府隐性债务整体现状。根据中诚信国际估算,2022 年地方政府隐性债务规模为 52 万亿—57 万亿元,是显性债务的 1.5—1.7 倍。财政部 2024 年 11 月公布,到 2023 年底全国隐性债务总额为 14.3 万亿元。从 2017 年至今的隐性债增速来看(见图 6 - 1),2017 年 7 月,习近平总书记在全国金融工作会议上提出,"严控地方政府债务增量,终身问责倒查责任";2018 年 8 月,《中共中央 国务院关于防范化解地方政府隐性债务风险的意见》(中发〔2018〕27 号)、《中共中央办公厅 国务院办公厅关于印发〈地方政府隐性债务问责办法〉的通知》(中办发〔2018〕46 号)发布后,地方政府在化解隐性债务方面的责任与安排逐步明确,2017—2019 年隐性债务增速逐年下降,前几年快速扩张的态势得到一定遏制。2020 年,受疫情影响,一系列宽信用政策出台,融资平台债发行规模创历史新高,以融资平台为主要载体的隐性债务的增速止降回升。

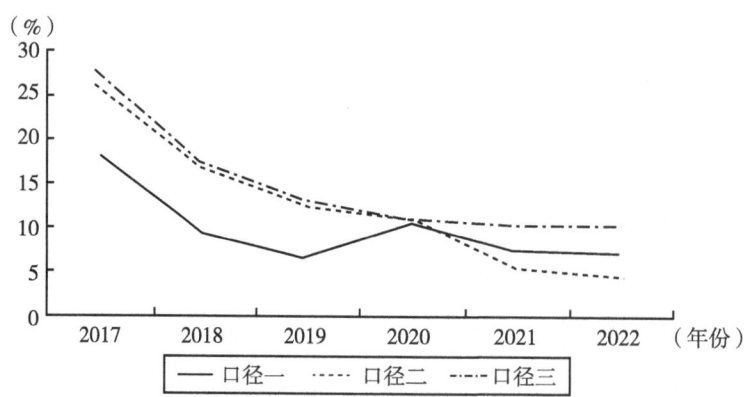

图 6 - 1 2018—2022 年我国隐性债务规模增速

注:口径一:融资平台贷款 + 融资平台存量债券 + 融资平台非标 + 政府付费型 PPP 投资落地(假设与融资平台不重合) + 抵押补充贷款余额 (PSL) - 纳入直接政府性债务的部分;口径二:融资平台有息债务(仅发债口径) + PPP 相关(假设与融资平台不重合) + 抵押补充贷款余额 (PSL) - 纳入直接政府性债务的部分;口径三:纯平台有息债务(仅发债口径) + 准平台其他应收款(仅发债口径) + 政府付费型 PPP 投资落地额 + 抵押补充贷款余额 (PSL) - 纳入政府性债务的部分。资料来源于 2018 年《中国地方政府与融资平台债务分析报告》。

资料来源:中诚信国际区域风险数据库。

进入2021年,在经济恢复的背景下,信用政策逐步收紧,对隐性债务的管控力度重回此前状态,隐性债务增速回落较大。在"十四五"规划注重防范化解重大风险挑战、守住不发生系统性风险底线的要求下,2021年3月15日,国务院常务会议提出"政府部门杠杆率要有所降低",在政府显性债务压降空间不足的情况下,降杠杆以压降隐性债务增速为主;与此同时,中央高层会议多次强调抓好地方债务尤其是隐性债务风险化解工作,加大"控增化存"力度。

2022年以来,监管层持续聚焦于地方隐性债务化解。2022年12月,中央经济工作会议提出,"防范化解地方政府债务风险,坚决遏制增量、化解存量"。2023年2月,多省在政府工作报告提及隐性债务化解进度,并强调2023年要继续推进隐性债务化解工作。与2022年相比,多地在2023年报告中提出防范隐性债务风险决心不减,并将着力提升具体措施效力。2023年4月,中共中央政治局会议明确指出,"要加强地方政府债务管理,严控新增债务",当前地方隐性债务规模仍然较大,部分地方债务压力增大,要保持高度警惕,密切关注风险变化,及时采取应对措施。2023年6月,国务院常务会议也针对防范化解重点领域风险研究提出一批政策措施,并将推动具备条件的政策措施及时出台,最大限度发挥政策综合效应。在上述严监管措施下,地方政府隐性债务的增速在2021年下降幅度较大,2022年下降幅度有所缓和,但总趋势不变。

从增添了隐性债务的宽口径来看(见图6-2),2022年省级政府的宽口径负债率中,共有11个省份超过90%,其中,东部地区有天津和浙江,中西部地区有9个省份,包括吉林、江西、广西、四川、重庆、云南、贵州、甘肃、青海;从宽口径债务率来看,共20个省份超过债务率红线,其中东部有6个省份债务率超过300%,除天津外,其余5个省份均略高于300%,中西部省份几乎全军覆没,7个省份的债务率甚至超过500%;从财政自给率来看,东部债务较为严重的省份,财政自给率均超过平均水平40%,对上级财政的依赖较小,而中西部省份总体低于平均水平,地方政府收入与支出不成比例,更容易陷入地方政府债务危机。总体来看，东部地区的宽口径地方政府债务风险要显著低于中西部地区。

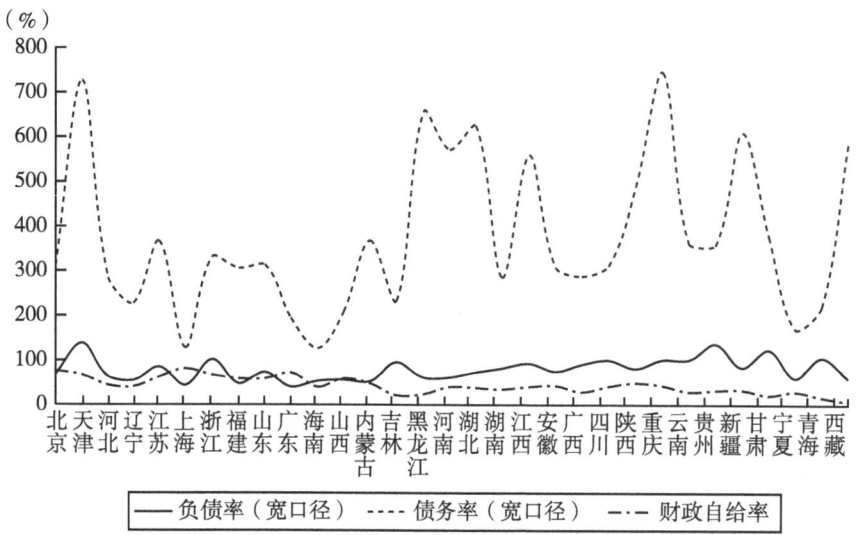

图6-2　2022年我国各省级政府宽口径负债率、债务率和财政自给率

资料来源：企业预警通公布的数据。

（2）地方政府隐性债务化解成效。

第一，隐性债务持续推进"控增化存"，存量规模减小1/3以上。自2014年以来，我国对地方政府债务管理工作的制度设计日趋完善，开启了"开前门、堵后门"的地方政府投融资管理新思路；尤其自2017年起，中央层面不断加强对隐性债务的管控，2018年强调隐性债务"控增化存"，各地也提出"5—10年化债计划"，央地共同努力下隐性债务快速扩张态势得到一定遏制。2022年12月19日，时任财政部部长刘昆在《学习时报》上发表文章《深入学习贯彻党的二十大精神 奋力谱写全面建设社会主义现代化国家财政新篇章》，表示目前我国"政府法定债务余额与国内生产总值之比控制在50%以下，地方隐性债务减少1/3以上"，风险有所缓解。

第二，广东、北京隐性债务全域清零，部分地区局部清零、超额完成化债任务。2018年《中共中央国务院关于防范化解地方政府隐性债务风险的意见》(中发〔2018〕27号)要求各省份用5—10年将政府隐性债务化解完毕,但受到突如其来新冠疫情影响,经济下行压力加大,财政收入下降,地方政府尤其区县级政府化解存量政府隐性债务面临很大难度,有可能在10年内无法使区域内政府隐性债务"清零"。在此背景下,国务院批准上海、广东等经济体量大、财政实力强的地区率先开展。从各区域化债成效看,一些地区已实现隐性债务全域清零。2022年2月,广东省财政厅发布的《广东省2021年预算执行情况和2022年预算草案》指出,广东在全国率先开展全域无隐性债务试点,已如期实现存量隐性债务"清零"目标。2023年1月,北京市财政局发布的《关于北京市2022年预算执行情况和2023年预算(草案)的报告》提出,聚焦于"稳"字,加快化解隐性债务,提前三个月完成中央提出的全域无隐性债务试点任务要求;主动调控新增债务,化解存量债务,全市整体债务率控制在绿区内,区级全部退红,债务风险总体可控。北京由此成为第二个实现隐性债务清零的省份。上海虽未完成全域清零任务,但松江、普陀等地区已在2022年实现清零。局部清零方面,除经济财政实力雄厚的京沪粤外,其他省份的地市、区县一级也在积极推进隐性债务清零工作,部分中西部地区表现突出,如2022年内蒙古推动3个旗区实现隐性债务清零,青海部分州县实现隐性债务清零等,西藏、陕西于2022年开启的局部清零工作也在推进中。此外,广西、宁夏、江苏、河南、陕西、甘肃、天津7个省份以及青海省本级超额完成2022年度化债任务,其中广西、宁夏隐性债务已化解全部规模的50%以上。具体如表6-2所示。

表6-2　　　　　　　部分隐性债务清零地区具体表述

地区	文件/会议	具体表述
上海市松江区	2022年1月29日《上海市松江区2021年预算执行情况和2022年预算草案的报告》	本区已在2021年7月通过预算安排及存量资金全部化解地方政府隐性债务,提前实现本区全域无隐性债务。
广东省	2022年2月广东省财政厅发布的《广东省2021年预算执行情况和2022年预算草案》	广东省在全国率先开展全域无隐性债务试点,已如期实现存量隐性债务"清零"目标,建立健全长效监管机制。

续表

地区	文件/会议	具体表述
上海市普陀区	2022年2月《普陀区财政局2021年工作总结和2022年工作计划》	在已完成全口径隐性债务化解的基础上，坚决遏制隐性债务增量，坚决守住风险底线。
内蒙古鄂尔多斯	2022年2月11日鄂尔多斯市政府工作报告	政府隐性债务化解完成年度目标164%，财政暂付款余额下降29.6%，化解力度均为历年之最。
青海省省本级	2022年《青海省2022年预算执行情况和2023年预算草案的报告》	合理制定地方政府债务还本付息偿付计划，足额拨付还本付息资金，省本级超额完成年度隐性债务化解任务，全省债务风险总体安全可控。
江苏省东海县	2022年2月江苏省东海县在全县财税工作会议上的表述	2021年东海县政府隐性债务在全省率先清零，债务风险等级持续保持在绿色区域。
江苏省徐州市云龙区	2023年1月《徐州市云龙区委关于巡视整改进展情况的通报》	加大政府债务化解力度，安排财政预算资金用于隐性债务余额整改及余额化解，截至2022年9月底已实现隐性债务清零。
北京市	2023年1月15日《关于北京市2022年预算执行情况和2023年预算（草案）的报告》	报告提出，聚焦于"稳"字，加快化解隐性债务，提前三个月完成中央提出的全域无隐性债务试点任务要求。
广西壮族自治区	2023年1月20日《关于广西壮族自治区全区与自治区本级2022年预算执行情况和2023年预算草案的报告》	稳妥化解政府隐性债务存量，全区完成截至2022年末政府隐性债务累计化解计划的150%以上。
天津市	2023年2月1日《关于天津市2022年预算执行情况和2023年预算草案的报告》	在全市共同努力下，超进度完成既定的隐性债务化解任务，没有出现一笔逾期违约，守住了不发生系统性风险底线。

地方化债的方式较为多元化，安排财政资金偿还是隐性债务化解的最直接方式，主要适用于财政实力雄厚地区，如广东、北京等，采用预算资金、超收收入、盘活财政存量资金等方式来直接偿还债务。另一种化债方式是盘活存量资产，即政府或城投平台可以通过转让经营权、上市公司股权等资产资源获得现金，或通过改善资产的经营效率盘活资产，从而"开源"并助力债务化解。"茅台化债"在一定程度上也可以作为盘活存量资产化债的一种方式。除了上述还债方式外，此轮隐性债务清零的另一

重要方式是发行"特殊再融资债券",将隐性债务置换为显性负债。伴随着地方政府土地出让金收入较快下行,以及部分隐性债务到期,偿债资金来源紧张。发行特殊再融资债券,可以替代原有的资金来源,确保及时偿还隐性债务到期本息,避免债务违约,特别是能够避免发生城投公募债违约,进而对整个资本市场形成巨大冲击。特殊再融资债券还能够实质性降低债务负担。因为一些隐性债务具有期限短、利率高的特征,债务滚续压力大,利息负担重。特殊再融资债务期限长、利率低,置换之后可以在相当长一段时间内减轻原有隐性债务负担。如表6-3所示,截至2023年10月31日,总计有24个省份合计发行特殊债10431亿元。在这些省份中,云南、内蒙古、辽宁的特殊债券额度超过千亿元,位居前列。贵州、重庆、吉林、湖南、广西的额度超过600亿元,规模较大。黑龙江的额度略超300亿元,而其他省份的额度低于300亿元。

表6-3　　　　2023年10月地方特殊再融资债券披露规模　　　　单位:亿元

披露时间	地区	发行特殊再融资债券规模
10月6日	内蒙古	663.2
10月6日	天津	210
10月9日	辽宁	870.42
10月9日	重庆	421.9
10月9日	云南	533
10月9日	广西	498
10月10日	内蒙古	403.8
10月10日	青海	96
10月10日	吉林	250
10月11日	江西	156
10月12日	福建	282
10月12日	宁夏	80
10月12日	大连	135.58
10月12日	甘肃	220
10月12日	云南	543

续表

披露时间	地区	发行特殊再融资债券规模
10月12日	山东	282
10月13日	湖南	643.26
10月13日	贵州	882.38
10月13日	湖北	92
10月17日	陕西	100
10月17日	黑龙江	303
10月18日	天津	738.04
10月18日	江苏	261
10月19日	吉林	440.23
10月19日	新疆	56
10月20日	河北	277
10月23日	广西	125
10月24日	山西	28
10月24日	四川	280
10月24日	河南	255.99
10月25日	重庆	304.1
合计		10430.89

资料来源：中国债券信息网。

（3）地方政府隐性债务化解困难。在当前土地市场低迷的背景下，各地的化债难度也在加大。首先，未来三年政府法定债务和城投平台债务将进入偿债高峰期，各地面临较大的还本付息压力，这限制了地方政府化解隐性债务的空间。其次，许多地区采取展期方式来化解债务，以时间换取空间，但这并不能真正解决隐性债务问题。尤其是在土地出让收入持续下滑的情况下，无疑增加了地方的债务负担。2020年以来，许多省份在预算执行报告中指出了化债存在的问题（见表6-4）。例如江苏、四川、山东、河南、贵州、甘肃等地都提到了部分县（市、区）债务负担较重、债务风险等级较高以及债务还本付息进入高峰期等问题。

表 6-4　　　　部分省份的地方预算执行报告中有关化债困难的表述

省份	部分省份的地方预算执行报告中有关化债问题的表述
江苏	个别地区化债任务仍较重，风险防控有待继续加强（2021）。
四川	（1）个别地区债务风险不容忽视，严控隐性债务增量压力仍然较大（2021）。（2）个别地区债务风险不容忽视，隐性债务化解压力仍然较大（2022）。
山东	部分县（市、区）债务水平较高，防范化解风险压力加大（2021）。
河南	针对市县部分平台公司债务规模增长较快、风险隐患不断集聚的情况，呈请印发关于推进地方政府融资平台公司市场化转型发展的有关意见，推动融资平台公司实体化运作、规范市场化融资行为、完善法人治理结构、建立现代企业制度，强化平台公司债务风险研判，对违规举债问题线索及时组织核实并督促整改到位，逐步出清平台公司债务风险（2022）。
陕西	一些县区"三保"、疫情防控等刚性支出与偿还政府债务叠加，收支矛盾比较突出；部分县区偿债压力较大，防范化解政府债务风险任务艰巨（2022）。
云南	一些地方政府债务化解能力不足，还本付息和防范化解地方政府债务风险任务较为艰巨（2021）。
新疆	（1）一些县（市、区）暂付款规模较大，消化任务重（2021）。（2）个别县市区政府债务负担较重偿债压力较大（2022）。
贵州	（1）部分市县政府债务负担较重，隐性债务风险不容忽视（2020）。（2）部分区县债务风险等级仍然较高，化债资金来源相对单一，偿债能力弱（2021）。（3）债务总体规模较大，部分地方防范化解债务风险任务艰巨（2022）。
甘肃	（1）部分市县政府债务还本付息进入高峰期，防范化解政府债务风险任务艰巨（2020）。（2）部分市县政府债务还本付息进入高峰期，防范化解政府债务风险任务艰巨，面临防风险和促发展的双重压力。个别市县风险防范意识不强，违法违规新增地方政府隐性债务情况仍有发生（2021）。（3）部分市县政府债务还本付息进入高峰期，偿债压力较大，防范化解政府债务风险任务艰巨（2022）。
吉林	（1）地方政府债务还本付息压力加大，部分市县专项债券资金支出进度缓慢；全省政府债务风险总体可控，但被国家风险预警的市县有所增加（2020）。（2）政府债务偿还压力较大。全省政府债风险总体可控，但还本付息支出规模逐年增加，地方政府面临偿还债务和兜牢"三保"底线的双重压力（2021）。（3）政府债券付息压力大。随着政府债券规模逐渐扩大，政府债券付息支出逐年增加，进一步加重了各级财政负担（2022）。
内蒙古	（1）全区特别是旗县存量债务规模较大，政府债务风险不容忽视（2020）。（2）部分盟市、旗县债务负担重，财政收支矛盾突出，"三保"支出压力加大（2021）。（3）部分地区短收较多，再叠加化债、消化暂付款、编外聘用人员支出等因素，防范化解风险压力加大（2022）。
青海	（1）部分地区偿债压力加大（2020）。（2）个别地区政府债务率偏高，偿债压力较大（2022）。
黑龙江	（1）政府性债务存在结构性风险，部分市县债务率偏高，防范风险压力大（2021）。（2）政府债务结构性风险仍然存在，隐性债务风险防控压力加大（2022）。

资料来源：根据各省预算报告等公开资料整理。

6.1.2　我国地方政府隐性债务发展存在的问题

6.1.2.1　我国地方政府隐性债务发展存在的问题

第一，偿债风险。存量隐性债务风险的化解根本在于偿还。目前，隐性债务主要依赖项目收益偿还、平台市场化再融资偿还、债务主体破产清算偿还、政府财政资金偿还等几种形式。但现实情况是地方政府隐性债务主要用于本地基础设施建设等公益项目。此类项目周期长，经营效率不高，无法产生足够的现金流。在政策更加强调抑制风险、保持经济平稳运行的时期，如遇信贷收缩则无法通过再融资偿还旧债，债务风险会显著加大。

第二，增量风险。这一轮积极财政政策至今已十年，下一步还将继续贯彻实施好积极的财政政策，包括在支出上持续发力、前期出台各项政策特别是税费政策落地见效等[①]。然而新冠疫情暴发以来地方政府财政压力较大，大量资金的投入几乎将地方财政"家底"掏空。针对地方政府建设资金缺口问题，2017年财政部发布的《关于坚决制止地方政府违法违规举借遏制隐性债务增量情况的报告》提出地方政府要开好规范举债融资的"前门"，但是这并没有解决地方政府资金紧张问题。在这一背景下，地方政府隐性债务仍然存在增量风险。

第三，传递风险。某些隐蔽的隐性债务通常涉及复杂的担保链条。在这种担保结构中，如果任何一个环节出现流动性风险，该风险便会迅速传递至整个担保链的所有主体，导致债务风险在短时间内迅速扩散和升级。此外，在处理隐性债务的过程中，当地方政府取消对原先担保项目的担保时，可能会导致城投平台的信用等级下降。这种信用等级的下降对于正在进行中的工程项目更具有破坏性，可能会导致涉及的多方主体遭受共同

---

① 2023年11月5日新华社访财政部党组书记、部长蓝佛安，http：//www.xinhuanet.com/mrdx/2023－11/06/c_1310749012.htm。

损失。

第四，溢出风险。地方政府隐性债务可能通过金融机构和类金融机构加剧金融风险。一方面，融资平台主要依靠银行及其他金融机构进行融资。在经济下行压力增大和不确定性加强的背景下，融资平台可能面临债务违约风险，从而引发系统性金融风险。另一方面，2014年以来影子银行成为地方政府通过融资平台间接举债的主要途径。影子银行的顺周期特性、监管难度和低透明度，以及其与金融市场的紧密联系，使得地方政府的隐性债务风险通过影子银行传导至资本市场。在资本市场中，各类金融机构通过业务关联进一步放大了这些金融风险（沈坤荣、施宇，2022）[①]。此外，由于土地价格波动与房地产市场波动密切相关（王雅龄、王力结，2015[②]；张莉等，2018[③]），地方政府为提高土地价格而采取的行动可能引发房地产市场泡沫。同时，土地价格又会受房地产周期的影响。在经济下行阶段，土地价格下跌，导致土地抵押价值降低。为了满足银行的抵押贷款要求，地方政府可能不得不增加土地供应，这反过来又加剧了房地产市场乃至整个金融市场的脆弱性和敏感性（Lu and Sun，2014）[④]。

6.1.2.2 当前我国地方政府隐性债问题的特点

当前我国地方政府隐性债务问题的特点，主要体现在以下三个方面。

一是供需双方共同促成地方政府隐性债持续扩张。从需方即地方政府来看，由于纵向财政缺口及正规借债渠道规模的限制，地方政府始终拥有违规借债动机；从供方即金融机构来看，由于隐性债有政府背书或私下承

[①] 沈坤荣，施宇. 地方政府隐性债务的表现形式、规模测度及风险评估 [J]. 经济学动态，2022（7）：16-30.

[②] 王雅龄，王力结. 地方债形成中的信号博弈：房地产价格——兼论新预算法的影响 [J]. 经济学动态，2015（4）：59-68.

[③] 张莉，年永威，刘京军. 土地市场波动与地方债——以城投债为例 [J]. 经济学（季刊），2018，17（3）：1103-1126.

[④] Lu Y, Sun T. Local Government Financing Platforms in China: A Fortune or Misfortune? [J]. Social Science Electronic Publishing, 2014, 13（243）.

诺，且借贷数额相对较大，因此信贷资金向涉政项目倾斜，供需双方的驱动共同导致地方政府隐性债的屡禁不止、持续扩张。

二是形式复杂、手段隐蔽，难以被监管。尽管新《预算法》对地方政府举债行为进行了规范，但随着经济下行压力逐步加大，以及对"稳增长"目标的实现要求提高，地方隐性债的形式更加多变、杠杆更加隐匿、债务更加不透明。地方政府通过平台公司、政府购买、PPP、各类发展基金和引导基金等进行融资，在表外类信贷融资过程中采用明股实债、抽屉协议、承诺回购等违规方式，是地方政府隐性债务规模快速扩张的主要原因。

三是隐性债的主体以市县级政府为主。中国银行发布的2018年《中国金融稳定报告》就地方政府隐性债务问题进行了调研，结果表明，某代表性省份银行隐性债务总额中，区县级和市（州）级分别占比45%、40%，而省本级仅占15%。2022年、2023年财政部通报的地方政府隐性债务问责典型案例也基本发生在市县级及开发区。这是由于市县级政府通常承担较重的事权，与支出责任不相匹配，且缺乏征税及发债自主权。市县级不仅隐性债占比大，且用于偿还的政策操纵空间较小，往往面临更大的偿债风险。

6.1.2.3 我国地方政府隐性债务问题存在的原因

（1）我国地方政府隐性债务问题的根源。我国地方政府隐性债务问题根本上是政府的事权与支出责任的匹配度问题。从预算平衡关系来说，财政平衡的"三元悖论"说明，在其他因素既定的情况下，减轻税收、增加财政支出、保持债务和赤字水平这三个目标无法同时实现，至多只能同时实现其中两项。也就是说在减收增支的情况下，政府的债务就要增加。地方政府如遇收入持续减少、必保支出增加、可动用结余不多、向银行借款受限等情况，发债就成了唯一出路，而在举债规模、方式、来源、用途、偿还等受到严格的法律红线及监管控制的情况下，就只能"另谋生路"，隐性债就有了抬头之势。1994年我国在中央与地方间实施分税制改革,其结果使得财权上移、事权下沉,在此背景下很多地方本级财政支出占大头,收入占小头,差额靠上级转移支付弥补,又加之省以下的分税制改革不到位,"纵向财政失衡"问题在所难免,省以下基层政府的财政状况愈加困难。再加上"上级点菜、下级买单"传递给基层的财政压力,以及一些地方在经济转型中的财源下降及枯竭等,在工资、运转及基本民生"三保"问题都难以为继的情况下,投资就只能靠发债了。

(2)我国地方政府隐性债务问题的积累。

第一,地方政府存在"预算软约束"倾向。尽管国务院在相关制度方案中表示对地方政府举债不予救助,但地方政府仍然对中央政府抱有一定的"兜底预期"。近些年,中央允许地方政府将原先存在于投融资平台的政府性债务置换为地方政府债券,正是政府对隐性债务负有兜底责任的信号(郭平等,2017)[1],也表明政府对隐性债务并非采取不管不顾的消极态度,而是积极应对和化解(李升,2018)[2]。

第二,外部监督难以发挥作用。为提高债务信息透明度,国务院和财政部近些年先后出台了一系列相关法律和政策文件,比如《国务院关于加强地方政府性债务管理的意见》(国发〔2014〕43号)和《地方政府债务信息公开办法(试行)》(财预〔2018〕209号)以及《地方政府债券发行管理办法》(财库〔2020〕43号),但这些更多体现的是地方政府显性债务。地方政府的隐性债务数据目前仍是黑箱。由于缺乏关于地方政府隐性债务的具体数据,各大机构主要依赖城投债和自身的标准进行估算。这种情况导致政府难以准确把握隐性债务的真实规模和潜在风险,无法有效实施外部约束。

第三,管理制度不完善。我国地方政府隐性债务管理体制存在缺陷,导致地方政府隐性债务出现多头管理的现象。以地方政府投融资平台为例,

---

[1] 郭平,江姗姗.财政分权视角下预算软约束对地方政府债务规模的影响[J].河北大学学报(哲学社会科学版),2017,42(5):76-85.
[2] 李升.地方政府隐性债务风险及其治理[J].地方财政研究,2018(12):58-65.

在债务公开发行管理方面，有的城投债直接由省级平台直接发行，有的直接由市级平台发行，还有的甚至直接由县区级平台发行；在债务资金使用方面，有的涉及财政、科技、国土资源、建设、农业等多个政府部门；城投债的发行，涉及中国人民银行、银保监会和发改委等主管部门；在管理体制方面，同一级政府内，有的投融资平台隶属于政府，有的隶属于国资委，有的隶属于财政、交通、水利等主管部门。地方政府债务的监管涉及财政、人大、发改委、审计、人民银行和金融监管等部门机构。然而，尚缺乏一个明确的制度框架来规定这些机构的职责界限、议事规则及其协调方式，导致责任划分不明确。尽管财政部、人民银行和金融监管在地方政府之外独立运作，但它们在监管上仍显乏力（温来成、贺志强，2021）①。

第四，金融系统对政府信用有所偏好。大部分地方政府隐性债务依赖于金融资源的支持。目前，尚有一部分非垂直管理的地方性金融机构在税收征管、人事任命甚至经营决策等方面受到地方政府影响，其向政府平台融资可能会换取地方政府在吸储竞争、职务提升和税收优惠等方面的隐性补偿，同时又有政府的信用背书作为隐性担保。因此，多数地方性银行不但不排斥此类业务，还将其视为兼具安全性、稳定性的优质展业渠道，从而助推了地方政府隐性债务的积累和扩张。

6.1.2.4 我国地方政府隐性债务问题解决的障碍

从现阶段来看，地方政府隐性债问题较为突出，其治理面临重重困难及阻碍。一方面是经济社会环境背景使得地方政府拥有隐性债扩张的内在动机，另一方面是体制机制的问题使得地方政府无法解决纵向财政缺口。

从经济环境来看，2023年上半年宏观经济整体恢复向好，但正增长数据中，最低的外贸仅增长了2.1%，而最高的社会消费品零售总额则增长了8.2%，呈现出不小的差异，说明经济还存在恢复的不平衡、不一

---

① 温来成，贺志强. 地方政府隐性债务治理重点及改革建议［J］. 地方财政研究，2021（3）：10-16，23.

致，不确定性影响因素并未完全消除。投资端基建投资适度超前成为托底经济稳增长的重要抓手，但目前在地方政府基建投资中具有明显公益特征的投资项目占比越来越高，有较好现金流收益的项目很少；消费端受就业影响及对未来预期的减弱，约束了居民的消费能力及消费意愿，消费恢复乏力。因此，多措并举稳增长的压力越来越大。

从体制机制来看，地方政府事权与支出责任不匹配，纵向财政缺口始终存在，且向基层延伸。人民对美好生活的向往对政府公共产品与服务提出了更高的要求，地方政府承担的教育、医疗、社保、就业、城市更新、老旧社区改造等多重目标需要达成，稳增长等刚性要求也给地方带来了巨大压力。在增收受阻，而债务筹资及中央或上级政府的转移支付、直达资金不能完全弥补缺口的情况下，隐性债就成了地方政府财政收支矛盾加剧情况下缓解支出压力的产物。

6.2 地方政府隐性债务发展与国家安全发展

6.2.1 地方政府隐性债务风险对国家安全产生的影响

我国的地方政府隐性债务因其规模庞大、不透明性和影响的复杂性对国家安全带来了潜在威胁。地方政府隐性债务也可能危及国家安全。国家安全是指一个国家在内部和外部环境中维持其主权、统一、领土完整、民族团结、社会稳定、经济发展、文化繁荣等基本利益不受侵害或威胁的状态。从这个定义来看，国家安全不仅涉及政治、军事、外交等传统领域，也涉及经济、社会、文化等非传统领域。如果地方政府隐性债务违约或逾期发生，可能引发金融机构资产质量恶化、信用风险传染、流动性紧张等问题。同时，地方政府隐性债务也会增加地方政府的财政压力和偿债风险，影响其正常履行公共服务和民生保障职能。地方政府隐性债务如果失控或爆发,可能引发社会不满、民众抗议、群体性事件等社会风险,进而影响政治稳定、民族团结、国家统一等政治风险,甚至引起外部势力的干预或利用,造成外交风险和国防风险。因此,地方政府隐性债务风险化解不仅是一项经济工作,也是一项国家安全工作。本部分将从经济安全、社会安全和政治安全三个方面阐述地方政府隐性债务对国家安全造成的负面影响(见图6-3)。

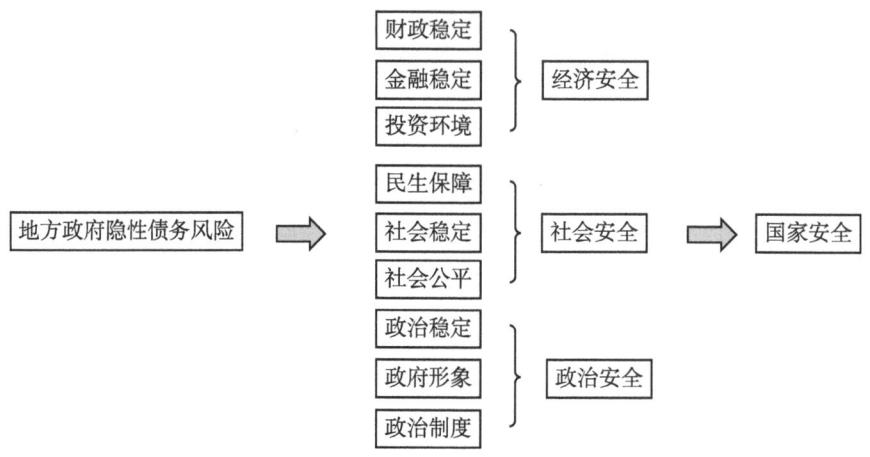

图6-3 地方政府隐性债务对国家安全的影响

6.2.1.1 地方政府隐性债务对经济安全的影响

经济安全是指经济全球化时代一国保持其经济存在和发展所需资源有效供给、经济体系独立稳定运行、整体经济福利不受恶意侵害和不可抗力损害的状态和能力,即一国的国民经济发展和经济实力处于不受根本威胁的状态。地方政府隐性债务可能会从财政稳定、金融稳定和投资环境等方面产生负面影响,从而威胁到经济发展的稳定状态。

(1)地方政府隐性债务对财政稳定的影响。财政稳定是指财政收支平衡,财政支出结构合理,财政赤字和债务水平可持续的状态(龙成学,2008)①。

---

① 龙成学. 积极财政政策与财政稳定的关联:由国债负担率生发[J]. 改革, 2008 (12): 60-66.

地方政府隐性债务规模过大，会导致财政收支失衡，进而影响财政稳定。

第一，地方政府隐性债务的增加直接增加了财政赤字和债务风险。2022年我国地方政府隐性债务总额为52万亿—57万亿元，占当年GDP的43%—47%。如果将隐性债务纳入地方政府总债务中，那么2022年我国地方政府总债务余额约为920618亿元①，占当年GDP的76%，已经超过了国际公认的60%的警戒线。这就增加了地方政府违约和破产的可能性，从而威胁到国家主权信用和财政安全。

第二，地方政府隐性债务增加了财政支出压力。地方政府隐性债务的还本付息，部分通过再融资券转化为显性债务。地方政府显性债务可以列入政府预算，财政系统可以对这些债务进行有效管理，控制整体的债务风险。但地方政府隐性债务以各种形式游离在预算管理之外，这将导致财政收入和支出系统失灵，无法起到优化资源配置、公平分配及稳定和发展经济的作用。

第三，地方政府隐性债务的不透明性也使风险评估和监管更加困难。由于缺乏地方政府全部债务的完整信息，政府难以正确评估风险，可能在未来面临不可预测的财政压力。这颗隐性债务的"地雷"可能随时引爆，一些省份已经出现了"暴雷"的苗头，可能导致政府突然的财政危机，对国家经济稳定构成威胁。

（2）地方政府隐性债务对金融稳定的影响。金融稳定是指金融体系能够有效地提供金融中介服务，抵御内外部冲击，防范和化解金融风险的状态。地方政府隐性债务的不透明性也使金融监管困难，监管机构难以全面了解金融机构与地方政府的风险敞口，可能在风险爆发时无法及时采取控制措施，甚至导致金融危机，影响国家的金融稳定。

第一，地方政府隐性债务增加了银行体系不良资产。地方政府隐性债务的主要融资渠道是银行信贷，尤其是通过地方政府融资平台向银行借款。地方融资平台所获得的资金大部分都投向了基础设施以及具有公益性

---

① https：//www.gov.cn/xinwen/2023－01/30/content_5739128.htm.

质的投资领域，这些领域的产业周期长、收益率低，并存在着短贷长用问题，使得银行中长期贷款占比高，贷款结构失衡（宋科、孟源祎、尹李峰，2023）①。由于地方政府融资平台的还款能力较弱，很多项目的现金流不足以覆盖债务服务，导致银行贷款的回收困难，从而增加了银行体系的不良资产和坏账损失。隐性债务违约所引发的区域性债务危机将直接导致金融机构不良资产数额的增加和比例的上升，进而导致交叉性、系统性金融风险爆发。

第二，地方政府隐性债务加剧了金融市场波动。地方政府隐性债务的另一个重要融资渠道是金融市场，主要包括债券市场、股权市场和信托市场。地方政府隐性债务规模过大，会对金融体系产生不良影响，进而影响金融稳定。由于地方政府隐性债务的信用风险较高，一旦出现违约或者信用评级下调等事件，就会引发金融市场的恐慌和抛售，从而加剧金融市场的波动和失序。

第三，地方政府隐性债务还会影响土地抵押融资。由于地方政府不断创新融资手段，出现了以信贷和土地作为抵押的融资方式，并逐渐发展为"土地—财政—金融"相互捆绑的融资运作模式。但土地抵押贷款存在着较大的不稳定性，一方面，土地出让金是地方政府偿还债务的主要资金来源，土地出让金不足将直接降低地方政府的还款能力，致使其债务违约率上升。地方政府可选的做法就是尽力提高土地出让价格以提高其偿还能力。与此同时，以地价为基础的房价也会迅速攀升，在当前房价已经过高的情况下，如果地价进一步抬高，不仅不利于满足民生需求 进而维护社会稳定，而且极有可能引发房地产泡沫的破裂，严重威胁金融系统的安全。另一方面，土地资源的有限性和不可再生性等硬性约束决定了土地出让收入和抵押贷款的不可持续性，土地价格波动必然影响其抵押资产价值，进而影响银行、信托等金融机构的资产安全（马万

---

① 宋科，孟源祎，尹李峰. 地方政府隐性债务的金融风险传导机制研究［J］. 经济学家，2023（3）：48–57.

里、张敏，2020）①。

（3）地方政府隐性债务对投资环境的影响。投资环境是指影响投资者投资决策和投资效果的各种因素的综合体现。地方政府隐性债务规模过大，会导致投资环境恶化，进而影响经济发展。

第一，降低投资效率和质量。地方政府隐性债务的主要用途是投资于基础设施建设、产业园区开发、房地产开发等领域。这些领域的投资回报率较低，且存在重复建设、低水平竞争、产能过剩等问题，导致投资效率和质量下降，从而影响了经济增长的潜力和动力。例如以钟宁桦教授为代表的团队发现，大量显性和隐性的地方债务都投向了基础设施建设，而基建领域投资效率在不断下降。自 2017 年以来，全国高速公路年均货运密度由 2138 万吨降至 2073 万吨，年均客运密度近年来也未出现明显上升。由于高速公路总里程数的上升快于货运总周转量的上升，因此，从整体上看，全国高速公路每公里平均使用效率在下降②。

第二，不透明的隐性债务也使投资者对我国的投资环境产生不确定性。隐性债务可能增加地方政府的违约风险，影响其信用评级和融资成本。投资者不确定地方政府的财政状况和潜在风险，可能减少对市场的信心，对投资环境产生不信任感。

6.2.1.2　地方政府隐性债务对社会安全的影响

地方政府隐性债务规模过大，会影响民生保障、社会稳定和社会公平，从而对国家社会安全发展构成潜在威胁。

（1）地方政府隐性债务对民生保障的影响。民生保障是指国家和政府为保障人民基本生活和权益，提供必要的公共服务和社会保障的行为。地方政府隐性债务规模过大，会导致民生保障水平下降，进而影响

---

① 马万里，张敏. 地方政府隐性举债对系统性金融风险的影响机理与传导机制 [J]. 中央财经大学学报，2020（3）：10 – 18.
② 钟宁桦，吴江，连方舟，解味. 从基建项目效率看地方隐性债务 [J]. 中国改革，2021（5）.

社会稳定。首先，地方政府隐性债务的还本付息会挤占民生支出空间。地方政府隐性债务的还本付息需要占用地方政府的财政收入，这意味着地方政府需要用更多的财政收入来偿还隐性债务，从而挤占了教育、医疗、养老、住房等民生领域的财政支出空间。其次，地方政府隐性债务还会降低民生服务质量。地方政府隐性债务主要投向基础设施建设、产业园区开发、房地产开发等领域。这些领域的投资回报率较低，且存在重复建设、低水平竞争、产能过剩等问题，导致投资效率和质量的下降，从而影响了民生服务的供给和质量。如一些地方政府为了追求 GDP 增长，盲目建设了一些"形象工程"和"面子工程"，忽视了人民群众的实际需求和满意度。

（2）地方政府隐性债务对社会稳定的影响。地方政府隐性债务还会导致社会矛盾加剧，进而影响社会稳定。地方政府隐性债务的存在和扩张，使得政府公信力下降，损害了人民群众对地方政府的信任和支持。地方政府隐性债务的违约化解，还会给相关的债权人和债务人带来损失。例如，地方政府融资平台的债务违约，会导致银行、信托、保险等金融机构的资金链断裂，进而影响其对其他客户的服务和偿付。政府购买服务的债务违约，会导致社会组织、民营企业、个体工商户等服务提供者的经营困难，进而影响其对员工的支付和福利。这些情况都可能引发社会风险和冲突事件，如罢工、示威、上访等。

（3）地方政府隐性债务对社会公平的影响。社会公平是指社会成员在享受社会资源和承担社会责任时，能够得到合理的分配和对待的状态。地方政府隐性债务规模过大会影响社会公平正义。第一，地方政府隐性债务加剧了贫富差距和区域差距。地方政府隐性债务的形成和发展，与一些地方政府的权力寻租、利益输送、腐败等行为密切相关。这些行为不仅损害了国家和公共利益，还造成了一些特权阶层和利益集团的不正当获利，从而加剧了贫富差距和社会分化。同时，地方政府隐性债务的分布和规模存在着明显的区域差异，导致了一些地区的财政困难和发展滞后，从而加剧了区域差距和不平衡。第二，地方政府隐性债务破坏了公平竞争和市场秩序。地方政府隐性债务的主要融资方式是银行信贷和金融市场。地方政府隐性债务具有隐蔽性、优先性和强制性等特点，导致了金融资源的错配和浪费，从而破坏了公平竞争和市场秩序。

6.2.1.3 地方政府债务风险对政治风险的影响

地方政府隐性债务还会威胁政治安全，影响国家和社会的权力结构、利益格局、制度安排的相对稳定和协调的状态。

（1）地方政府隐性债务对政治稳定的影响。第一，不利于中央与地方的协调合作。地方政府隐性债务的形成和发展，与中央和地方的财权事权不平衡、转移支付不充分、预算管理不严格等问题密切相关。这些问题导致了一些地方政府的财力不足和财力不匹配，从而促使其通过非正规的方式或渠道进行举债，以满足其发展需要和绩效考核。这种做法不仅违反了中央的规定和意图，还损害了中央和地方的协调和合作。第二，破坏党内和社会的团结。地方政府隐性债务的存在和扩张，在某种程度上反映了一些地方政府官员的决策失误、监管缺失、责任推诿等问题，损害了党的纪律和规矩，从而破坏了党内团结和凝聚力。

（2）地方政府隐性债务对政府形象的影响。政府形象是指人民群众对于政府及其行为的认知、评价和态度。地方政府隐性债务规模过大，还会损害政府形象和公信力。当隐性债务规模和债务偿还负担超出地方政府的财政承受力时，债务违约风险加大，不可避免地会使资本市场产生对当地政府财政状况和政府兜底可能性的担忧，进而导致政府信用受损、政府公信力下降。在一些财政收入紧张而债务较重的区域，地方政府保工资、保运转的财政压力已十分沉重，地方政府采取借新还旧、截留挪用专项资金、违规集资等各种手段逃避或转嫁还债责任，极易造成市场信号失真，动摇投资者和消费者信心，削弱政府信用。

（3）地方政府隐性债务对政治制度的影响。

第一，影响政治体制的改革和创新。政治体制改革要求改造传统体制，致力于消除旧体制的弊端①，同时要坚持问题导向，勇敢直面问题、果断解决矛盾。地方政府隐性债务的形成和发展意味着一些地方政府的体制机制、思想观念、行为方式等存在着不适应、不协调、不符合等问题，同时地方政府债务的长期扩张和清理困难也意味着这些地方的官员未能坚持问题导向，不能下定决心解决问题，影响了政治体制的改革和创新。

第二，影响政治文化的建设和传承。地方政府隐性债务的存在和扩张，与一些地方政府的价值取向、道德标准、行为准则等存在着偏差、冲突、背离等问题。这些问题导致了一些地方政府的失范、失德、失信等问题，损害了党的形象和人民的感情，破坏了社会主义核心价值观和中华优秀传统文化。

6.2.2 地方政府隐性债务化债违法违规现象

近年来，一些地方政府在化债过程中存在违法违规行为，严重影响了隐性债务风险防范化解的工作成效。为推动有关地方和部门切实开展问责工作，财政部和审计署分别在相关报告中披露各地政府隐性债务案例，以发挥警示教育作用。

审计署在2017年和2018年国家重大政策措施落实情况跟踪审计结果中提及防范化解重大风险，其中披露了个别地方政府违规新增隐性债务情况。2022年以来，财政部更是通报了三次隐性债务问责案例，共计24起案例。第一次是2022年5月18日，财政部集中通报8起地方政府隐性债务问责典型案例，涉及安徽省安庆市、河南省信阳市浉河区、贵州省兴义市、江西省贵溪市、湖南省宁乡市、河南省孟州市、浙江省湖州经济技术开发区、甘肃省兰州市七里河区。这次通报对涉案人员进行了相应处罚，体现出中央近年来针对地方隐性债务关于"终身问责、倒查责任"的要求。

---

① 李忠杰. 坚持发挥改革创新与时俱进的优势 [J]. 红旗文稿, 2020 (6): 16-19.

第二次是 2022 年 7 月 29 日，财政部发布了《关于融资平台公司违法违规融资新增地方政府隐性债务问责典型案例的通报》，通报 8 起新增地方政府隐性债务典型案例，涉及陕西省延安市新区投资开发建设有限公司和延安新区市政公用有限公司、黑龙江省牡丹江市城市投资集团有限公司、贵州省遵义市新区建投集团有限公司、江苏省原洪泽县城市资产经营有限公司、安徽省池州金达建设投资有限公司、山东省原沂南县城乡建设发展有限公司、江西省乐平市古戏台投资管理有限公司和原乐平市国有资产经营管理有限公司、重庆市黔江区城市建设投资（集团）有限公司。和 2022 年 5 月的通报相比，本次通报案例把债权人信息也披露了出来，具体包括上海金元百利资产管理有限公司、贵阳银行遵义分行、交通银行池州分行、工商银行乐平支行、景德镇农商行、九江银行等金融机构。

第三次是 2023 年 11 月 6 日，财政部发布《关于地方政府隐性债务问责典型案例的通报》，通报了 2022 年以来查处的 8 起隐性债务问责典型案例，涉及隐性债务规模合计 475.16 亿元，直指湖北、陕西、广西、河南、四川、江西等地。此次公布的典型案例中隐性债务的借债方式主要有：市政府要求国有企业垫资、市政府通过国有企业融资、市政府直接要求代理银行垫资、金融机构违规向地方政府及其部门提供贷款。隐性债务募集资金的用途主要有：土地整理开发和基础设施建设、延期清算和违规垫付财政支出、偿还到期隐性债务、抗洪救灾及河湖治理保护。与前两次通报案例不同的是，此次处罚对象覆盖面更大，还包括金融机构，分别是中国农业发展银行陕西省分行通过提供贷款帮助西安新增隐性债务 12.76 亿元，中国农业银行股份有限公司芜湖分行及辖区内相关支行通过提供贷款帮助芜湖政府新增隐性债务 4.71 亿元。处罚对象包括金融机构，意味着未来债务管控将是对债务人和债权人的全面管控，这将更为有效地管控债务风险，防范债务无序扩张。

综合目前已公布的案例来看，主要有四类违规类型（见图 6-4）：新增隐性债务、化债不实、化债不力和多报/漏报隐性债务。这些举措暴露出一些地方和单位的领导干部政绩观存在偏差，纪律观念不严，在贯彻落实党中央、国务院决策部署中，有令不行、有禁不止，打折扣、搞变通，严重影响了隐性债务风险防范化解工作成效，同时也给国家安全带来了负面影响。

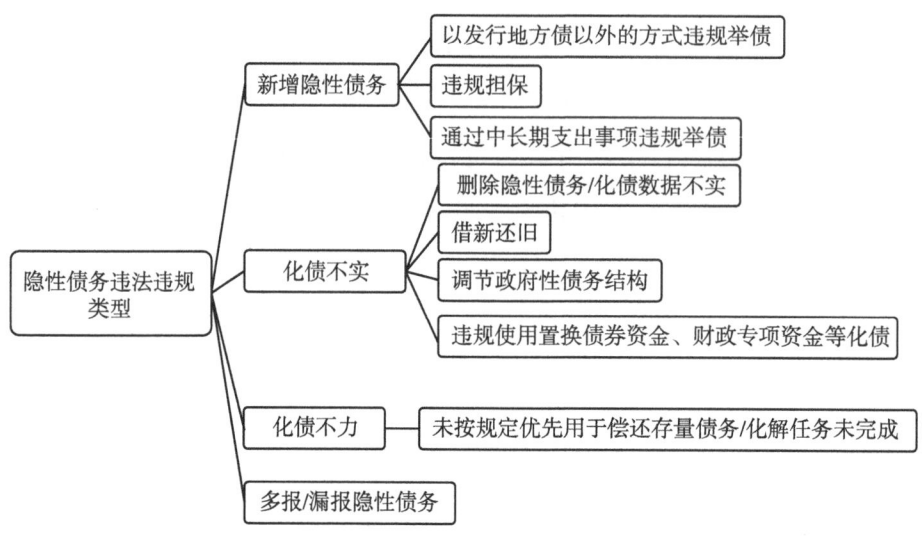

图6-4 隐性债务违法违规类型

6.2.3 国家安全对地方政府隐性债务治理的要求

从国家安全的角度看，地方政府隐性债务的化债不仅是经济问题，也是社会和政治问题。因此，在化债过程中，应当注意以下原则：

第一，坚持以人民为中心。以人民为中心是中国特色社会主义的本质要求。地方政府隐性债务治理过程应体现以人民为中心的思想，避免因过度追求化债速度和政绩而造成衍生风险，如化债不实、城投转型过于激进、破坏市场化融资规则、损害债权人合法利益、风险过度向金融体系转移等。

第二，坚持改革创新。改革创新是国家适应时代变革和环境变化，通过突破思维和制度障碍，探索新理念、新方法和新制度，提升国家治理能力的过程。地方政府隐性债务治理也要改革创新，具体而言，一是要突破思维定式和行为惯例。政府应该在地方政府隐性债务治理中树立正确的观念和态度，把地方政府隐性债务看作一种经济问题而非政治问题，把地方政府隐性债务看作一种风险管理而非危机应对等。同时，政府应该在地方政府隐性债务治理中采取灵活的策略和方法，如根据不同地区、不同类型、不同阶段的地方政府隐性债务情况，制定差异化、分层次、分步骤的地方政府隐性债务治理方案等。二是突破工具选择和手段运用。政府应该在地方政府隐性债务治理中拓展相关的工具库和手段库，制定一揽子化债方案，运用市场化、多元化、专业化的工具和手段，结合地方政府隐性债务的特点和需求，为地方政府隐性债务治理提供灵活化的偿还方式和解决方案。

第三，坚持法治保障。法治保障是指国家在制定和实施各项政策和措施时，遵循法律的原则和规范，保证法律的权威和效力，维护法律的公正和尊严的过程。地方政府隐性债务治理也需要有强有力的法治保障，既要坚持依法行政，又要推进法治建设。具体而言，就是要在治理过程中严格遵守宪法和法律，规范地方政府的举债行为和责任；要在治理结果中有效运用法律手段，解决地方政府隐性债务的纠纷和问题；要在治理方式上不断完善法律制度，建立地方政府隐性债务的预防和化解机制。

6.2.4 国家安全视角下地方政府隐性债务风险化解的原则与路径

6.2.4.1 国家安全视角下地方政府隐性债务风险化解的原则

地方政府债务的化解是一项涉及安全与发展的系统工程，牵涉到财政、金融、税务等各个政府部门，关系到产业转型与经济发展的方方面面。地方政府隐性债务的风险化解目标是实现地方政府隐性债务的有序化解，维护国家安全和社会稳定。为了达到这一目标，需要遵循以下原则。

（1）稳中求进原则。地方政府隐性债务的风险化解需要在保持经济社会稳定的前提下，稳妥化解隐性债务存量，实现债务人、债权人合理分担风险,防范"处置风险的风险"。避免在化债过程中为了达到目标而过快化债或者化债不实等现象。由于隐性债务问题涉及很多深层的体制与机制问题,因此成功化解隐性债务风险是一个系统性工程,不可能一蹴而就,要做好打持久战的准备。

(2) 分类指导原则。地方政府隐性债务的风险化解需要根据不同地区和项目的实际情况,采取不同的指导策略和支持措施,实现有针对性和有差异性的指导。具体来说,需要根据各地区经济发展水平、财力状况、债务规模等因素,将各地区分为重点化解区、积极化解区、稳妥化解区等,同时,根据各项目投资规模、运营状况、偿债能力等因素,对各项目分别采取不同化解方式,并制定相应的指导意见和支持政策。

(3) 系统思维原则。地方债政策应兼顾发展与安全双目标底线,一方面要综合考虑政策实施的成本与收益,不能只关注收益而忽视成本;另一方面要兼顾双重目标,在防范债务风险时给地方发展留有余地,在发挥地方债功能时也要考虑风险底线,避免单一决策思维可能造成的目标冲突,实现高质量发展与高质量安全的耦合共进。此外,为避免不同政策之间因缺乏联系和沟通而产生合成谬误、分解谬误的问题,还需要实现协同治理[①],包括政策与改革协同、不同政策之间的协同和不同主体之间的协同。通过建立共识,形成联合力量,稳定预期,共同促进发展与安全。

(4) 风险分担原则。地方政府隐性债务的风险化解需要建立合理的风险分担机制,平衡各方的利益和责任,实现从单方承担到多方分担的转变。具体来说,需要明确地方政府隐性债务的法律效力和责任主体,规范地方政府与金融机构或社会资本的合作关系和风险分担方式,防止地方政府隐性担保或承诺,避免金融机构或社会资本盲目追求利益;需要明确中央和地方政府的财政责任、中央政府的支持力度,避免中央过度干预或过度救助,同时避免地方政府抱有兜底期望;需要明确社会公众的知情权和监督权,规范地方政府隐性债务的信息披露和社会评估方式。

---

① 刘尚希. 避免政策的"合成谬误""分解谬误"[N]. 北京日报,2022-05-16.

6.2.4.2 国家安全视角下地方政府隐性债务风险化解的短中长期路径

隐性债的产生及发展有着复杂的体制机制问题，问题的解决不可能在短期内一蹴而就，突击式化解只能治标而不能治本，还会影响国家安全从而引起社会动荡，因此必须短期、中期、长期多措并举，才能从根本上解决问题。

（1）短期：注重风险防控，内外寻找化债突破口。

一是内部开源节流提高偿债能力。一方面要积极开源，积极盘活地方存量资产，推动闲置低效资产改造与转型，引导国有企业发挥资本投资、运营公司的功能作用，为地方政府提供中长期资金支持。另一方面要坚决节流，坚决遏制无序举债搞建设的行为，遏制新增地方债务投入政绩项目的行为。同时要从严控制一般性支出，重点保障基层运转和公共服务，继续加强三公经费管理，根据地方城镇居民年均收入合理调整地方公职人员薪资待遇和福利待遇，减轻地方财政负担[①]。

二是运用系统性思维合并监管债务。稳步推进地方政府隐性债务和法定债务合并监管，从整体上把控政府直接或间接连带责任，统筹安排好经济社会发展中的诸多事项，提升公共经济资源的使用效率。在合并监管中，要树立整体系统性思维，其一，将隐性债务和法定债务放在经济社会发展总体中去考虑，不管债务性质如何，都可能给地方政府带来直接或间接连带责任和发展压力。合理认识债务问题，既要考虑地方政府债务的总量，又要分析隐性债务和法定债务的结构，以及由此产生的债务资金的使用效率和经济发展的成本问题。其二，处理好经济社会发展与地方政府债务的关系，综合判断债务风险。立足于国民经济和社会发展的整体，从发展阶段、债务资金、债务利息、财政资金以及国有资源资产状况等角度，用一系列指标来判断地方政府债务的风险和安全性。其三，化解地方债务存量，要在"经济发展和资本流动"中解决问题和调整债务结构，运用

---

① 刘哲. 地方政府债务风险研判及化解路径 [J]. 国家治理，2023（15）：22-27.

好市场及相关的资本工具，不能搞运动式、一刀切式的削减方式①。

三是在化债的方式上分类施策。因各地隐性债务形成的原因不同，偿债的能力也有差异，应实事求是，不搞一刀切。地方统筹资源化债主要适用于地方财力充裕的省份，地方债务压力较大的省份，财税资金、优质资产往往有限。故而未来地方统筹化债或是一揽子化债框架中的组成部分，更多扮演辅助化债的角色。债务置换主要针对的是中西部偿债能力弱的省份的第一类债务。金融还债（债务展期、重组、借新还旧等）、债务置换也受到财政纪律的约束。对于存量债务多的省份而言，可以用好国企资源开展市场化债，合理推进股权划转及信保基金设立。我国国企总资产规模庞大、增速较快，如上海、山东、山西、陕西、河南等地有丰富的省属发债国企资源，以上优势地区可合理有序划转国企股权，缓解平台债务压力。此外，加快建立地方政府偿债备付金制度。2021年国务院出台的《关于进一步深化预算管理制度改革的意见》（国发〔2021〕5号）提出，鼓励地方结合项目偿债收入情况，建立政府偿债备付金制度。此后，海南、青海、河南、郑州、天津等地在专项债领域对偿债备付金制度进行了规划部署，财政部也发文支持深圳建立该制度，防范专项债券兑付风险。2023年6月，《第十四届全国人民代表大会财政经济委员会关于2022年中央决算草案审查结果的报告》再次建议建立政府偿债备付金制度。目前各地政府偿债备付金制度的探索主要在于防范地方政府专项债券兑付风险，在显隐性债务合并监管的框架之下，可尝试研究地方政府偿债备付金偿还隐性债务的可行性。一是研究用偿债备付金直接偿还隐性债务；二是用偿债备付金对地方国企信用保障基金出资，救助出现流动性风险的区域重要城投企业。

四是强化各类主体问责。中央应健全地方政府举债行为的制度约束，督促其依法、合理、科学举债，加强动态监管，对地方政府债务资金的使

---

① 陈龙. 隐性债务和法定债务合并监管有效阻断政府债务风险传递［N］. 学习时报，2023 - 04 - 12.

用情况和项目建设情况进行实时跟踪，防范挪用、浪费专项债资金的问题，同时加强对城投企业的综合治理，尤其是坚持隐性债务遏增化存原则不动摇，落实对城投举债的分类严格管控。对于违法违规举债的案例，由当地纪委监委处罚、当地政府通报，压实地方政府责任，并加强对时任责任人的处罚，严格落实终身问责、倒查责任的机制。此外，加强地方人大在地方债监督中的作用。规范人大审查监督政府债务的内容和程序，加强人大对政府债务风险管控的监督和问责，包括对以政府投资基金、政府和社会资本合作（PPP）、政府购买服务等名义变相举债行为的监督，以及对政府通过地方国有企业变相融资行为的监督。

（2）中期：加大体制改革力度，从根源上解决债务问题。

一是建立地方政府的财政收支平衡机制。随着 2022 年 6 月《关于进一步推进省以下财政体制改革工作的指导意见》的公布，省以下财政体制改革正式启动。通过建立健全省以下财政管理体制，逐步厘清省以下地方政府的事权及支出责任，进一步增强地方政府收入与支出的匹配度，同时坚持"钱随事走"，严控上级政府"点菜不买单"，从而缩小地方政府的纵向财政缺口，这是解决地方政府隐性债问题的根本之举。同时也要高度重视减税降费政策对地方财政造成的巨大压力，进一步构建和完善中央财政对地方减税降费的补偿机制，使地方财力能更好地匹配其支出责任。

二是以数字化改革助力政府提升履职效能。地方政府应当利用数字政府改革的契机，加快职能转型，将数字技术内化于改革中，通过对政府管理的流程优化、模式创新、制度规则再造与组织形态改革，提高政府行政效率，从而减少行政支出。

三是健全官员考核体系，引导政绩观转型。引导官员树立正确的政绩观，政绩行为要兼顾眼前与长远利益，实现显绩和潜绩的辩证统一，避免在传统政绩观下官员因一味追求政绩而过度举债的短视行为。

四是探索用股权财政替代土地财政。股权财政是指政府通过参与或引导社会资本投资于具有核心竞争力的高新产业，实现国有资产的增值和收益，从而增加财政收入的一种方式。此策略对于推动经济结构转型与升级、重塑税基和产业构成，以及缓解地方政府财政资源与职责不匹配引发的财政收支矛盾具有显著作用。未来应引导基金的募资对象转向 PE/VC 投资机构、主权财富基金、高净值个人等风险承担能力与投资项目更匹配的投资主体。同时，应适当放宽对返投比例、注册地等方面的限制，逐步将更多决策权转移给市场主体[①]。

（3）长期：聚焦于改革深化，高质量发展做大蛋糕。从长期来看，应在国家安全的前提下，聚焦于全面深化改革，促进经济高质量发展、财政蛋糕做大做实，通过扩大分母来降低整体杠杆率，将债务风险控制在安全线内。如果经济增速显著下降，债务问题将会迅速恶化。因此，在长期，要在加快供给侧结构性改革的过程中形成地方举债长效机制，实现地方财政收支高质量发展。

---

① 资料来源：罗志恒的《何为股权财政？能否接替土地财政？》一文。

第7章
财政投资与国家安全

7.1　我国财政投资的现状与问题

一般而言，从狭义的角度讲，财政投资是指政府为实现一定的产业政策和财政政策目标，通过财政拨款，或者以国家信用方式把各种闲散资金，特别是民间的闲散资金集中起来，根据经济和社会发展计划，在不以营利为直接目的的前提下，采用直接或间接贷款方式，支持企业或事业单位发展生产和事业的一种资金活动。广义的财政投资还包括对教育、科技、文化等非生产领域的投资。财政投资由于能够发挥引导资源配置、弥补市场机制的不足、平抑经济波动和提升国家竞争力等作用，是在市场经济条件下各级政府调节经济社会发展的重要手段。改革开放以来，我国财政投资领域进行了一系列重大改革，促进了社会主义市场经济的发展。

7.1.1　财政投资现状分析

从投资资金来源出发，截至2023年，我国社会固定资产投资总额达到约509707亿元，其中国家预算内资金约为5000亿元[①]。国家预算内资金仅占全社会固定资产投资总额的9%，国内银行贷款资金占投资总额的15%，自筹资金占投资总额的72%。在财政收支存在较大矛盾时，各级地方政府的预算内投资金额相对有限，多数运用地方债的方式进行融资，而且随着地方政府融资规模的扩张，融资来源结构逐渐多样化，通过地方债务、PPP模式等方式，地方政府在基础设施和社会服务等领域积极进行投资。根据《2023年地方财政预算执行报告》，截至2023年12月末，全国地方政府债务余额407373亿元，控制在全国人大批准的限额（421674.3亿

---

① 数据来源：《关于2023年中央和地方预算执行情况与2024年中央和地方预算草案的报告》。

元）之内。其中，一般债务 158688 亿元，专项债务 248685 亿元；政府债券 405711 亿元，非政府债券形式存量政府债务 1662 亿元。其中很大比例用于基础设施建设和社会服务的投资。这些财政性投资不仅推动了地方经济的发展，也在一定程度上增强了地方对国家安全的支撑能力。

近年来，随着国家对经济结构调整和社会发展的重视，财政投资在许多关键领域得到显著加强，尤其是在国家安全领域。国家安全涵盖国防、公共安全、科技安全、网络安全等多个方面，其重要性不言而喻。财政投资在这些领域的投入，既是保障国家安全的重要手段，也是推动国家长远发展的基础。

在国防方面，我国财政投资持续增长。根据《2023 年中国国防白皮书》，2023 年中国的国防预算为 1.5537 万亿元，占 GDP 的比重约为 1.25%，国家在国防建设方面的投入持续增加[①]。财政投资的增加主要集中在武器装备的现代化、军队人员的待遇提升以及军事科技的发展等方面。这些投资有助于提升国家的军事现代化水平，确保国家在面对现代战争挑战时具备足够的防御能力。武器系统的现代化和军队训练的提升，是提高国家防御能力的关键因素。

除了传统的国防投资，网络安全和科技安全也成为财政投资的重点领域。随着全球网络攻击事件频发，网络安全问题日益严峻。例如，2024 年 7 月 19 日美国网络安全企业"群集打击"（CrowdStrike）软件出现问题，引发操作系统蓝屏、全球宕机，此次微软蓝屏事件波及多个国家地区，影响全球近千万台使用 Windows 的设备，导致航空公司、银行、电信公司和媒体、健康医疗等各个行业陷入混乱。我国的公共服务，如航班、高铁、银行服务等，在此次事件中未受影响，保持了正常运作。此次全球蓝屏事件凸显了网络安全的重要性，提醒我们加强网络安全建设，减少对外部技术的依赖，确保关键基础设施的稳定运行。我国政府认识到网络安全的重要性，不断加大对网络安全基础设施的投入。2023 年，中国政府

---

① 数据来源：财政部 2023 年政府预算草案报告。

投入了近 500 亿元用于网络安全技术的研究与开发,以及网络安全防御体系的建设。财政投资提高了国家网络安全防护能力,保障了国家的信息安全和数据安全,成为保障国家安全的重要举措。

在科技安全方面,近年来的财政投资也有所增加。2023 年,全国全年研究与试验发展(R&D)经费支出 33278 亿元,比上年增长 8.1%,与国内生产总值之比为 2.64%,其中基础研究经费 2212 亿元,比上年增长 9.3%,占 R&D 经费支出的比重为 6.65%。政府科研和开发机构研究与试验发展资金经费支出 2996.20(亿元)。截至 2023 年末,纳入新序列管理的国家工程研究中心 207 个,国家企业技术中心 1798 个。国家科技成果转化引导基金累计设立 36 只子基金,资金总规模 624 亿元。国家级科技企业孵化器 1606 家,国家备案众创空间 2376 家[①]。财政投资不仅用于科研基础设施建设,还用于高科技研发和技术创新。这些投资对于推动科技进步、保障科技领域的自主创新能力至关重要。科技安全的保障有助于防范技术泄密及技术竞争带来的潜在风险,确保国家在全球科技竞争中的领先地位。

公共安全领域的财政投资也同样重要。近年来,自然灾害和公共卫生事件频繁发生,对国家的公共安全提出了更高的要求。2020 年新冠疫情暴发后,国家迅速投入了超过 500 亿元用于疫情防控,包括医疗资源的扩充、疫苗研发和公共卫生系统的建设。这些投入不仅有效地控制了疫情蔓延,也提高了国家在应对突发公共卫生事件方面的能力,展现了财政投资在公共安全领域的关键作用。

总体而言,财政投资在国家安全领域发挥了不可替代的作用。从国防到网络安全,从科技安全到公共安全,财政投资的每一笔投入都在为国家的长治久安和可持续发展提供坚实的基础。随着国际形势的变化和国内发展的需求,财政投资在国家安全领域的比重和重要性将进一步提升,为经济社会发展提供了更加有力的支持。未来,国家需要继续优化财政投资结

---

① 数据来源:国家统计局《2023 年国民经济和社会发展统计公报》。

构,加大对国家安全领域的投入,确保各类安全风险得到有效管理,为国家的长期稳定和繁荣奠定坚实基础。

7.1.2 财政投资存在的问题

我国在财政投资领域尽管近年来取得了显著成效,但仍然存在许多亟待解决的问题。这些问题在国家安全领域尤为突出,对我国整体安全保障能力和经济可持续发展产生了深远影响。

7.1.2.1 财政投资范围界定较为模糊,存在缺位、越位现象

市场与政府在投资领域的界限划分不够清晰,这导致财政投资在一些应由政府主导的公益事业、公共服务和基础科研等领域存在不足的情况,而在见效快的领域则出现过度的情况。特别是一些地方政府,为追求短期经济效益,快速回收投资,保障资金安全,往往倾向于在交通、能源、水利、城市基础设施等领域进行过度投资,忽视了对涉及经济稳定、社会稳定、科技自主等关键领域的投入。这类项目往往能在短期内增加地方GDP和就业率,从而提升地方政府的政绩,但同时也极大挤占了对社会保障、粮食安全、环境保护和基础科研这些对国家长远安全至关重要的领域的投资。这种投资范围界限的模糊,导致了国家安全相关领域的投资严重不足,影响了国家整体安全保障能力。应重新评估和优化财政投资结构,明确投资重点,特别是要增加对社会保障、粮食安全、环境保护和基础科研等关键领域的投资力度。同时,应采用更为科学的投资评估机制,加强项目的后评估和监督,确保财政资金的使用效率和效果,从而真正达到促进社会公平、经济稳定与环境可持续发展的目标。社会保障、粮食安全、环境保护和基础科研等关键领域的财政投资主要问题如下。

一是社会保障领域。社会保障是维护社会稳定和谐的基石,完善的社会保障体制机制建设可以减少社会不平等,提高民众的生活质量,从而增强社会稳定性。然而,2023年的数据显示,我国社会保障支出在财政总支出中的比例仅为15%，相比于发达国家20%—30%的标准，明显偏低。

二是粮食安全领域。粮食安全是国家安全的基本保障。当前，我国虽然总体粮食生产稳定，口粮供给基本自主，但仍存在粮食储备机制不完善、单项粮食（如大豆等）过度依赖进口等问题。粮食安全的投资不足会导致国家在遇到自然灾害或国际市场波动时面临粮食供应挑战。根据2022年的数据，我国农业研发投资占农业总投资的比例仅为4%，远低于美国的20%。

三是环境保护领域。环境保护对国家的可持续发展和民众健康至关重要。随着经济的快速发展，环境污染和生态破坏问题日益严重，生态安全保护涉及多地区、多部门，具有较强的正外部性，需要更多的财政投资用于环境保护和生态修复。然而，我国环境保护的财政投资仍不足，环境保护部门的财政资金不到总财政支出的2.1%，远低于欧盟国家的平均水平（10%）。

四是基础科研领域。基础科研是推动国家长期发展和科技创新的重要力量。尽管我国近年来在科研方面取得了显著成就，但与发达国家相比，科研投资仍然不足。特别是在基础科研领域，往往投资大、见效慢，且随着科学技术不断发展，一些重大科研基础设施需要投入大量人力、物力是一国综合国力的集中体现，必须通过财政投资方能完成。2023年我国科研经费总投入占GDP的比例约为2.5%，而美国、日本等国家则超过3%。科研投资的不足限制了我国在高新技术和关键技术领域的竞争力。

7.1.2.2 财政投资监管机制不健全，投资产出效益较低

当前，财政投资的相关监管机制发展滞后，这直接限制了投资的产出效益和财政资金的有效利用。主要问题包括投资项目缺乏长期规划和科学论证、项目管理透明度不足、监管缺位以及财政绩效约束不严格等。这些问题不仅降低了财政投资的效率，还可能对国家的经济安全和稳定构成威胁。这些问题具体如下。

一是缺乏投资项目长期规划和科学论证机制。许多地方政府启动的财

政投资项目缺乏前期的详细规划和科学的可行性论证。在项目决策过程中往往忽视了深入的市场调研和长远的经济效益分析，导致一些项目在建设后无法达到预期的社会和经济效果，甚至导致"大而不当"的投资浪费。一些地区为了追求政绩和短期 GDP 增长，盲目建设了大量的基础设施和公共设施，这些项目不仅资金回收周期长，而且实际利用率低，严重浪费了有限的财政资源。

二是项目管理透明度不足，监管缺位。财政投资项目的管理透明度普遍不足，信息公开不全面限制了财政监督的有效性，同时也为各种内部人问题提供了滋生土壤。现有法制建设在地方投资平台的监管方面存在缺位，使得监管机构在实际操作中缺乏明确的监督主体和监管依据，出现"人人管等于没人管"现象。

三是债务约束不严格，地方政府性债务过度扩张。2023 年的数据显示，地方政府债务余额已达 40.7 万亿元①，债务负担的快速增长对财政的可持续性构成了严重威胁。特别是地方融资平台债务无序扩张，虽然在带动经济发展、促进上下游行业联动等方面发挥了重要作用，但也导致存量债务的大量累积。这种无序扩张的债务加大了财政的还债压力，是当前地方政府财政困难的重要原因之一，不仅使财政领域存在威胁整体经济运行安全的重要风险点，也极大限制了政府在涉及国家安全的关键领域的投入能力，以及应对其他紧急事务的能力。

财政投资监管机制的不健全会对国家安全造成较大不利影响。财政资源的浪费降低了国家的资源配置效率，限制了国家对国防安全关键领域，如教育、医疗和基础设施的投资能力。项目管理的不透明和监管的缺位提供了腐败温床，损害了党和国家在人民群众中的公信力和在国际上的国家形象。而与之伴生的地方政府性债务无序扩张可能触发财政危机，影响国家的经济稳定和长期发展。为了解决上述问题并提升财政投资的效率和安全性，应采取综合措施加强项目前期的市场和财务分析，确保每个财政投

---

① 数据来源：国务院关于 2023 年中央决算的报告。

资项目都基于充分的事实和长期规划。提升项目透明度和公众参与，通过建立开放的信息公开平台，增强公众和媒体的监督能力。建立和完善财政绩效评估机制，定期对项目进行绩效评估，并根据评估结果调整项目管理策略和资金分配。通过法律和政策手段限制地方政府过度借债，建立健全地方债务管理和风险预警系统，从而有效控制地方政府债务的无序扩张。

7.1.2.3 资金来源较为单一，融资模式较为单调

在当前的财政投资体系中，由于受到传统历史条件的影响，我国地方政府在项目融资时主要依赖于债务融资与财政性资金这两种传统形式。债务融资单一渠道规模过大和过于集中，阻碍了融资渠道的拓展。下面列举几个主要方面。

一是财政性资金。财政投资中的财政性资金来源包括中央和地方的预算内资金以及各种政府基金，以及以上述财政收入为偿还来源而发行的国债和各类地方政府债券。这种资金来源直接受政府预算和财政状况的限制，其稳定性和可持续性依赖于政府的财政健康状况。财政性资金受到经济周期和政府财政状况的直接影响，其不稳定性可能导致项目资金的不连续性，影响项目的正常进行。

二是PPP（公私合作）模式。PPP模式是近年来推广的一种融资方式，旨在引入私人资本参与公共项目的建设和运营，利用私部门的效率优势来提高项目的财务和运营效率。然而，PPP项目的风险分配、合同执行和监管不足等问题频发，影响了其广泛应用。PPP模式在理论上是解决公共资金不足问题的有效途径，但由于缺乏合理的风险分配机制和监管框架，实际效果常常不如预期，甚至增加了项目的复杂性和不确定性。现阶段PPP融资模式应用体系还不完善，忽视顶层设计工作，在PPP融资模式推广和应用方面理论认知与预期差距较大。如果不能第一时间认识到这些问题的严重性，就会出现地方政府单纯地将PPP融资模式作为依据的情况，甚至会忽视社会资本引入对投资效率的影响，不利于社会资本经营风

险管控工作。

单一和传统的融资模式对国家安全构成多方面威胁,包括经济系统的脆弱性增加、政治不稳定以及社会服务中断等问题,这些都可能影响国家的经济安全、政治稳定和社会安全。为应对这些挑战,建议地方政府多元化融资渠道,如开发资本市场融资和吸引外部投资者;完善PPP模式,通过加强项目的顶层设计、明确风险分配机制,并增加透明度和加强监管,确保其有效性;同时,建立健全地方债务管理体系,确保债务的可持续性。通过这些综合措施,可以改善融资结构,增强财政的可持续性,促进经济健康发展,从而保障国家经济安全和社会稳定。

7.1.2.4 财政投资与维护国家安全衔接不足

在当前全球化和地缘政治的背景下,国家安全已成为各国政府高度关注的核心议题。然而,在我国的财政投资实践中,存在着与维护国家安全衔接不足的显著问题。这主要体现在以下几个方面。

一是缺少财政投资对国家安全效果的评价和考核机制。财政投资在促进国家安全方面缺乏专门的评估和监督机制。目前,我国对于财政投资项目的评估多集中于经济效益,如投资回报率、经济增长贡献等,而对财政投资对国家安全的直接和间接影响评价不足。例如,针对基础设施建设、高科技产业发展等领域的投资决策,往往未将国家安全因素纳入考量范畴。这种偏重经济效益而忽视安全的现象,可能导致潜在的安全风险。

二是政府在财政投资决策中对国家安全认识不足。当前,我国政府,特别是地方政府缺乏有效的政绩考核激励机制,在推进财政投资项目时,往往更多地考虑地区经济发展和短期政绩,而对国家安全的理解和重视不够。这种现象在一定程度上导致了财政投资与国家安全战略之间的脱节。政府在财政投资决策过程中可能忽视投资项目在增强国家安全、应对潜在威胁方面的重要作用,如在关键信息基础设施、能源安全、基础科研、民生兜底等方面的投资不足。

三是财政投资在促进军民融合发展方面的力度不够。军民融合发展是指国家战略层面上将军事和民用资源、技术、产业进行整合的一种发展模式。这种模式旨在通过资源共享、技术互通和政策协同，实现军事力量和经济发展的双重提升，增强国家的综合国力和国防实力。军民融合不仅涉及技术和产品的双向转化，也包括人才、信息、管理等多方面的深度融合。尽管军民融合已被视为提升国家竞争力的重要战略，但在实际操作中，财政投资在推动军民融合发展方面存在一些不足，例如，资金支持不足，难以满足广泛的需求；政策欠缺连贯性，部门协调机制不健全，缺乏统一的指导，影响资源分配和项目推进效率；技术转化和应用瓶颈尚未打通，制约了军民融合发展的深度和广度。

四是国际合作与投资安全审查机制不完善。随着我国对外开放程度的不断提高，国际合作在财政投资中占据了越来越重要的地位。然而，当前的投资安全审查机制尚不完善，对于涉外投资项目的国家安全影响评估不够深入。这可能导致外资参与的关键领域项目存在安全漏洞，增加了国家安全的外部依赖和风险。

为加强财政投资与国家安全衔接，应当探索建立财政投资国家安全评估体系，通过制定详细的指标和标准，定期对财政投资项目的国家安全影响进行评估和审查。加强政府各部门的国家安全教育和培训，提高政策决策者对国家安全重要性的认识，并确保在财政投资决策中充分考虑国家安全因素。推动制定军民融合的财政支持政策，鼓励和引导民间资本参与国防和军队建设，加强军民资源的互补和共享。完善安全风险管理和国际合作审查机制，建立健全财政投资项目安全风险管理框架，并加强对涉外投资的安全审查，确保国家安全不受威胁。

7.2 我国财政投资与国家安全发展

2014年4月15日，习近平总书记在中央国家安全委员会第一次会议上提出了以人民安全为宗旨，以政治安全为根本，以经济安全为基础，以军事、科技、文化、社会安全为保障，以促进国际安全为依托的总体国家安全观。总体国家安全观极大突破了国家安全的传统定义，极大丰富了国家安全的内涵，深刻揭示了国家安全的总体性、全局性，要求把一切可能影响国家安全的风险纳入视线，既加强政治、经济、军事、国土等传统安全，又防控好生物、数据、人工智能等非传统安全风险，实现各领域安全统筹治理、共同巩固。总体国家安全观是我们理解财政投资与国家安全关系的思想基础。

我国财政投资在国家安全发展中起着至关重要的作用。财政投资是国家安全发展的重要保障。财政通过投资建设基础设施、研发高新技术、提升国防实力等方式，为国家安全提供了坚实的物质基础和科技支撑。例如，财政在航天、网络安全、海洋等领域的投入，不仅提升了我国的科技实力，也为维护国家安全提供了有力保障。我国的航天事业取得了一系列重大成就，如嫦娥五号月球探测器的成功返回、天问一号火星探测器的成功着陆等，这些都是我国财政投资的成果。财政投资也是推动经济社会发展的重要手段。国家通过财政投资，可以引导和激励社会投资，推动产业结构调整和升级，促进涉及国家安全的关键产业发展，在确保经济安全的同时有力支持国土安全、军事安全、科技安全，从而为维护国家安全提供强大、坚实的物质基础。此外，财政投资还可以通过改善民生、保障就业、提升公共服务水平等方式，增强人民的获得感、幸福感、安全感，维护社会稳定，保障政治安全、文化安全、社会安全。总的来说，我国财政投资在国家安全的各个领域中均发挥着不可替代的作用。在未来，我国政府应当进一步发挥好财政投资的杠杆作用，优化支出结构，提升投资绩效，以更好地服务于国家安全和发展大局。

7.2.1 增加投资，促进国防现代化和安全发展

财政对国防领域和军事工业领域的投资，是财政投资服务于国家安全

最直接的途径。其重要作用体现在以下几个方面。

一是提升军工产业发展。国家通过财政直接投资和引导社会参与等方式，加强军事工业产业发展，是国防现代化建设的重要组成部分。在财政投资持续支持下，我国军工产业获得长足发展，新技术，如无人机、人工智能等在军事领域的应用，为军队采购先进武器系统、升级现有装备、提升战斗力提供了坚实保障。同时，财政对军事工业的投资不仅提升了国防实力，也推动了高新技术的持续开发和应用。

二是支持国防基础科研。财政投资对国防科技研发的支持，是提升国家安全的关键。通过资助国防科研项目，政府可以确保国家在关键技术领域，如航空航天、网络安全、高精度导航系统等保持领先。这些投资不仅促进了科技创新，还有助于增强国家战略科技力量。

三是促进军民融合。政府的财政投资还可以促进军民融合发展战略的实施。军民融合战略旨在促进军事和民用科技领域的资源共享和技术互通，形成军民融合深度发展格局，构建一体化的国家战略体系和能力。通过支持军用技术的民用化以及民用技术的军事应用，不仅可以提高军事效能，还能激发民间科技创新和产业升级，实现经济实力和国防实力同步提升。

四是强化国防教育和人才培养。财政投资在教育和人才培养方面同样关键，特别是在国防教育和专业人才培养上。政府可以通过投资国防科技大学、军事学院以及与国防相关的研究机构，培养高水平的军事和技术人才，这对于增加国防实力和技术创新至关重要。

7.2.2 增加财政投资，提升国家安全相关基础设施水平

基础设施是经济社会发展的重要支撑，是我国宏观调控的重要工具。统筹好基础设施投资稳增长、调结构、增潜能的关系，实现跨周期和逆周期宏观调控有机结合，是提升基础设施投资效率、增强基础设施投资增长可持续性的关键。财政基础设施投资不仅对经济发展起了推动作用，还直

接关系到国家安全和社会稳定的多个层面。

自改革开放以来,我国财政基础设施投资整体保持快速增长。1981—2002年,我国基础设施投资规模从127亿元增加至9698.6亿元,年均复合增长22.9%,在全社会固定资产投资中的占比从19.9%增加至1999年的47.5%,之后逐渐下降至2002年的39.7%。2003—2017年,基础设施投资整体依旧保持快速增长,年均复合增速为17.3%。基础设施投资在全社会投资中的占比从2003年的29.2%波动下降至2012年的21.2%,后逐渐回升至2017年的27.6%。2018年开始,受地方政府债务风险累积以及规范地方政府投资行为的影响,基础设施投资增速出现断崖式下滑,2018—2021年,基础设施年均复合增速仅为2.2%。2022年,受积极财政政策和扩大有效投资政策推动,基础设施投资增速达到11.5%,规模约为15.2万亿元,在整体投资中的占比跃升至26.5%。通过财政投资建设完善的交通网络不仅促进了经济发展,还对应急救援、军队调动等提供了保障。高速铁路网的建设使得紧急物资运输和军队调动更加高效,提升了国家应对突发事件的能力。

财政投资在基础设施投资领域的重要作用,是由这些基础设施自身的经济特性决定的。大型基础设施区别于一般商品的特点,使其必然需要政府通过财政投资提供。

一是基础设施的非排他性和非竞争性。非排他性意味着无法阻止任何人不付费而使用该物品,而非竞争性则意味着一个人的使用不会减少其他人的使用效用。关键基础设施,如道路、桥梁、公园和防洪系统,通常都具有这些特性。例如,公路建成后,任何人都可以使用,而一个人的使用通常不会妨碍另一个人同时使用。由于这种非排他性和非竞争性,私人在提供这类公共物品时往往无法获益。私人企业难以从中直接获得足够的利润,因为无法有效地向每个用户收费。因此,这种类型的基础设施需要政府介入,通过财政投资来建设和维护,以确保社会整体福祉和经济效率。

二是基础设施的正外部性。外部性是指一个经济行为对未直接参与该行为的第三方产生正面或负面影响。关键基础设施的建设和维护常常带来显著的正外部性，例如，良好的交通网络可以提高商业效率，减少通勤时间，降低事故率，这些都是对社会有益的正面效应。然而，私人企业在决策时可能只考虑直接的私人收益，而忽略或低估其对社会的广泛利益，从而导致这类项目的供给不足。政府通过财政投资可以补贴这些带有正外部性的基础设施项目，从而实现内、外部利益统一，确保社会总福利的最大化。这种投资不仅能提升基础设施的质量和覆盖范围，还能间接促进经济增长和社会稳定。

三是基础设施领域的自然垄断。自然垄断是指由于行业的技术或市场条件（如高固定成本和规模经济），一个生产者比多个生产者更能有效地提供商品或服务的情况。许多关键基础设施项目，如供水、电力和公共交通系统，都具有高昂的初始建设成本和相对较低的边际运营成本，这使得在这些领域形成自然垄断成为可能。在自然垄断的情况下，如果由私人企业提供服务，可能会导致价格过高和服务质量下降。政府通过财政投资可以控制这些基础设施的建设和运营，保证服务的普遍可及性和质量，同时避免因垄断产生价格歧视。

具体而言，我国对基础设施建设的财政投资可在以下领域对国家安全发挥关键作用。

一是交通运输网络。交通运输网络是国家运作的动脉，包括公路、铁路、航空和水运等。这些网络不仅支持经济活动的高效运行，还确保在国家紧急情况下，如发生军事冲突或自然灾害时，能快速有效地调动资源和人员。当前，我国的高速铁路网络已超过3万公里，成为世界上最长的高速铁路网络，这不仅促进了区域经济一体化，也极大提升了国家在紧急情况下的物资和人员调度能力。

二是能源供应体系。稳定的能源供应是国家安全的重要保障。政府投资于电网升级、新能源开发（如风能和太阳能）以及传统能源的安全生产，确保国家在面对能源市场波动或政治冲突时实现能源自给自足。当前，我国的"西电东送"项目通过高压电网将西部地区丰富的水电资源输送到能源需求更大的东部地区，有效平衡了全国的能源供需。

三是粮食收储制度与国家储备体系。粮食安全是国家安全的基本要素。政府通过建立粮食收储制度和国家储备体系，确保在粮食生产受到自然灾害或市场波动影响时，国家食品供应稳定。其中财政投资主要用于历年粮食收储政策执行、粮食储备库建设、粮食质量监控系统升级以及粮食储备转换率和效率提升等。例如，国家粮食和物资储备局定期轮换储备粮食，确保储备粮食的质量始终保持在一个安全和健康的水平。

四是提升应急管理能力。财政投资建设急救中心和防灾设施，如地震监测站、洪水控制系统，可以大幅提升国家对自然灾害的预警和应对能力。这些设施能够在灾害发生初期提供关键信息，减少人员伤亡和财产损失。此外，在现代应急管理中，信息技术的应用不可或缺。财政投资于智能化的应急响应平台，可以实现灾害信息的快速收集、分析和发布，提高应急响应的速度和效率。例如，通过卫星遥感和无人机技术，可以实时监控受灾害影响区域，优化救援资源分配。当前，我国地震预警系统已在多次地震中证明了其价值，通过提前几秒到几十秒的预警，使得人们有时间采取避险措施。

7.2.3 运用财政投资，保障经济安全

在当前日趋复杂的国际、国内环境下，财政政策的逆周期调节功能显得尤为重要。政府的财政投资不仅可以熨平经济波动，还能加强税基培育，提升财政自身的造血能力，降低宏观经济风险。此外，财政投资在支持关键产业发展中也起着决定性作用，通过直接投资和引导社会资本投资，促进国防安全、半导体、新能源和高端制造等行业的发展。

一是财政投资管控经济风险。一方面，财政逆周期投资是政府应对经济波动的重要手段。通过在经济衰退时增加投资，以及在经济过热时减少投资，政府能有效地"削峰填谷"，平抑经济波动。在经济下行阶段，私人部门的投资和消费往往会减少，这时政府通过增加基础设施和公共服务投资，可以刺激需求，保证就业，从而稳定经济。当经济过热时，政府通

过减少投资项目，可以有效避免资产泡沫和过度债务的风险，促进经济持续健康发展。此外，财政投资还可以通过支持不良资产处置等方式，推动金融风险问题妥善解决。另一方面，长期财政投资是应对当前经济波动的策略，更是一种加强税基、提升财政自身造血能力的战略。对教育、科技创新和基础设施等领域中能够带来高经济和社会回报的项目进行财政投资，不仅能短期内刺激经济增长，而且长期来看能增加税收，提高整个经济的生产效率。

从财政投资增速与全部投资增速、GDP 名义增速的关系看，1995 年以前，我国基础设施投资与整体投资增速、GDP 名义增速走势大体一致，具有明显的顺周期性。亚洲金融危机开始，财政投资增速与整体投资增速走势出现差异。当经济下行压力加大、产业投资下降时，财政投资增速逆势上扬，当经济出现过热迹象时则压减基础设施投资，财政投资"削峰填谷"、平抑经济波动的作用日渐凸显。1998 年，为应对亚洲金融危机，国家实施积极财政政策，连续 5 年累计发行 6600 亿元特别国债，用于水利、交通、通信、城市基础设施、城乡电网改造、中央储备粮库等基础设施项目。1998 年基础设施投资增速达 34.5%，高于全部投资增速 20.6 个百分点。2008 年底，为应对国际金融危机的不利冲击，我国推出总规模达 4 万亿元的一揽子刺激计划，其中，近 3 万亿元用于基础设施建设。2009 年，财政基础设施投资增速达 41.5%，同期全部投资增速仅为 25.7%。2012 年，为应对经济下行，国家陆续出台支持棚户区改造、铁路建设、信息消费、节能环保产业发展等调结构、稳增长的刺激政策，财政投资增速迅速由 2011 年的负增长回升至 2012 年的两位数水平，并持续至 2017 年。2022 年，财政投资在稳增长过程中也发挥了十分关键的作用。

二是财政投资对涉及国家安全的民用关键产业发展提供支持。随着科学技术在各国经济发展与产业竞争中的地位越来越重要，部分高科技产业的外部性可能使经济活动中的第三方利益受损（负外部性），也可能导致市场没有积极性提供正外部性产品。出于提高资源配置效率的考量，政府可通过投资补助、基金注资等方式合理干预外部性，使私人成本（或收益）与社会成本（或收益）趋向一致，促进正外部性产品的有效供给，减少负外部效应。从这个意义上看，对存在外部性的产业领域，通过有效的政府投资等方式和手段引导社会资本进入和投资，弥补市场在相关领域投资的不足，从而实现资源配置的最优化。

我国财政投资在推动关键民用产业发展中起到了核心作用，特别是半导体、新能源、高端制造等行业。半导体产业是现代经济的基石，关系到国家安全和经济独立性。政府通过财政补贴、税收优惠、研发支持等方式，激励企业增加对半导体研发和生产的投资。我国在"十四五"规划中，将半导体产业发展定为重点任务，通过设立国家集成电路产业投资基金（大基金），支持产业链的建设和技术进步。新能源产业的发展对于应对全球气候变化挑战，实现碳中和目标至关重要。政府投资于风能、太阳能等新能源项目，不仅可以减少对传统化石能源的依赖，还可以促进能源结构的优化和环境质量的提升。目前，我国已成为世界上最大的清洁能源市场之一，政府的政策支持和资金投入在这一过程中起到了关键作用。包括军工制造在内的高端制造业是提升国家工业基础和技术水平的重要力量。财政通过投资于智能制造、航空航天、高速铁路等领域，推动了制造业的升级和转型。这些行业的发展不仅提高了产品的附加值，还增强了国家的国际竞争力。

近年来，财政在相关领域投资模式创新的典型是政府引导基金和PPP（公私合作模式）。政府引导基金是创新财政资金使用、引导新兴产业发展、引导社会资本投入的重要方式。近年来，政府引导基金在全国各地呈现爆发式增长态势。据清科研究中心统计，截至2023年，我国累计设立政府引导基金2086只，目标规模约12.19万亿元，已认缴规模约7.13万亿元，其中，2023年新设立的政府引导基金有107只。从整体看，我国引导基金的设立步伐有所放缓，但资金到位率逐年提升，母子基金群预期放大后的总规模约为引导基金自身规模的4.5倍。截至2020年底，我国已设立的政府引导基金主要以产业基金为主，数量占比高达61.3%，目标规模及已到位金额占比分别为67.9%和68.8%。2023年，我国新设立的产业类政府引导基金有 96 只，占比 89.7%，同比增加 13.5 个百分点；已认缴规模约 2927.42 亿元，占比 93.9%，同比增加 14.3 个百分点。这些产业基金紧密结合当地产业布局，聚焦于高端制造、新材料、新能源、汽车芯片等现代产业集群发展以及重大项目招引；同时，部分基金明确跟随相关政策变化适时调整重点投资方向，充分促进地方产业结构优化升级，加快新旧动能接续转换。此外，2023 年新设立的创投类政府引导基金有 11 只，占比 10.3%，已认缴规模约 191.04 亿元，占比 6.1%。除了支持早期科创企业以外，通过促进人才集聚创新创业、推动科技成果转化等方式，积极发挥基金"以投促创"作用，引导社会资本"投早、投小、投科技"。从扶持方向看，新设立的产业基金围绕新兴产业、医疗、生态价值、文化、扶贫、人才建设等领域。从总体看，新设立的引导基金的扶持对象更有针对性，行业特色更明确。

PPP 模式是许多国家引导带动社会投资的通行做法，在我国也有 30 多年的发展历史，是一种被社会广泛认可的发展模式。根据《政府投资条例》等有关规定，政府投资资金主要投向现阶段市场还不能有效配置资源的领域。受财力因素约束，公共领域项目完全由政府投资是不现实的，对其中政府负有提供责任且适宜市场化运作的项目采取多种方式吸引社会投资就成为必然选择。PPP 项目的经济技术特征和营利性质决定了既不能让社会资本方获取暴利，也不能让其无利可图。为形成合理投资回报机制，政府往往通过在建设期采取资本金注入、投资补助或在经营期予以补助等方式，提高项目投资回报水平，增加对社会资本的吸引力。从已经落地的 PPP 项目情况看，完全靠使用者付费机制实现合理投资回报的项目占少数，绝大多数 PPP 项目涉及财政性资金投入。为减轻项目运营期间政府长期支出压力，国家鼓励各地在项目建设阶段加大资本金投入，并积极采取政府股权少分红甚至不分红等多种方式对项目予以支持。在政府一系列支持政策的作用下，2014 年以来，PPP 模式对激活民间投资活力、加强经济社会发展薄弱环节建设、促进投资体制改革发挥了积极作用。

总体而言，财政投资既是高速增长阶段要素驱动型增长模式的典型体现,也是宏观调控体系的重要组成部分,为我国经济社会持续平衡发展发挥了难以替代的积极作用。

7.2.4 财政投资兜底民生,维护社会稳定

财政投资在民生领域的重要性不仅体现在直接提升国民生活的质量上,更在于通过增强公共安全和实施有效的社会政策,维护社会稳定和谐。财政投资于民生领域是国家履行其基本职能的重要表现,直接关系到国民的基本生活质量和社会的整体稳定。当前我国财政民生支出占比已达财政总支出的七成以上。

财政投资于民生领域的作用主要在于以下几点。

一是为社会提供公共物品、准公共物品,解决民生产品的正外部性。教育、医疗、养老等领域的产品,往往具有典型的公共物品或准公共物品属性,或者存在显著的正外部性。因此,私人供给往往难以满足社会需要,资源配置无法实现最优化。政府投资于这些领域,可以保证基本公共服务的普遍可及,促进社会公平和稳定。例如,健康投资不仅提高了个人福祉,还能降低传染病的传播风险,减少公共卫生事件对经济的冲击。教育投资不仅可以提高劳动力的整体素质和劳动技能,还能促进技术创新和社会进步,从而增强国家竞争力。

二是促进经济可持续发展。从经济增长的角度看,人力资本的积累是推动长期经济增长的关键因素之一。政府对教育和健康的投资可以视为对人力资本的投资,这不仅能提高劳动生产率,还能促进创新和技术进步。此外,公共社会保障体系的完善能有效降低市场交易成本,提高市场效率,促进经济活动的开展和深化。

三是缩小收入分配差距,减少社会矛盾。财政投资于民生领域还关系到收入分配的公平性。通过提供基本公共服务,政府可以在一定程度上缩小收入和社会地位差距,减少社会不平等。例如,提供负担得起的住房和全民医保,可以保障低收入家庭的基本生活水平,增强社会的整体稳

定性。

民生领域的财政投资是实现社会经济目标的重要手段。这些投资不仅有助于提供公共物品和服务，解决市场失灵问题，还能通过促进人力资本积累和改善收入分配，推动经济持续健康发展和社会全面进步。政府的这种角色和行为在经济理论中得到了广泛的支持和验证，是现代国家治理的重要组成部分。通过财政近年来在民生领域的投资，我国有效减少了社会问题的出现，有力捍卫了社会安全，其作用集中体现在疫情防控和全面脱贫攻坚两个方面。

财政在公共卫生领域的投资包括医疗设施建设、优质医疗服务、疾病预防和控制等。例如，新冠疫情期间，政府迅速增加公共卫生投资，建设临时医院，购买医疗设备和物资，资助疫苗开发等，这些举措确保社会有充足的医疗资源来应对病例激增，加速了疫苗的研发和普及，为控制疫情和恢复正常社会活动提供了科学支持，提高了公众对疫情的认识和防范意识，降低了病毒的传播风险，有效控制了疫情的扩散。

政府通过直接财政投资或设立专项扶贫基金，帮助贫困地区和贫困人口改善生活条件，提高其生产生活能力，逐步实现脱贫。在全面脱贫攻坚过程中，财政投资用于改善农村地区的交通、通信、水利和电力设施，这些基础设施的改善直接提升了农村地区的生产力，为其他类型的经济活动创造了条件。同时，财政投资还通过建设农村学校，提供职业教育和技能培训，提高了农村居民的教育水平和就业能力，从根本上提高了他们的生活和收入水平。

长期以来财政投资还在国民教育、住房保障、社会保险等方面发挥了重要作用。教育是提升国民素质和未来发展潜力的关键领域。政府通过建设学校、提高教师待遇、推广教育技术等方式，不断提升教育质量，使所有国民都能享受到公平而优质的教育资源。住房安全是国民幸福感的重要组成部分。政府通过建设经济适用房、改善住房条件、提供住房补贴等措施，确保低收入家庭和弱势群体能够拥有稳定和安全的居住环境。社会保险体系包括养老保险、医疗保险、失业保险等，这些都是通过政府的财政投资来维持和发展的。一个健全的社会保障体系可以有效减轻国民在老年、疾病或失业时的经济压力，增强社会的整体安全感。

财政投资在民生领域的实施不仅直接提升了国民的生活质量，也为社会的长期稳定打下了坚实的基础。通过在上述关键领域的投资，以及实施全面的社会政策，国家有效地增强了国民的获得感、幸福感、安全感，这些都是国家安全和发展不可或缺的部分。这样的政策和投资策略，确保了社会的和谐与进步，同时也为国家的未来发展提供了坚实的人文和社会基础，是维护国家安全的基石。

综上，我国财政投资对国家安全具有全方位、多层次的作用。通过加大对引导资源配置、优化经济结构、加强国防建设、提升民生福祉、推动科技创新和保护生态环境等方面的投入，财政投资为国家安全提供了坚实的支撑，是国家安全发展的重要保障。

第 8 章
财政投融资与国家安全的国际经验

第二次世界大战后，随着世界经济的恢复和发展，各国纷纷通过在国内发行债券的形式筹集建设资金。随着世界经济一体化的发展，资本开始在全球市场流动。利用外国资本筹集资金发展本国经济也成为许多国家的选择。

现代债券市场的建立，一方面为国家筹集资金、扩大生产、刺激经济提供了便利渠道，另一方面也催生了多次债务危机。部分国家的债务危机影响深远，甚至波及其他地区和国家。其中，典型的债务危机有：20世纪80年代拉美国家债务危机、1997年韩国外汇危机、2001年阿根廷主权债务危机、2007年美国次贷危机、2009年迪拜债务危机、2010—2012年欧洲国家主权债务危机，以及新冠疫情下第三世界国家的债务危机。这七次典型的债务危机时间跨度大、波及面广、影响深远。可能最初表现为债务风险、财政风险，但无一例外都发展成为金融风险，甚至政治风险，小则政府解散，大则国家濒临破产。

不同债务危机的发生有其不同的诱因，同时也表现出一定的共性特征。综合来看，国家财政收支长期不平衡、经济结构和经济发展模式不健康、金融制度不完善、社会福利开支庞大等，都是引发债务危机的内生性系统性因素。国际资本流动性带来的不确定性，进一步加剧了原有债务问题的广度和波及面，而一些突发性"黑天鹅"事件，则往往成为这些国家"压倒骆驼的最后一根稻草"，成为诱发债务危机的外生性因素。

分析历次典型国家债务危机爆发的原因及产生的影响、危机解决方法等，对于深刻认识财政投融资对国家安全，尤其是债务融资对国家财政安全、金融安全，乃至国家整体安全的影响，都具有重要意义，同时也为我国加强债务治理、防范化解债务风险提供了借鉴和参考。

8.1 第二次世界大战后典型国家债务危机事件概述

8.1.1 20世纪80年代拉美国家债务危机

8.1.1.1 事件概述

20世纪80年代（部分国家则始于20世纪70年代后期），拉美国家的外债急剧增长。1982年墨西哥宣布无法按期履行偿债义务，直接导致拉美国家债务危机的全面爆发。随后巴西、委内瑞拉、阿根廷、秘鲁、智利等国相继出现还债困难。这次债务危机不仅导致拉美国家金融体系接近崩溃，还直接影响到国际金融体系。

8.1.1.2 爆发原因及影响

第二次世界大战后的拉美国家，由于本国储蓄率低、资本匮乏等，普遍选择举借外债的方式发展本国经济。因此，外债积累是这一地区国家的普遍现象。根据联合国的统计，拉美地区的外债总额从1970年的212亿美元增至1982年的3287亿美元。

20世纪70年代欧美国家经济普遍陷入"滞胀"，欧美地区的低利率使得国际资本为追求高额利润开始流向其他地区。特别是布雷顿森林体系的崩溃、金融自由化水平的提高和浮动汇率制度的建立等，增加了国际资本的流动规模和频次。这也是这一时期大量资金流入拉美地区的重要外部因素。具体来看，1973—1974年的全球石油价格大涨，石油输出国将巨额的石油收入存入欧洲的国际银行，这些银行将大量资金贷款给发展中国家。由于贷款利率低，实际利率甚至为负，拉美等国都认为低利率和出口创汇的增长使得偿还贷款不成问题。与此同时，许多发达国家政府也增加了对发展中国家的贷款,如通过出口信贷机构贷款给发展中国家,以便向债务国销售更多的产品。拉美国家能够获得大量贷款,也受益于当时美联储的宽松货币政策。除了第一次石油危机期间,美国联邦基金利率基本维持在较低水平。在此背景下,欧美商业银行加大了对拉美地区的放贷规模。但伴随着1978年第二次石油危机的爆发,西方国家的滞胀问题进一步加剧。1979年保罗沃克尔上任美联储主席,推行紧缩货币政策,将联邦基金利率从11.2%的平均水平提升至19%的历史新高,贷款利率也提升至21.5%。到1982年,联邦基金利率达到历史最高水平。而联邦基金利率的大幅提升使得大量资金流出拉美地区。

由于债务国大多数的借款利率为浮动制,利率的陡然上升使得拉美国家的债务规模和偿债压力持续增大,仅偿还利息就占这些国家年出口值的约30%。与此同时,美元的走强意味着大宗商品价格的下跌。而拉美国家大多数以出口自然资源作为外汇的主要来源。大宗商品价格下跌使得拉美国家的出口收入锐减,国际收支恶化,偿债能力下降,尤其是短期偿债压力激增。为了维持国际收支平衡,拉美国家不得不以资本项目盈余来弥补经常项目赤字。但在美国不断收紧货币政策的背景下,资本流入难以持续。1982年,墨西哥宣布无力偿还债务,自此引发了拉美全域的债务危机。

债务危机的爆发使得拉美国家经济急速下滑,通货膨胀率持续攀升。通胀率由1982年的47.5%急速上升至1984年的163.4%。1985年更是恶化为610%。同期拉美国家失业率平均高达15%,部分国家超过20%。各国实际工资水平也普遍下降。哥斯达黎加下降了50%,巴西、阿根廷下降了20%。债务危机还引发了严重的货币危机。拉美国家货币普遍贬值,银行业也损失惨重。国际上,拉美债务危机的爆发使得前期向拉美国家政府大量发放贷款的欧美商业银行濒临破产。

拉美债务危机对拉美国家造成的影响是巨大的,甚至直接改变了拉美国家的发展轨迹。危机发生之后拉美国家经济增长率大幅下降,墨西哥、智利、巴西、委内瑞拉等国家一度陷入负增长,失业率上升、人均收入降低、社会分配不均的状况也愈发突出。游行、罢工等频发，由此引发激烈的社会动荡，拉美国家自此陷入了中等收入国家陷阱，无法重现20世纪60年代经济迅速发展的繁荣景象。而国内社会福利支出压力巨大、政权更替频繁、产业升级困难也使得上述国家再次爆发债务危机的可能性增大。

8.1.1.3 危机的解决

债务危机爆发后，国际社会和拉美国家尝试了多种方式以消除危机的消极影响。一是进行债务展期和重组，将大量的短期债务调整为中长期债务。如墨西哥政府通过谈判将1983年到期的200亿美元外债全部转换成1990年到期的中长期债务，又将1984年到期的489亿美元外债展期到1998年。这样，墨西哥每年可以少付利息3.5亿美元。这种方式可以在一定程度上缓解了债务到期的短期压力，但并不能彻底解决债务危机。二是按照IMF专家开出的"药方"，拉美国家实行了严厉的紧缩政策，通过牺牲国内经济来恢复外部平衡。IMF的紧缩政策包括：货币贬值、停止补贴、提高公共产品价格、控制工资增长、减小公共部门债务规模、提高利率、降低信贷增长率、放松对贸易和投资的控制、采取市场导向政策等。这些措施确实有利于改善拉美各国的政府资产负债表状况，也因此可以获得一些新的贷款。但拉美各国所付出的代价也是巨大的，经济发展停滞、社会矛盾激化、政局动荡。

拉美债务危机使得欧美商业银行濒临破产。危机前，本着"国家永远不会破产"的想法，欧美商业银行向拉美国家政府大量发放贷款。以花旗银行为首的九家美国银行，截至1982年底对拉美国家的贷款占其总资本的176.5%。这些银行20世纪70年代在拉美赚取了巨额利润，但债务危机爆发使得欧美商业银行濒临破产。美国政府先后提出了"贝克计划"和"布雷迪计划"来化解拉美债务危机以挽救本国的商业银行。其中，"贝克计划"的内容为：美国向拉美国家提供新的贷款，但前提是这些国家必须进行必要的宏观经济政策调整，包括削减政府开支、出售国有企业等。尽管"贝克计划"的要求比 IMF 的紧缩政策宽松些，但由于资金不到位和金额严重不足，"贝克计划"并没有获得成功。但"贝克计划"的核心是通过经济发展而不是紧缩政策来缓解债务危机，美国政策的这一转向，从外部环境上为化解债务危机提供了可能。1989 年，美国又提出了"布雷迪计划"用于解决债务危机。"布雷迪计划"的核心是通过有序的债务减免计划来最终解决拉美债务危机。该计划在一定程度上接受了拉美国家以债务资本化为主要形式的减债要求，具体内容包括：将拉美国家总额为 3400 亿美元的外债减免 700 亿美元，由 IMF 和 World Bank 建立一个金额为 300 亿美元的特别基金为拉美国家的剩余外债提供担保。"布雷迪计划"虽然比"贝克计划"更进一步，但也未能彻底解决拉美债务危机，主要是由于减债幅度不足，资金来源未能落实，该计划还是以紧缩国内经济为前提，因此，依然未能摆脱以内部经济停滞换取外部平衡的传统思路。"贝克计划"和"布雷迪计划"尽管在短期内缓解了拉美债务危机的消极影响，但未能消除拉美地区债务危机的根源，为 1994 年墨西哥危机和 2002 年阿根廷危机的爆发埋下了伏笔。

8.1.1.4 危机的启示

拉美国家债务危机的爆发有其深刻的国内外因素：一方面，外债杠杆率过高，且短期债务规模过大、利率的陡升造成偿债压力巨大；另一方面，严重依赖自然资源出口、进口替代战略失败，导致拉美国家出口收入存在很大的不确定性。而美联储货币加息政策的实施，使得国际资本流动方向逆转、大宗商品价格下跌，直接导致拉美国家国际收支入不敷出，债务违约便不可避免。

拉美债务危机的启示：一是无节制地举债发展经济，尤其是大量借入外债是危机爆发的重要诱因；二是国际资本流动的突然转向是危机爆发的导火索；三是债务结构和经济结构的不合理增加了拉美债务危机的破坏作用；四是不恰当的国内经济政策导致债务问题转化为债务危机；五是债务危机的解决需要债务国和债权国的共同努力。

8.1.2 1997年亚洲金融风暴

8.1.2.1 事件概述

1997年初,韩国的韩宝钢铁公司因无力偿还借款而破产,拉开了韩国大型企业破产的序幕。此后,三美集团(Sammi)、韩太集团、韩国新核心集团、起亚集团、大农集团等相继破产。以此为导火索,韩国财团经营结构不合理,盲目扩大投资,高负债率、低收益率等问题逐渐暴露。而企业的破产直接波及金融市场。韩国各大银行背负巨大的呆账、坏账。当时7家城市商业银行的短期外债展期率从1997年1月的115.4%下降到2月的94.2%。之后虽有所恢复,但4月又下降至94.9%。而对韩国经济和金融市场而感到不安的外资银行开始大规模回收资金,外资不断撤离韩国。与此同时,韩元迅速贬值,汇率从1997年2月的1美元/860韩元上升至3月的1美元/897韩元。此后,尽管韩国央行对汇市进行了多次干预,但韩元贬值的趋势并未被遏制。同年11月18日,韩元汇率跌至1美元/1012韩元,12月13日更是跌至1美元/1737.60韩元。到12月28日,韩国的外汇储备降至不足100亿美元,韩国经济离破产约10天。为解决国家外汇短缺、债务违约等问题,韩国不得不向国际货币基金组织寻求帮助,以获得其贷款。这次危机也被称为韩国外汇危机。

通过与国际货币基金谈判,最终韩国政府获得550亿美元贷款,并且被迫进行"经济改革",包括重组大企业,鼓励银行合并,对外放开金融和市场,强化金融和企业监管等。韩国允许外资以任何形式和理由并购韩国企业。这意味着韩国政府失去了对本国企业的管控权,韩国经济命脉也逐渐被外国所掌握。一时间,大量外来资本如潮水般涌入韩国,控制了韩国大量核心企业的经济命脉。韩国八大银行的外资股份,均占到了2/3以上。韩国最引以为豪的三星集团,大部分股份也都掌握在华尔街巨头手中。不过韩国在危机后成功实现产业升级,半导体成为韩国最大的出口商品种类。经济发展模式也由政府主导转为市场主导,金融监管制度进一步得以完善。

与韩国类似，1997年7月，泰国、菲律宾、印度尼西亚、马来西亚等国相继爆发外汇危机，并迅速波及东南亚各国。具体来看，7月2日，泰国宣布放弃固定汇率制，实行浮动汇率制。当天，泰铢兑美元汇率下降了17%。而泰铢的波动引发了外汇和其他金融市场的波动。菲律宾、印度尼西亚、马来西亚等国货币相继大幅贬值，同时造成亚洲大部分主要股市的大幅下跌。1997年下半年，日本多家银行和证券公司相继破产。日元汇率也从1美元/115日元跌至约1美元/150日元。随着日元的大幅贬值，国际金融形势更加不明朗，东南亚金融风暴演变为一场亚洲金融危机。

1998年初，金融风暴在印度尼西亚再起。面对有史以来最严重的经济衰退，国际货币基金组织为印度尼西亚制定的对策未能取得预期效果。2月11日，印度尼西亚政府宣布将实行印度尼西亚盾与美元保持固定汇率的联系汇率制，以稳定印度尼西亚盾。此举遭到国际货币基金组织及美国、西欧的一致反对。国际货币基金组织扬言将撤回对印度尼西亚的援助。印度尼西亚陷入政治经济大危机。2月16日，印度尼西亚盾同美元汇率跌破10000∶1。受其影响，东南亚汇市再起波澜。新元、马币、泰铢、菲律宾比索等纷纷下跌。直到4月8日印度尼西亚同国际货币基金组织就一份新的经济改革方案达成协议，东南亚汇市才得以平静。

这场金融危机对亚洲各国产生了巨大冲击，造成了严重的后果，如出口不振、投资乏力、通货膨胀①、大量企业破产倒闭、工人失业等，亚洲多国经济陷入萧条，一些国家甚至出现政局动荡。而趁亚洲股市动荡、日元汇率持续下跌之际，国际炒家对香港发动新一轮进攻，恒生指数跌至6600多点。香港特区政府予以回击，金融管理局动用外汇基金进入股市和期货市场，吸纳国际炒家抛售的港币，将汇市稳定在1美元∶7.75港元的水平上。一个月后，国际炒家损失惨重，无法实现把香港作为"超级

---

① 1998年6月，菲律宾的通货膨胀率达10.7%，泰国通胀率为10.7%，5月印度尼西亚的通胀率为5.24%。

提款机"的企图。国际炒家在香港失利的同时,在俄罗斯更遭惨败。俄罗斯中央银行1998年8月17日宣布年内将卢布兑换美元汇率的浮动幅度扩大到6.0∶1至9.5∶1,并推迟偿还外债及暂停国内债券交易。9月2日,卢布贬值70%。俄罗斯股市、汇市急剧下跌。此后不久,巴西金融市场也出现持续动荡。而俄罗斯政策的突变,使得在俄罗斯股市投下巨额资金的国际炒家大伤元气,并引起了美欧国家股市和汇市的剧烈波动。

亚洲金融危机不仅对亚洲各国产生了巨大冲击,还波及和影响了俄罗斯、巴西等国的股市、汇市。俄罗斯和巴西的金融动荡表明亚洲金融危机已对世界金融市场产生破坏性影响。

8.1.2.2 爆发原因及影响

关于1997年亚洲金融危机爆发的原因,各国虽有所不同,但总体来看,存在几点共性,即这些国家和地区近20年经济快速增长所积累的矛盾一并爆发。一是以出口为导向的劳动密集型工业发展的优势,随着劳动力成本的提高和市场竞争的加剧而日渐下降。对外出口增长缓慢,造成经常项目赤字居高不下。1996年,泰国国际收支经常项目赤字为230亿美元,韩国达237亿美元。同时,对国外市场尤其是美国市场的严重依赖,大大降低了这些国家抗风险的能力。二是银行贷款过分宽松,企业盲目投资,银行呆账、坏账等不良资产日益膨胀。泰国金融机构出现了严重的现金周转问题,韩国数家大型企业资不抵债宣告破产,日本多家金融机构倒闭,印度尼西亚更是信用危机加剧,最终对各国汇市和股市产生影响。三是经济增长过分依赖外资。大量引进外资并导致外债加重。泰国外债1992年为200亿美元,1997年货币贬值前已达860亿美元。危机发生前韩国外债更是超过1500亿美元。金融危机的爆发使得各国不仅不可能再从国际市场上融资,而且无法偿还到期外债。四是汇率制度僵化。东南亚国家和地区的汇率长期未做调整,从而出现高估现象,导致产品价格上涨和出口锐减,从而造成本国货币的贬值。而货币贬值又导致了偿还外债的能力进一步下降,通货膨胀压力增加,股市下跌。五是过早地开放金融市场，加入国际金融一体化。当国际游资趁虚而入时，金融体系应变不得力，完全处于被动状态。

从外部原因看，国际投资的巨大冲击以及由此引起的外资撤离使得东南亚国家的危机雪上加霜。据统计，危机期间，撤离东南亚国家和地区的外资高达400亿美元。

8.1.2.3 危机的启示

1997年亚洲金融危机的启示：一是对外资进行有效的宏观控制。尤其是在举借外债发展本国经济时，应注意长期资本和短期资本的有机搭配，避免对外国资本的过度依赖。二是加强本国金融监管系统建设，强化对金融机构呆账、坏账等的监管，建立保护本国金融市场的有效措施，及时防范化解风险。三是根据国民经济发展情况，及时调整财政政策与货币政策，加强对盲目投融资、通货膨胀、汇率波动等的指导与监管，保障经济稳定可持续发展。

8.1.3 2001年阿根廷主权债务危机

8.1.3.1 事件概述

1998—2002年，阿根廷经历了历史上最严重的经济衰退，通货膨胀、失业率上升、社会动荡等一系列问题接踵而至。2001年12月阿根廷的外债总额达到了1550亿美元，相当于阿根廷当年外汇收入的4.7倍，占国民生产总值的一半。2001年12月23日，阿根廷政府因无力偿还当月到期的15亿美元债务，正式宣布暂停偿还所有政府债务利息与本金，阿根廷政府债务危机爆发。

阿根廷的债务复杂，数额大且涉及的投资者多。2003—2012年，阿根廷需要偿付的债务总额达到1737亿美元，其中815亿美元为主权债券。512亿美元为从多边机构的借款。

8.1.3.2 爆发原因及影响

20世纪80年代拉美国家债务危机后，阿根廷陷入了"中等收入国家陷阱"。政府虽然多次试图进行产业升级，但都没有从根本上改变阿根廷的经济结构，阿根廷仍然通过出口农产品来赚取外汇。而高度依赖农产品出口的经济结构使得外汇收入有限且不稳定。当时国际经济形势恶化，市场需求萎缩，美欧等国纷纷提高贸易壁垒，导致阿根廷农产品出口收入锐减。而阿根廷国内储蓄率低于拉美国家平均水平，再加上阿根廷多次债务违约、时局动荡，加大了本国民众对政府的不信任，很多富人把财产和资金转移到了海外。低储蓄率使得阿根廷政府只能依靠大规模举借外债来弥补国内资金缺口。

除了经济结构外，所有制结构也是阿根廷政府债务危机严重的重要诱因。20世纪90年代，阿根廷政府推行新自由主义政策，对国有企业进行了大规模私有化改革，外国资本趁机进入并迅速控制了阿根廷的国家重要产业，这造成政府从中获得的收入大幅减少，自身财政吃紧。而为增强国际资本的信心，同时也为了遏制通货膨胀，阿根廷采取了本币比索与美元1∶1的挂钩制度。即便在亚洲金融危机爆发后，与阿根廷经济联系密切的巴西、墨西哥等国相继发生危机，货币迅速贬值，阿根廷依然固守汇率盯住美元制度。而在美元强势地位下，比索自然被高估，削弱了阿根廷国内产品出口的竞争力，进而对相关产业产生巨大冲击。

阿根廷发售的债券利率设定过高。在国际资本市场普遍低迷的情况下，阿根廷债券所承诺的高回报率引起投资者的追捧。但外债利息支出远远超出了农产品外贸带来的外汇收益，导致债务问题逐渐恶化。另外，阿根廷筹集的债券资金有相当部分用于偿还债务利息，还有少量用于充实国家的外汇储备，本身用于生产性投资的很少。

面对债务重压，阿根廷采取了一些措施，如整顿公共财政、限制进口、鼓励海外公司把海外资金转移到国内。从2003年起，阿根廷的经济开始有所好转，债务处理也再次提上日程。2005年、2010年阿根廷先后与众多投资者达成债券置换协议，对债券的应偿还金额和时限进行了重新约定。面值1美元的债券最终按照1/3的价格偿还。为了让债权人接受偿还条件，阿根廷议会通过了《门闩法》，对不接受债务置换条件的债权人将不再商谈偿还。众多的投资者无奈接受条款。在2005年的债务谈判中，有67%的债权投资人接受了阿根廷政府提出的条款。阿根廷的债务总额也从1265亿美元下降至635亿美元。在2010年的谈判中，接受阿根廷提出的条件的投资者比例达到92.6%。

仍有部分投资基金拒不接受阿根廷政府开出的条件，而是在美国纽约地方法院向阿根廷政府提起了诉讼。2012年2月美国法院做出裁决，要求阿根廷进行全额支付。有了美国地方法院的有利判决，这批投资基金要求冻结阿根廷在海外的经济、军事、外交资产。2014年这些投资基金以未能受到公平对待为由，再次向美国法院提出申诉，要求冻结阿根廷对接受债务重组条款的债权人的支付账户。这样阿根廷就不能如期偿还债务，由此产生了"技术性违约"，即不是不偿还债务，而是不能偿还债务。如果答应上述投资基金的条件，则意味着原来达成协议的债权人也需要重新谈判，这对阿根廷来说显然是不能承受之重，不仅前些年的努力将化为泡影，而且也预示着国家的再次屈服。两害相权取其轻，只能采取拖延的方法来避过与大多数债权人所约定的追溯时限。最终，在这场债务危机中，除了众多小散投资者亏损，阿根廷国家声誉和形象受损外，那些被称为"兀鹫基金"的投资基金得到了高额回报。其中来自波士顿的一只基金以1.2亿美元的成本最终获得了9.5亿美元的赔偿。百万富翁辛格和他的NML资本，以6.17亿美元的本金，最后获得了22.8亿美元的权益。

8.1.3.3 危机的启示

2001年阿根廷债务危机本质上是该国推行新自由主义政策所造成的严重后果。而盯住美元的货币政策也束缚了其应对经济环境变化调整货币政策的空间。债务危机发生后，伴随着货币的贬值，其债务规模以本币计算显得更为庞大。同时，阿根廷是在他国发行主权债券的，在国际法空白的情况下，自愿按照约定遵守他国法律。这为主权国家承担无限责任开创了先例，既是其过去违约的结果，也是造成其麻烦不断的根本原因。

阿根廷在处理债务问题上存在明显不当之处。在这场国家主权债务与"兀鹫基金"的较量中，最终以国家主权的屈服而收场。资本市场严重依附于西方大国体系。无论是债券市场还是资本市场都存在着较大漏洞，政府缺乏足够的应对能力。

8.1.4 2007年美国次贷危机

8.1.4.1 事件概述

次级抵押贷款是指信用不好或者说还款能力较差的人的贷款。美国次贷危机（subprime crisis）也称次债危机，是指一场发生在美国，因次级抵押贷款机构破产、投资基金被迫关闭、股市剧烈震荡而引起的金融风暴。它致使全球主要金融市场出现流动性不足危机。美国"次贷危机"是从2006年春季开始逐步显现的。2007年8月开始席卷美国、欧盟和日本等世界主要金融市场，并由此引发全球性的金融危机。

8.1.4.2 爆发原因及影响

过度借贷、房地产市场泡沫以及金融监管过度放松是美国次贷危机爆发的直接原因。2000—2004年，美联储实行低利率政策，刺激了房地产市场的繁荣。这使得许多人能够以低利率获得住房贷款，进而购买房产。许多银行和金融机构为了追求高收益，过度放贷给信用评级较低的借款人。这些借款人往往没有足够的收入和资产来支撑其债务，一旦出现经济波动，将无法按时偿还贷款。美联储于2004年开始加息，房贷利率也随之上升，导致许多借款人无法按时偿还贷款，违约率上升。

在房地产市场的繁荣时期，房价不断上涨，许多人认为可以通过买卖房产来获得高额利润。但随着房地产市场的降温，房价下跌，贷款者难以将房屋出租或出售，即使出售也不足以偿还贷款本金和利息，甚至不足以偿还贷款本金。许多人的房产成为负资产，导致借款人无法承受债务负担，从而产生了银行贷款亏损等连锁反应。

2006年之前的5年里，由于美国住房市场持续繁荣，加上美国利率水平较低，美国的次级抵押贷款市场迅速发展。银行给信用状况较差、没有收入证明和还款能力证明以及其他负债较多的个人的住房进行按揭贷款。在次贷最多的时期，银行的住房按揭贷款比例是120%，另外20%是贷给住房装修用。期间，一些银行或者金融机构把那些贷款买房买车的人的贷款凭证打包成金融衍生品，然后卖给一般投资者。而这些产品很多是次贷，由于这些人抗风险能力较差，一旦不能正常还款，所有投资者将遭受损失。

美国金融监管过度放松、金融衍生产品泛滥是导致次贷危机发生的另一大原因。在次贷危机之前，美国的金融监管机构对房地产市场的风险缺乏有效的监管和预警机制。美国房地产金融机构在市场繁荣时期放松了贷款条件，没有严格对借款人的信用评级、还款能力等进行审查和控制，导致大量的不良贷款出现。而随着房地产泡沫的破灭，大批次级抵押贷款的借款人不能按期偿还贷款，引起相关金融机构倒闭。而美国和欧洲的许多投资基金买入了大量由次级抵押贷款衍生出来的证券投资产品，也随之受到重创，最终导致次贷危机蔓延至全球。

在美国次贷危机期间，首先受到冲击的是众多收入不高的购房者。由于无力偿还贷款，他们面临住房被银行收回的困难局面。其次是次级抵押贷款机构由于收不回贷款而遭受严重损失，甚至被迫申请破产保护。最后是美国和欧洲的许多投资基金买入了大量由次级抵押贷款衍生出来的证券投资产品而受到重创。2008年，这次由美国始发的次贷危机引发了全球经济危机。这场危机的影响甚至波及之后发生的欧洲债务危机和迪拜债务危机。

8.1.4.3 危机的启示

首先，美国次贷危机的最大警示在于，要警惕为应对经济周期而制定的宏观调控政策对某个特定市场造成的冲击。美国次贷危机的直接原因是美联储加息导致房地产市场下滑。2000—2004年，美联储实行低利率政策，刺激了房地产市场的繁荣。2004年开始加息，房贷利率也随之上升，直接导致许多借款人无法按时偿还贷款，违约率上升，成为诱发次贷危机的导火索。其次，应注重金融创新与金融监管的平衡。金融工具过度创新、信用评级机构利益扭曲是导致美国次贷危机的主要原因。美国次贷危机发生前，由于金融机构对借款人的信用评级、还款能力等没有进行严格的审查和控制，导致大量的不良贷款出现。同时，金融监管机构对金融衍生品的发售等也缺乏有效的监管和预警机制。一些银行和金融机构把次贷凭证打包成金融衍生品，卖给一般投资者。由于贷款人抗风险能力较差，一旦不能正常还款，所有投资者将遭受损失，最终导致全球主要金融市场流动性不足。

8.1.5 2009年迪拜债务危机

8.1.5.1 事件概述

2008年11月25日，迪拜酋长国宣布，将重组其最大的企业实体"迪拜世界"，把"迪拜世界"的债务偿还延迟6个月。迪拜冻结房地产开发商Nakheel及其母公司"迪拜世界"的债务，是为了便于进行债务重组。"迪拜世界"是迪拜的国有企业，是迪拜政府旗下的主权投资公司，也是迪拜政府各类重大项目的主导者。其业务涉及房地产开发、港口运营、旅游休闲、经济自由区运营、私募基金、大型折扣店、航空项目、证券交易和金融服务等领域。按照迪拜政府的计划，"迪拜世界"在世界各地推进大型项目，是世界第三大港务集团，在全球参与运营近50个大型港口。"迪拜世界"的各类资产分布于全球约100个城市。如今，"迪拜世界"欠债近600亿美元，面临破产危机，无法按时偿还马上到期的三笔总额57亿美元的债务，将偿还日期延迟6个月。评级机构调低了迪拜政府相关资产评级，穆迪更将部分相关企业降至垃圾级别。

受迪拜债务违约影响,中东各国主权评级纷纷被调低,银行等投资者所持的中东债券价格普遍暴跌。"迪拜世界"的最大债权人是阿布扎比商业银行和阿联酋 NBDPJSC,其他债权人包括汇丰控股、巴克莱银行、莱斯银行、苏格兰皇家银行和瑞信集团等金融机构。2008 年 11 月 26 日,包括英国、德国、法国在内的欧洲股市,纷纷重挫。上述欧洲银行股遭到抛售。苏格兰皇家银行和德意志银行股价下跌幅度均居所在国股市之首。就连参股迪拜交易所的伦敦交易所本身的股价也急速下跌。有中东资金参与的企业的股价也受打击。据路透社公布的数据,欧洲市场部分主要股指都跌至该年度 5 月以来的新低。

2008 年 11 月 27 日,全世界的投资人都在疯狂抛售股票和商品等高风险资产,同时增持现金和安全系数较高的美国国债。全球股市普遍下跌。包括中国、日本、韩国在内的亚洲股市以及美股都大幅低开。MSCI 亚太指数创三个月来最大跌幅。日本东京股市触及四个月收盘低位,中国香港股市收在近两个月低点,韩国首尔股市跌至四个月新低,创下了十个月来最大单日跌幅。澳大利亚股市下跌创下五个月来最大单日跌幅。欧洲股市创七个月来最大跌幅。伴随全球股市下跌的是,欧元走弱,国际油价、金价大跌,跌幅均超 4%。而随着投资人对套利交易平仓,融资货币美元、日元均大幅反弹。在伦敦金融市场,体现迪拜债权违约风险的尺度,即信用违约互换(CDS)利率暴涨。在要求延迟还款的消息传出后,"迪拜世界"的违约交易掉期升至历来最高水平,成为全球第 6 个最大可能破产的国家投资公司。

8.1.5.2 爆发原因及影响

2008 年金融危机发生后,世界各国大多采取了降息、加大财政投入的行政干预救市政策。正当人们以为世界经济已经因政府干预而逃出了经济危机的危险地带之时,中东的迪拜出现了偿债的信用危机,并最终引发了全球金融市场的动荡。究其原因,房地产过度开发、大举投入国际金融业、本国货币与美元挂钩等都是导致本次债务危机爆发的内在原因。

以房地产过度发展来拉动经济是迪拜债务危机的根源所在。迪拜人口少，房地产需求并不旺盛，但从 2002 年起，迪拜允许外国人持有房产，掀起了迪拜房地产投机热潮。甚至在美国次贷危机爆发后，迪拜仍然大张旗鼓地推进大型项目建设。在迪拜，工地遍布全城，而且动辄就是"世界最高"、"世界独有"或者身家百亿元的项目。为了建设这些项目，迪拜政府与其所属开发公司在全球债券市场大举借债，筹措投资资金。此后，房地产市场出现了严重的供求不平衡，进而出现泡沫。而随着美国次贷危机的蔓延，并在 2008 年演变成为全球经济危机，外国投资者减少对迪拜房地产的资金投入，建筑承包商陷入资金链断裂的境地，房地产陷入瘫痪。与此同时，那些大型投资项目大多难以在短期内实现盈利，最终让迪拜深陷债务泥潭。据报道，债务危机发生后，当地至少有 400 多个工程被迫取消，涉及款项超过 3000 亿美元。

大举投入国际金融业且投资严重亏损，是造成迪拜债务危机的又一诱因。由于迪拜大举投入国际金融业，在金融危机持续的影响下，迪拜的投资出现严重亏损，给债务危机埋下隐患。例如，2007 年"迪拜世界"斥资 51 亿美元，购入美国娱乐业巨头米高梅公司近 10% 的股份。但后来，米高梅的股价一度从当时的 84 美元降至 16.8 美元。迪拜其他投资公司花费近 30 亿美元购入德意志银行和渣打银行的股份，但这两家银行的股价也大幅缩水。

本国货币与美元挂钩的政策使得债务危机愈发严重。2008—2009 年，美元贬值导致迪拜和海湾地区物价飞涨，通货膨胀率连续数月高达两位数。美元的贬值引发迪拜经济衰退，在一定程度上充当了此次债务危机的"帮凶"。

迪拜债务危机的爆发，对全球金融市场和投资者信心带来一定冲击，尤其是对相关欧美金融机构借贷规模和业务策略产生了一定影响。但随着迪拜政府更多披露相关信息以及投资者理性分析相关情况，国际金融市场渐趋稳定，最终没有演化为全球性危机。这是因为，迪拜的经济规模较小，2008 年迪拜的 GDP 为 471 亿美元，只相当于同期美国 GDP 的

0.36%。而且迪拜债务危机主要是由房地产泡沫破裂引发的资金链断裂引发的，不像美国金融危机时期涉及大量衍生品泡沫，因此其影响呈现出短暂性、局部性和可控性特征。

8.1.5.3 危机的启示

以房地产拉动经济增长的模式不能持久。迪拜人口少，房地产需求并不旺盛，而放开外国人持有房产，极容易导致房地产投机和泡沫。同时，过度依赖房地产行业的经济发展模式在一定程度上限制了其他产业的发展。没有实体经济支撑的经济是脆弱的。在市场环境好的情况下，投资和投机的资金可以对经济增长做出贡献，一旦房地产行业陷入低谷，将不得不承受房地产泡沫破灭后的冲击。

8.1.6 2010—2012年欧洲国家债务危机

8.1.6.1 事件概述

由希腊债务危机引发的欧洲债务危机，是继迪拜债务危机之后全球又一大债务危机。2009年10月初，希腊政府突然宣布，2009年政府财政赤字和公共债务占国内生产总值的比例预计分别达到12.7%和113%，远超欧盟《稳定与增长公约》规定的3%和60%的上限。鉴于希腊政府财政状况显著恶化，全球三大信用评级机构惠誉、标准普尔和穆迪相继调低希腊主权信用评级，由A下调为BBB+，前景展望为负面。这引发了希腊主权债务危机，由此拉开了欧洲主权债务危机的序幕。

主权信用评级被降低，引发希腊股市大跌和国际市场避险情绪大幅升温。希腊政府的借贷成本也大幅提高。希腊政府不得不采取紧缩措施，而希腊国内举行了一轮又一轮的罢工活动，经济发展雪上加霜。2009年12月11日，欧元区成员国财长同意拿出300亿欧元在必要时救助希腊，暂时克服了希腊眼前的困难。2010年4月23日希腊正式向IMF寻求援助。欧盟和国际货币基金组织达成协议，3年内至少额外削减预算300亿欧元

（约合430亿美元）来换取紧急救援。2011年5月，希腊推出一系列私有化进程，目标之一是到2015年前增加500亿欧元来减少债务。7月，欧元区领导人同意第二次的1090亿欧元政府资金救援计划。10月，欧元区领导人与私人银行和保险公司达成一项协议，使其接受对希腊政府债券的50%损失，以降低希腊的债务负担。至2012年2月，希腊仍在依靠德国、法国等国家的救援贷款度日。

2010年，由于欧元大幅下跌，加上欧洲股市暴跌，整个欧洲国家陷入了债务危机。葡萄牙、爱尔兰和西班牙等国的财政状况也引起投资者关注，欧洲多国的主权信用评级遭到下调。

8.1.6.2 爆发原因及影响

自2008年全球金融危机爆发以来，发达国家和发展中国家普遍采取了宽松的财政和货币政策刺激经济发展，但大规模的举债使得本就负债累累的欧元区国家更加债台高筑。

欧元区特别是希腊、意大利、西班牙、葡萄牙等国家的内部经济失衡是导致债务危机的最主要原因。希腊的财政问题由来已久。加入欧盟前，希腊的财政赤字占GDP的比重高达12%，远远超过欧元区设定的3%上限；公共债务余额占GDP的比重则高达110%。为了达到加入欧盟的要求，希腊通过高盛公司做假账，把一笔约10亿欧元的政府短期债务做成长期待支出项，从而顺利加入了欧盟。但此后财政状况恶化的消息爆出，希腊政府的信用几乎破产，银行遭到挤兑。当时西班牙的经济也陷入了严重衰退，失业率大幅上升，财政赤字远超欧盟允许的上限。

由希腊债务危机引发的欧洲国家债务危机，实际上反映了各国政府财政赤字的恶化。由于常年财政收支不平衡，欧元区的16个国家的平均赤字水平超过6%。过高的财政赤字和超标的债务规模使得各国受希腊债务危机的影响更大。

欧元区内分散的财政政策和统一的货币政策，也是导致欧洲债务危机发生的内在原因之一。此次债务危机影响面之广，在某种程度上是由于欧元的溢出效应干扰了统一货币政策的运作。欧盟内分散的财政政策和统一的货币政策，使得各个国家在面对危机冲击时过于依赖财政政策，最终导致各国财政赤字持续扩大。另外，欧元区长期实行低利率政策，希腊等一些国家长期借贷，表面上促进了国内经济增长，实际上掩盖了劳动生产率低、劳动成本高等经济结构问题。长期依赖借贷的国家最终因无法偿还债务而出现大量违约。

欧盟内外部的结构性矛盾成为债务危机爆发的制度性因素。欧元区内部劳动生产率和竞争力差异明显，如德国、荷兰等出口大国与希腊、西班牙等国之间存在着巨大的经常项目失衡，希腊和西班牙多年均出现巨额贸易赤字和经常账户赤字。

欧洲债务危机不仅影响了欧洲本地区，也影响着全球经济的复苏发展；不仅涉及经济，也涉及政治和社会。一方面，欧债危机使得欧洲银行对实体经济提供的信贷规模下降显著。另一方面，多国缩减政府财政支出以应对违约风险，使得经济无法得到有效刺激。欧洲经济在债务危机后期，特别是在银行信贷扩张受阻后开始陷入困境，整体失业率明显上升。欧洲主要发达国家在全球经济中的地位也有所降低。欧债危机的爆发不光对欧洲经济产生了重大影响，还通过全球贸易活动传导到其他国家。欧债危机成为影响国际金融稳定和经济复苏的一个重要因素。同时，欧债危机中希腊、意大利、西班牙、葡萄牙等国家政局不稳，人们对于欧洲一体化以及福利国家制度产生了怀疑。2016年英国民众公投脱欧便是欧洲认同危机的重要体现。

8.1.6.3 危机启示

从希腊到欧洲其他主要国家，债务危机发生前，都存在着较高的财政赤字。而危机发生国内部经济失衡是引发债务问题的深层原因。以希腊为例，希腊在欧盟国家中经济竞争力并不强，经济发展水平在欧元区国家中相对较低，经济主要靠旅游业支撑。金融危机爆发后，世界各国出游人数大幅减少，对希腊造成很大冲击。此外，希腊出口少进口多，在欧元区内长期存在贸易逆差,导致资金外流,从而举债度日。希腊的公务员众多,公共事业支出占 GDP 的 40%。而且希腊一再提高养老金等社会福利待遇,随着人口老龄化的加剧,给财政带来了沉重的压力。希腊财政长期处于超支状态。进入 21 世纪,葡萄牙的经济增长迅速回落,人均 GDP 只有欧盟平均的 2/3;爱尔兰经济陷入衰退,房地产泡沫破灭严重影响了政府税收和民众消费能力;意大利经济也是发展缓慢,长期被高失业率、高税收所困扰;西班牙经济也陷入严重衰退,失业率大幅上升,财政赤字远超欧盟上限。可见,建立与财政能力相匹配的公共福利体系,借债资金合理用于发展经济,严格控制债务规模,适度缩减财政赤字等,是保持一国经济可持续发展的根本。

脆弱的经济结构容易受外部因素的冲击。如果支柱产业过于单一、集中,其经济的对外依赖性就强,极容易受到国际经济大环境的影响。产业结构的合理化将有助于抑制经济波动,提高一国经济应对国际经济、金融环境波动的能力。

8.1.7 新冠疫情下新兴国家的债务违约

2019 年底,新冠疫情暴发并在全球蔓延,世界经济遭受了自"大萧条"以来最严重的衰退。各国为应对疫情、促进经济恢复,推出了多项财政刺激政策,全球政府债务水平被显著推高,其中部分经济体的政府债务率飙升,违约风险加剧。据 IMF 的统计,2020 年有数据的 176 个国家和地区中,有 93% 的国家债务规模上升。2020 年全球 102 个国家发生主权债务违约,仅次于 1994 年的 115 个和 2013 年欧债危机时期的 105 个,而且主要以外币债务违约为主。

在新冠疫情、俄乌冲突、全球通胀水平上升等众多因素的影响下,斯里兰卡、阿根廷、巴西、赞比亚、黎巴嫩等国家相继发生债务违约事件。

此次债务危机的导火索表面上是全球新冠疫情这一突发事件,实际上更与相关国家产业结构、经济发展模式、金融体系等内生性因素有关。这些国家的债务危机对全球经济恢复与发展造成了一定冲击。

8.1.7.1 斯里兰卡债务危机

(1) 事件概述。2019 年以来，在恐怖袭击与新冠疫情的双重打击下，斯里兰卡的生产、出口和旅游业下滑严重。2019 年 4 月 21 日，斯里兰卡首都科伦坡等多地连续发生 8 起爆炸事件。2020 年，新冠疫情暴发，在世界经济一片萧条的背景下，斯里兰卡主权债务危机爆发。

受疫情影响，一方面，占外汇收入 70% 的出口持续下滑，占 GDP 10% 的旅游业濒临崩溃，劳工汇款与外援外资流入也大幅缩水；另一方面，疫情下公共支出增加造成预算赤字猛增，斯里兰卡卢比汇率的下跌导致占外债份额 60% 的美元贷款还贷成本增加，而内债扩张也挤占了外债偿还资源。在此背景下，2021 年，斯里兰卡政府推出了脱离该国实际的"100% 有机农业"计划，禁用无机肥料和农药的举措造成该国农业生产规模减小近 50%，粮食短缺和食品价格上涨更是推高了该国的通货膨胀水平。2021 年 11 月，通货膨胀率创下了 11.1% 的历史新高。在总统拉贾帕克萨宣布斯里兰卡处于经济紧急状态后，政府授权军方确保米与糖等必需品以政府设定的价格出售，但并未使人们摆脱困境。

2021 年底，斯里兰卡外汇储备一度降至 16 亿美元。而该国政府 2022 年需偿还的债务约 45 亿美元。由于外汇储备枯竭以及高通胀率导致食物价格飙升，斯里兰卡有近 50 万人陷入贫困，引发广泛担忧。

(2) 爆发原因及影响。引发斯里兰卡债务危机的原因，除两党联盟轮流执政效率低下外，殖民经济遗毒、内战与不平衡的发展模式使得该国经济发展长期处于脆弱状态。2019 年以来连续的天灾人祸则最终打破了这种脆弱的发展平衡。

首先，殖民经济残留严重，支柱产业低端化使得斯里兰卡经济抗风险能力弱，经济发展不平衡。1815 年斯里兰卡沦为英国殖民地后，从自给自足的农耕国家变成了以种植园经济为主的国家。1948 年独立后，殖民体系下构建的橡胶、茶叶、椰子三大支柱产业的产品出口成为斯里兰卡主要的外汇来源。斯里兰卡不仅没有摆脱对种植园经济的依赖，还让该国被长期锁定在以服装、纺织品为主的中低端制造业及低级别服务业的分工框架内。支柱产业低端化发展导致斯里兰卡的出口缺乏竞争力并经常面临贸易条件恶化的风险，这使该国常年处于贸易逆差地位。

其次，经济社会发展模式严重脱离斯里兰卡自身实力。独立后，斯里兰卡建立起了全民福利体系，这需要庞大的财政开支，而斯里兰卡国内资源与经济实力难以满足支出需要。多年以来，斯里兰卡依赖出口、移民和海外劳工汇款、旅游业发展以及外商直接投资、外国援助和商业贷款等外部资源，保持经济中低速增长。但在预算赤字的约束下，斯里兰卡累积了大量主权债务。为了维持债务平衡，不得不"借新债偿旧债"。一旦出现全球经济波动、出口受阻或外资可得性减弱等情况，很难维持平衡并规避风险。疫情的暴发使得斯里兰卡的公共卫生支出急剧增长，预算赤字猛增，进一步恶化了其原本就岌岌可危的财政状况。

再次，传统两党领导联盟轮流执政下的效率损失，对斯里兰卡经济的可持续发展及外部投资信心产生了负面影响。独立以来，斯里兰卡形成了两大传统政党，即斯里兰卡自由党和统一国民党领导联盟轮流执政的局面（2019 年后，执政党斯里兰卡人民阵线与反对党统一人民力量仍主要由前述两党成员分别组成）。价值观与执政理念的差异，让两党在经济政策及国家发展战略选择上产生了严重分歧。例如，1977 年前的经济政策封闭性与开放性之争与 1977 年后实施经济广泛自由化还是实行部分开放的拉锯战。2009 年斯里兰卡内战结束，两党的矛盾则主要体现在投资政策与执行的反复上。例如，2015 年斯里兰卡政府更迭后，继任的西里塞纳政府便叫停了前任拉贾帕克萨政府签订的包括中国科伦坡港口城在内的多项外国投资项目，这不仅损害了各投资国的利益，也降低了斯里兰卡的发展速度。

最后，自然灾害与国家内部冲突阻碍了斯里兰卡的经济发展。国家发展需有稳定的内部与国际环境。但斯里兰卡自独立以来，国家发展就不断受极端天气及不利贸易条件的影响。尤其在 1983—2009 年的内战期间，大量资源被投入战争而不是用于发展经济，这使斯里兰卡错失了东亚、东南亚经济联动与产业转移的机遇，更让其失去了区域金融中心的地位。

8.1.7.2 阿根廷与巴西的债务危机

（1）事件概述。疫情对拉丁美洲地区造成的冲击较2008—2009年全球金融危机和20世纪80年代拉美债务危机更加严重。根据拉美和加勒比经济委员会（ECLAC）的预测，拉丁美洲和加勒比海地区经济在2020年萎缩了7.7%，2020年出口下降了13%，进口下降了20%。其中，阿根廷和巴西再次陷入严重的债务危机。

巴西和阿根廷作为拉丁美洲的第一和第二大国，两国人口总量约占拉美总人口的40%（巴西32%、阿根廷7%），两国国土面积之和占拉美地区总面积的一半以上（巴西41%、阿根廷13%），受新冠疫情影响，阿根廷政府和巴西政府先后宣告"破产"。

2019—2020年阿根廷经济呈断崖式下降。2020年底阿根廷经济衰退了10.5%，国内生产总值下降幅度排名全球第三（仅次于秘鲁和西班牙）。2020年4月19日，阿根廷政府宣布已无力偿还债务，需进行债务重组。4月21日，阿根廷债权人委员会（ACC）拒绝了阿根廷政府的415亿美元债务重组提案，阿根廷政府宣布"破产"。这是世界上第一个受疫情影响而宣布破产的国家。4月22日，阿根廷政府公布了约700亿美元的债务重组方案。截至2022年，阿根廷外债规模仍有2767亿美元，而外汇储备仅有446亿美元，债务压力巨大。

2020年10月14日，巴西政府公布，巴西预算赤字已达到GDP的12%，总债务升至GDP的94%，创下1997年以来最差纪录。2020年11月18日，惠誉将巴西政府债务评级（IDR）下调为"BB－"，并将其展望定为负向影响。2021年1月8日，巴西总统宣布"巴西破产"。2021年3月9日，惠誉评级公司将阿根廷的政府债务评级为"CCC"。

（2）爆发原因及影响。财政收支长期失衡，叠加疫情影响，使得两国政府债务规模陡增。政府债务负担率高是两国政府债务危机发生的最主要因素。阿根廷与巴西政府为了抗击新冠疫情而实施的大规模财政刺激计划的直接后果,就是持续增加了本国的财政支出压力,从而使政府的公共债务负担更加沉重。阿根廷和巴西政府多年来一直实施赤字财政政策。阿根廷2017年赤字率达到6.7%,2020年则从2019年的4.5%上升至8.5%。巴西的赤字率2015年高达10.3%,2019年赤字率有所下降,但受新冠疫情冲击,2020年再次上升至10.8%,创历史新高。

高赤字率伴随着高债务负担率。多年来,阿根廷和巴西政府均需要面对大规模的财政缺口,特别是在新冠疫情期间,政府为了弥补赤字向国内外市场发行了大量政府债券。阿根廷政府2018年前的债务负担率低于国际警戒线,2018年激增至86%,2020年达到104.6%,公共债务累计达3240亿美元。2015年前巴西的政府负债率是低于警戒线的。但由于疫情期间财政开支的增加,巴西政府债务占GDP的比重上升至90%,公共债务累计达到5.01万亿雷亚尔,比2019年增加17.7%。

阿根廷和巴西多次发生过债务危机,这与两国经济结构不完整、经济增长乏力等因素有着密切的关系。由于阿根廷和巴西两国自然资源充足,两国经济长期以初级矿产品出口为主要发展模式。这也间接地导致两国对发展本国工业体系并进行产业升级转型动力不足。初级产品出口和制成品进口的产业结构导致阿根廷和巴西经济易受气候因素和国际市场需求变动的冲击。阿根廷和巴西的进口产品中,制造业产品分别占80%和75%左右。出口商品中,食品等初级产品占比大。食品出口占阿根廷商品出口总量的50%以上,巴西的食品出口额多年来都占出口额的30%以上。从工业产值来看,近5年阿根廷和巴西两国工业增加值占GDP的比重最低为21.78%和17.92%。这是多年来两国经济加速"去工业化"的结果(唐子林,2017)。与此同时,由于两国本土工业起步较晚,政府为了保护国内的"幼稚工业",实施了进口替代模式,这使得两国的产品结构体系处在全球产业链的低端。过分依赖国际市场的经济发展模式,使得两国经济易受外部环境影响,容易大起大落。新冠疫情时期这一问题尤为突出。

高福利社会保障政策使得两国财政不堪重负。阿根廷和巴西实施的是高福利社会保障政策，包括免费医疗和教育，以及退休金和救济金等。两国民众均享受着发达国家的待遇。据不完全统计，2003—2016年，巴西的实际工资水平上涨30%，但劳动生产率却没有提高。OECD国家退休金为平均工资税后收入的69%，但巴西为97%。巴西和阿根廷的社会保障支出占财政支出的比重都在60%以上。这就意味着政府将公共收入的大部分用于居民的社会生活保障方面，并没有转为生产性投资用于促进产业结构转型。由于社会保障支出具有刚性，两国的财政不堪重负，同时也抑制了社会劳动生产效率的提高。不断增加的公共开支扩大了财政赤字，推动了通货膨胀，使公共财政状况日趋恶化。受新冠疫情的冲击，两国经济严重下滑，财政负担持续加重，从而导致政府债务危机爆发。

8.1.7.3 黎巴嫩债务违约事件

2022年中东国家黎巴嫩首次出现债务违约。究其原因，主要是受新冠疫情影响，该国旅游业收入锐减，再加上贝鲁特港口粮食储备仓库大爆炸造成巨大损失，以及之后的俄乌冲突，使得黎巴嫩财政状况更加恶化，最终陷入严重债务危机。

黎巴嫩的主要支柱产业为银行业、服务业与旅游业。其中，旅游业是黎巴嫩三大支柱产业的核心。受新冠疫情影响，黎巴嫩的旅游业几乎陷入停滞，经济受到沉重打击。除新冠疫情外，2020年8月4日，贝鲁特港口发生大爆炸，造成200多人死亡，粮仓群北区仓体内部受到严重破坏。爆炸造成的经济损失达150亿美元，占当年该国GDP总量的近一半，导致该国仅剩不足一个月的粮食储备。2022年2月俄乌冲突爆发，俄罗斯与乌克兰作为欧洲重要的粮食出口国，两国之间的摩擦直接威胁国际粮食安全。而黎巴嫩的自身农业并不发达，对外粮食依赖特别是对俄乌的依赖非常强。同时俄乌战争也使传统运输货物的里海线路受阻，黎巴嫩只能绕远道运输物资回国，运输成本不断上升。在这一系列的突发事件打击下，黎巴嫩面临严重的粮食危机、金融危机和债务危机。

8.2　典型国家债务危机对我国的启示

历次债务危机的教训是深刻的,尤其是以债务推动经济社会发展的国家应从中吸取教训。一国的债务问题是由长期内部风险积累与外部因素传导所致。不同债务危机的发生有其不同的诱因,同时也表现出一定的共性特征。综合来看,国家财政吃紧、经济结构和经济发展模式不健康、金融制度不完善、社会福利开支庞大等都是引发债务危机的内生性因素。同时,国际资本流动带来的不确定性和突发性事件的冲击等成为诱发性外生因素。分析历次典型国家债务危机产生的深层次原因以及产生的影响等,对于深刻认识财政投融资对国家安全,尤其是债务融资对国家财政安全、金融安全,乃至国家整体安全的影响,都具有重要意义,同时也为我国加强债务治理、防范化解债务风险提供了借鉴和参考。

8.2.1　控制财政支出规模,财政赤字保持在合理水平

各国的债务危机在一定意义上是财政危机发展到一定程度的产物。由于经济衰退、财政收入减少,政府连年赤字,偿债能力不足,最终导致主权债务违约的发生。

一般这些国家财政实力较弱,财政收入增长缓慢。同时,政府为刺激经济采取扩张性的财政政策,财政支出较大,赤字高企,财政收支长期处于不平衡状态。而政府大多选择信贷和发债的方式填补财政赤字,大幅推高了债务水平,导致债务负担过重,最终无力偿付债务,发生违约。

财政支出过大是造成财政危机的又一因素。这在2010—2012年欧洲国家债务危机中体现得尤为明显。近代以来欧美国家率先建立起福利国家,社会福利开支在各国财政支出中的比重也越来越大。欧洲国家的福利

制度历史悠久也相对完善，福利支出在一些国家接近 GDP 的 30%。高福利必然给国家财政带来沉重负担，高昂的福利费用导致政府债台高筑。随着欧洲老龄化的加重，这一问题日益突出。当然，高昂的福利支出不仅发生在欧美等发达国家，也发生在发展中国家，这些国家或是出于政治选票需要，或是决策科学性不足，建立了自身无法维持的福利制度，使得福利支出远超收入。阿根廷与巴西均实施高福利社会保障政策，建立了庞大的社会保障体系，这给两国财政带来了沉重负担，也是导致财政危机不断上演的根本性原因之一。

可见，控制财政支出规模、将财政赤字保持在合理水平是有效防范债务危机发生的最基本措施。目前，我国的政府债务规模总体在可控范围之内。但随着我国经济发展进入新常态，财政收入的增长空间有限。而人口快速老龄化将使得未来我国财政支出呈刚性增长趋势。近年来，由于疫情防控以及城市"新基建"等的需要，我国债务规模增长较快。今后我国尤其应注意债务规模总额的控制。同时，应特别关注地方政府财政支出规模与结构，避免不合理的财政支出带来的高额财政赤字。

从各国经验来看，地方政府赤字的持续增加，往往成为债务危机爆发的重要诱因。俄罗斯中央和地方财政与我国类似，财权事权不匹配问题突出，地方政府税收来源少，而来自联邦政府的转移支付又不足，地方财政长期困难。联邦政府通常将没有收入来源保证的大部分支出责任交由地方政府承担。地方政府常常靠截留联邦税款以平衡地方财政收支，同时想方设法借债，甚至有部分地方政府直接向欧洲国家发债。虽然地方债务最终需要联邦政府背书，但联邦政府对地方政府的借贷行为并未采取有效的限制措施。在此背景下，俄罗斯的债务规模日益膨胀，最终爆发了债务危机。吸取上述国家教训，今后我国应建立地方政府财政赤字与地方债务风险联动预警机制，将财政金融风险控制在合理范围；同时加快税收制度改革，致力于地方税收体系建设；进一步规范和完善转移支付制度，建立事权与财权相匹配的财政收入分配机制。

8.2.2 控制债务总额，加强债务结构和外资管理

历次债务危机均表明，无节制地举债发展经济，尤其是大量借入外债是债务危机爆发的重要诱因。因此，实行债务规模总额控制是防范债务风险最直接的方法。同时，债务结构不合理、债券资金利用效率低等问题将进一步增加债务危机的发生概率和破坏力。这在巴西、阿根廷等国体现得尤为明显。以 20 世纪 80 年代拉美国家为例，债务使用效率低下，大量债务被用于周期长、效率低、流动性弱和变现能力差的大型公用事业，甚至一部分用于非生产性支出，如弥补国有企业亏损、购置军火等。债券资金利用的低效使得债务规模持续膨胀。

因此，我国在发行债券时应注意期限结构的科学设置，注意短期风险与长期风险的控制。同时应加强对债务融资的资金管理，提高资金的利用效率。尽量将债券筹集资金投入到生产和基础设施建设中，形成有效产出，促进经济发展，使未来收益足以覆盖债务本息。另外，应特别加强地方政府新增债券资金的使用管理，从债券资金项目谋划、拨付使用和监督管理等方面加以规范，以提高其资金使用效率。具体来看，项目谋划方面，应提前做好项目储备，做实做细项目库，提高债券项目的规划质量。将债券资金安排到前期工作完备、具备实施条件的项目上，确保债券资金尽快使用。对于年内无法形成支出的债券项目，下一年度原则上不安排新增债券额度。在债券资金拨付使用方面，加强债券项目和资金的无缝对接，推动债券资金项目尽快形成实物工作量，最大限度发挥债券资金使用效率。在债券资金监管方面，加强对资金使用主体的责任监管，实现债券资金事前、事中、事后的全生命周期、穿透式监督。严格落实专项债券资金管理要求，杜绝挤占截留现象发生。

在引进外资方面，应注意对本国产业的带动作用。如果国家的关键性行业被外资把控，一旦发生突发性事件，投资者会失去信心，极有可能加剧外资的逃离。保证国家经济安全的根本出路是注重发展本国的民族工

业。因此，应坚持两条腿走路，在科学、合理、高效利用外资的同时，避免对外资的高度依赖，走自主创新之路，发展和壮大民族产业。坚持既要"引进来"也要"走出去"原则，使外资成为中国市场经济发展过程中的重要推动力量。

8.2.3 健全经济结构，优化经济发展模式

经济发展水平决定着国家财政收入规模，也间接决定着债务偿还能力。从发生债务危机的国家来看，债务难以偿付往往伴随着经济发展速度放缓、财政收入不足等问题。而经济结构是影响一国经济发展水平的重要因素，经济结构也决定着国家的收入结构，经济结构不健康是许多国家发生债务危机的根源所在。最典型的是发展中国家与资源型国家。发展中国家处于全球产业链的最底端，产品附加值低，应对外部经济冲击的能力弱，其政府收入容易受外部影响，波动大。

债务危机频发的国家的经济规模相对较小且经济结构脆弱。尤其是产业结构多样性不足，过度依赖单一行业或几个行业，或者过度依赖出口，整体经济抵御外部风险的能力差。一旦出口受阻或者核心产业发生变故，国家经济将会受到严重创伤。例如，阿根廷、巴西、斯里兰卡的经济高度依赖单一商品出口，进出口额受国际大宗商品价格波动影响特别大。大宗商品形势好时，这些国家往往会过于乐观估计未来经济增长及财政收入情况而过度借债。一旦大宗商品价格出现大幅下挫，进出口失衡加剧将导致外汇大量流出，随之而来的则是本国货币贬值，财政收入大幅减少，经济萎缩，最终难以偿付所借外债，发展成为债务违约事件。

一国的经济结构往往取决于经济发展模式。20世纪70年代，墨西哥、阿根廷、巴西等国在推动现代化的过程中相继提出"进口替代"战略，实行"高目标、高投资、高速度"方针。国内长期实行财政赤字与扩张性财政政策。在此背景下，外国资本疯狂涌入，造成严重的通货膨胀。而国内资本的外流则加剧了国内资本短缺，使国内经济更加依赖外国

贷款，由此造成严重的债务问题。1997年韩国外汇危机也与长期的财阀经济发展模式有关。财阀盲目扩张、缺乏风险意识，致使企业债台高筑最终引发外汇危机。1998年俄罗斯债务危机的背后与苏联解体后采取激进的"休克疗法"有关。过度的私有化使得俄罗斯经济迅速恶化，国有资产流失、通货膨胀加剧。而向国际资本市场的过度开放则导致外国资本大量进入俄罗斯，股票与债券交易被外资控制，形成巨大的金融泡沫。

可见，在国家经济发展过程中，选择适合本国国情的经济发展模式是保障社会稳定、国家可持续发展的前提。而经济发展模式既不能简单照搬他国也不能僵化固化，应根据本国社会经济和时代发展需要不断调整，以促进经济社会健康可持续发展。因此，制定并实施适合本国发展的社会经济政策就显得尤为重要。

8.2.4 加强金融监管体系建设，坚持有管理的浮动汇率制度，规避金融风险的发生

当今世界，随着国际金融一体化进程的发展，国际资本的流动日趋频繁。债务危机一旦发生，其持续时间就会很长且波及面很广。同时，国际资本的突然转向也成为历次债务危机爆发的导火索。

债务风险防范要求国家必须建立行之有效的金融监管体系。1997年韩国外汇危机暴露出韩国金融监管制度的松散，缺乏对企业的有效限制。韩国金融实施"官办金融"，由政府完全掌握货币信贷政策，极易滋生腐败。韩国的高级官员直接或间接参与金融机构的贷款活动，甚至直接指定接受贷款的企业，形成了一种官商勾结的局面。而韩国财阀大集团下有众多的子集团，子集团之间相互担保、内部拆借，使得金融债务关系更加复杂，形成了一张错综复杂的利益网络，牵一发而动全身，一家企业的危机可引起极大范围的连锁反应。

缺乏弹性的固定汇率制度极有可能加剧债务危机。很多国家出于控制通货膨胀、发展金融市场等考虑，都采取了把本币与美元等外币挂钩的固

定汇率制度。在一定时期内，固定汇率确实可以有效控制通货膨胀，吸引外资的进入。但政府为维持固定汇率，不得不投入大量外汇储备，容易引起外汇储备不足。在固定汇率制度下，一旦汇率被高估，将导致出口收入大幅下降，从而不能及时偿还以外币计价的债务。20世纪80年代，阿根廷为解决通货膨胀问题，采用1比索兑换1美元的固定汇率制度，美元成为合法支付工具。这样的做法虽然抑制了通货膨胀，稳定了阿根廷经济，但也带来了严重后果。固定汇率制度使得比索的价值被高估，直接降低了阿根廷出口产品的竞争力，导致出口减少，外汇储备不足，国际收支出现巨额逆差。同时固定汇率制度使得阿根廷丧失了独立灵活的货币政策工具，在面对东南亚经济危机、俄罗斯债务危机等外部冲击时无法通过货币工具进行调控。

另外，政府进行宏观调控时财政政策与货币政策的协调配合也很必要。财政政策与货币政策严重脱节成为欧债危机发生的内在原因之一。欧元区国家由欧洲中央银行实行统一的货币政策，而财政政策则是由各成员国根据本国经济情况自主决定。由于货币政策受限同时欧盟各国的财政政策行为缺乏统一严格的框架制约，在面对美国次贷危机冲击时，欧元区各国大多采用积极财政政策以刺激经济增长，而无法通过贬值货币来规避严重的财政危机。大规模扩张性财政政策导致主权债务风险快速积累，并演化成了债务危机。

参考文献

[1] 白彦锋."十四五"时期我国财政安全运行面临的风险挑战与应对策略 [J]. 当代财经,2021 (6):27-37.

[2] 财政部科研所《财政风险问题研究》课题组. 规范行政运行缓解财政风险 [J]. 财政研究,2001 (10):49-53.

[3] 蔡宏波. 开放条件下我国经济安全的基本范畴及其评价 [J]. 北京工商大学学报(社会科学版)2022, 37 (4):1-10.

[4] 曾繁华,曹诗雄. 国家经济安全的维度、实质及对策研究 [J]. 财贸经济,2007 (11):118-122.

[5] 常永莲,张增臣,孙俊东. 如何提高国债的使用效率 [J]. 经济论坛,2002 (3):18-19.

[6] 陈宝萍. 适度控制国债规模 规避国债风险 [J]. 财税与会计,2003 (5):7-8.

[7] 陈宏幸,李杰. 论EPC模式下政府投资项目财政投资评审 [J]. 中国招标,2023 (8):144-145.

[8] 陈铭英. 广西北海:推动财政投资评审工作高质量发展 [J]. 新理财(政府理财),2023 (8):64.

[9] 陈首丽,马立平. 国家经济安全的风险因素与监测指标体系 [J]. 上海统计,2002 (6):12-14.

[10] 陈宇学,许彩慧. 总体国家安全观视角下中国经济安全探讨 [J]. 上海经济研究,2023 (5):66-77.

[11] 陈志勇，毛晖，张佳希. 地方政府性债务的期限错配：风险特征与形成机理［J］. 经济管理，2015，37（5）：12-21.

[12] 董碧娟. 积极财政组合拳精准发力［N］. 经济日报，2023-09-28（007）.

[13] 董彦岭，刘青. 迪拜债务危机：原因、影响及启示［J］. 财经科学，2010（2）.

[14] 高培勇. 构建新发展格局：在统筹发展和安全中前行［J］. 经济研究，2021，56（3）：4-13.

[15] 高培勇. 构建新发展格局背景下的财政安全考量［J］. 经济纵横，2020（10）：12-17.

[16] 高亚莉，贾康. 财政投资项目绩效评价：基于修正的成本——效益分析法［J］. 财会月刊，2022（9）：130-137.

[17] 顾海兵，张敏. 中国经济安全研究：五大误区与辩证方法论反思［J］. 经济学动态，2017（2）：14-24.

[18] 韩志国. 欧洲主权债务危机的成因和发展的四个方向［J］. 当代经济，2010（13）.

[19] 何德旭，张斌彬. 全球四次债务浪潮的演进、特征及启示［J］. 数量经济技术经济研究，2021（3）.

[20] 洪源，张智，龙立. 风险与绩效双轮驱动下地方政府隐性债务联动治理研究［J］. 中国软科学，2023（7）：76-88.

[21] 黄建玲. 以财政杠杆撬动发展"大效应"［N］. 日照日报，2023-09-29（A02）.

[22] 江西省财政厅债务管理处课题组，邓忠. 地方政府专项债券资金使用与管理分析及政策建议［J］. 债券，2022（6）：17-20.

[23] 金明善，张东明. 韩国金融危机探讨［J］. 当代亚太，2001（1）.

[24] 靳伟凤，杨国莉，周立宁. 地方政府隐性债务治理路径的回顾与思考［J］. 西部财会，2023（8）：4-7.

[25] 雷家骕，陈亮辉. 基于国民利益的国家经济安全及其评价［J］.

中国软科学, 2012 (12): 17-32.

[26] 雷家骕. 关于国家经济安全研究的基本问题 [J]. 管理评论, 2006 (7): 3-7.

[27] 雷娟. 地方政府隐性债务风险化解的思路 [J]. 中国农业会计, 2023, 33 (14): 27-29.

[28] 李翠兰, 王飞, 朱明非. 新冠疫情冲击下拉丁美洲政府债务危机研究——以阿根廷和巴西为例 [J]. 当代经济, 2023, 40 (2).

[29] 李建树. 财政投资评审工作的难点及问题分析 [J]. 上海商业, 2022 (6): 211-213.

[30] 李扬. 货币政策和财政政策协调配合: 一个研究提纲 [J]. 金融评论, 2021, 13 (2): 1-11, 123.

[31] 李玉龙. 地方政府债券、土地财政与系统性金融风险 [J]. 财经研究, 2019, 45 (9): 100-113.

[32] 联合青年课题小组. 发展中国家和发达国家债务危机对比分析以及对中国的启示 [J]. 吉林金融研究, 2022 (3): 13-16, 19.

[33] 刘蕾, 于倩, 张明媛. 财政投资性支出对经济高质量发展影响的研究 [J]. 山东行政学院学报, 2021 (5): 69-78.

[34] 刘溶沧, 夏杰长. 中国国债规模: 现状、趋势及对策 [J]. 经济研究, 1998 (4).

[35] 刘尚希. 地方政府债务风险的本质与防范 [J]. 清华金融评论, 2020 (8): 33-34.

[36] 刘卫东, 刘毅, 马丽, 等. 论国家安全的概念及其特点 [J]. 世界地理研究, 2002 (2): 1-7.

[37] 刘跃进. 非传统的总体国家安全观 [J]. 国际安全研究, 2014, 32 (6): 3-25, 151.

[38] 刘跃进. 国家安全观的分类问题 [J]. 江南社会学院学报, 2001 (4).

[39] 刘跃进. 政治安全的内容及在国家安全体系中的地位 [J]. 国

际安全研究, 2016, 34 (6): 3-21, 141.

[40] 刘越. 对财政投资评审工作的思考与探索研究 [J]. 财经界, 2022 (11): 11-13.

[41] 罗鸣令, 管春晓, 洪蕴. 地方政府债务影响经济高质量发展的空间溢出效应研究——基于债务规模和债务结构两个视角 [J]. 重庆科技学院学报（社会科学版）, 2023 (2): 31-46.

[42] 马海涛, 吕强. 我国地方政府债务风险问题研究 [J]. 财贸经济, 2004 (2): 12-17.

[43] 毛锐, 刘楠楠, 刘蓉. 地方债务融资对政府投资有效性的影响研究 [J]. 世界经济, 2018, 41 (10): 51-74.

[44] 孟凡臣, 陈文虎, 赵梦丹. 地方债务风险化解分析与政策建议 [J]. 中国货币市场, 2023 (9): 32-37.

[45] 任新闻, 张兴丽. 加强绩效管理 提高地方政府债券资金使用效益——以江苏省东海县政府债券资金管理为例 [J]. 预算管理与会计, 2021 (8): 49-53.

[46] 任泽平, 马家进, 等. 20世纪80年代拉美债务危机是如何发生的 [J]. 国际融资, 2020 (10).

[47] 石晓军, 王詠, 付莉. 地方政府债券双轨制发行结构的理论模型及实证研究 [J]. 现代财经（天津财经大学学报）, 2020, 40 (1): 41-55.

[48] 苏明. 近期优化财政投资结构的基本思路 [J]. 经济研究参考, 2001 (47): 16.

[49] 陶士贵, 韩继云. 韩国金融危机的成因、影响及其启示 [J]. 经济学动态, 1998 (2).

[50] 田玉才. 经济发展方式转变与国家政治安全 [J]. 经济问题探索, 2011 (5): 146-149.

[51] 王丽丽. 对我国国债风险的认识及防范 [J]. 税务与经济（长春税务学院学报）, 2004 (4): 49-51.

[52] 王联. 1998年俄罗斯金融银行业危机回顾及展望 [J]. 国际金

融研究, 1999 (2).

[53] 王擎, 刘军, 毛锐. 杠杆率视角下的区域性金融风险防控 [J]. 改革, 2019 (10): 75-84.

[54] 王瑞峰. 财政投资项目绩效评价与绩效结果应用分析 [J]. 商讯, 2022 (4): 156-159.

[55] 王晓明. 地方债治理相关问题研究 [J]. 智库时代, 2018 (45): 64, 66.

[56] 魏陆. 我国国债规模的可持续性及其风险分析 [J]. 财经研究, 2001 (9): 52-56.

[57] 温来成, 李婷. 我国地方政府隐性债务边界的厘清及治理问题研究 [J]. 中央财经大学学报, 2019 (7): 18-26, 114.

[58] 温来成, 张旭博. 二战后典型国家政府债务危机特征、治理措施及借鉴 [J]. 财税纵横, 2022 (3).

[59] 翁娜. 加强财政投资项目绩效评价的必要性 [J]. 当代经济, 2014 (8): 106-107.

[60] 吴庆荣. 法律上国家安全概念探析 [J]. 中国法学, 2006 (4): 62-68.

[61] 谢世清. 历次主权债务危机的成因与启示 [J]. 上海金融, 2011 (4).

[62] 熊北辰, 刘炳辰. 省级地方政府债务风险指数的一种新构建方法 [J]. 中国货币市场, 2023 (9): 14-20.

[63] 熊琛, 金昊. 地方政府债务风险与金融部门风险的"双螺旋"结构——基于非线性DSGE模型的分析 [J]. 中国工业经济, 2018 (12): 23-41.

[64] 熊家财, 黄玲. 地方政府债务管理体制改革与企业劳动收入份额 [J]. 当代财经, 2024 (5): 17-29.

[65] 徐飞. 基层财政投资评审存在问题及对策 [J]. 商业观察, 2022 (18): 33-36.

[66] 徐寒飞. 地方债务演变、风险及对策 [J]. 中国货币市场, 2023 (9): 21-24.

[67] 徐利君, 朱柏铭. 我国国债资金投向研究综述 [J]. 经济纵横, 2003 (7): 57-60.

[68] 杨林. 迪拜债务危机及其影响 [J]. 宏观经济研究, 2010 (1).

[69] 叶谦, 沈文颖. 拉美债务危机和欧洲债务危机成因的比较及其对我国的启示 [J]. 经济问题探索, 2011 (10).

[70] 仪修县. 提高项目财政投资评审质量的措施研究 [J]. 财政监督, 2023 (2): 68-71.

[71] 易天. 阿根廷主权债务危机的根源及对我国的启示 [J]. 经济视角, 2014 (8).

[72] 尹芃, 王平. 我国地方政府专项债券发展现状和创新模式的探索 [J]. 现代商贸工业, 2021, 42 (33): 92-94.

[73] 于海峰, 崔迪. 防范与化解地方政府债务风险问题研究 [J]. 财政研究, 2010 (6): 56-59.

[74] 于志洁, 王茂庆. 地方政府债务的问责监管与制度完善 [J]. 金融发展研究, 2023 (9): 48-53.

[75] 余露. 欧洲主权债务危机的演进、成因及其对中国的启示 [J]. 河南工业大学学报（社会科学版），2011, 7 (2).

[76] 余文健. 拉美债务危机成因与对策 [J]. 求实学刊, 1992 (2).

[77] 袁海霞, 汪苑晖, 卞欢. 专项债兼顾扩容提效, 助力基建托底稳增长——地方政府专项债2019年回顾与2020年展望 [J]. 财政科学, 2020 (1): 93-104.

[78] 张丹. 我国地方政府债券市场运行机制研究 [N]. 东北财经大学, 2022 (11).

[79] 张汉林, 魏磊. 全球化背景下中国经济安全量度体系构建 [J]. 世界经济研究, 2011 (1): 8-13, 87.

[80] 张江鹏. 地方政府财政投资适度规模探析 [N]. 西安建筑科技

大学，2006（6）．

［81］张俊勇．阿根廷主权债务危机处置的经验与启示［J］．北京金融评论，2017（2）．

［82］张铁强．阿根廷债务危机的根源及其启示［J］．南方金融，2002（3）．

［83］章惠，刘英．基于NS模型的我国国债利率期限结构研究［J］．时代金融，2016（17）：312－313，318．

［84］《中共中央 国务院关于深化金融改革，整顿金融秩序，防范金融风险的通知》，1997年12月6日．

［85］朱世武，应惟伟．国债发行规模的实证研究［J］．金融研究，2000（11）：49－57．

［86］Akai N., SATO, M.（2011）. A simple dynamic decentralized leadership model with saving and free mobility. Journal of Urban Economics, 70 (1), 15－24.

［87］Albuquerque R., Costa J., Faias J.（2022）. Price elasticity of demand and risk－bearing capacity in sovereign bond auctions. Mimeo.

［88］Wendt A.（1998）. On Constitution and causation in International Relations. Review of International Studies, 24（5）, 101－118.

［89］Arslanalp S., Liao Y.（2014）. Banking Sector Contingent Liabilities and Sovereign Risk. Journal of Empirical Finance, 29, 316－330.

［90］Aschauer D. A.（2000）. Do States Optimize? Public Capital and Economic Growth. The Annals of Regional Science, 34（3）, 343－363.

［91］Baxter M., King R. G.（1993）. Fiscal Policy in General Equilibrium. American Economic Review, 83（3）, 315－334.

［92］Beetsma R., Giuliodori M., De Jong F., Widijanto D.（2016）. Price effects of sovereign debt auctions in the euro－zone: the role of the crisis. Journal of Financial Intermediation, 25, 30－53.

［93］Bird R., Tassonyi M.（2016）. Constraints on provincial and municipal borrowing in the evolution of national security thinking in post – Soviet Russia. Strategic Analysis, 40 (6), 513 – 523.

[94] Canada. (2001). Markets, rules, and norms. Canadian Public Administration, 44 (1), 84 – 109.

[95] Checherita – Westphal C., Rother P. (2012). The Impact of High Government Debt on Economic Growth and Its Channels: An Empirical Investigation for the Euro Area. European Economic Review, 56 (7), 1392 – 1405.

[96] Blazhevich Oleg G. (2018). International Journal of Engineering Technology, 7 (4), 67 – 67.

[97] Hajek P. (2011). Municipal Credit Rating Modeling by Neural Networks. Decision Support Systems, 51 (1), 108 – 118.

[98] Hnedina Kateryna V. (2017). The Global Trends in the Alternative Energetics and Improvement of the State Policy in the Sphere of Fiscal Security: in Search for Equilibrium and Markets. Bìznes Inform, 12 (479), 38 – 42.

[99] Esembekova A. U. (2016). Assessment of financial security level: a case study for the organization OJSC "Sintez". Interaktivna Nauka, 5, 83 – 84.

[100] Huang Y., Pagano M., Panizza U. (2020). Local Crowding – Out in China. The Journal of Finance, 75 (6), 2855 – 2898.

[101] Korystin O. (2016). Fiscal Security of the State Considering Threats of Macroeconomic Nature. In International Conference on Business, Accounting, Management.

[102] Åtland K. (2016). North European Security after the Ukraine conflict. Defense Security Analysis, 32 (2), 163 – 176.

[103] Li X., Ge X. Y., Chen C. (2016). Several Explorations on How to Construct an Early Warning System for Local Government.

[104] Marcel M. (2014). Budgeting for fiscal space and government performance beyond the great recession. OECD Journal on Budgeting, 13 (2),

9 – 47.

[105] Reinhart C. M., Rogoff K. S. (2010). Growth in a Time of Debt. American Economic Review, 100 (2), 573 – 578.

[106] Reinhart C. M., Reinhart V. R., Rogoff, K. S. (2012). Public Debt Overhangs: Advanced Economy Episodes Since 1800. Journal of Economic Perspectives, 26 (3), 69 – 86.

[107] Romm J. (1993). National Security: Non – Military. Council on Foreign Relations Press.

[108] Selchow S. (2016). The paths not (yet) taken: Ulrich Beck, the "cosmopolitized world" and security studies. Security Dialogue, 47 (5), 369 – 385.

[109] Farole S. A. (2018). Regional security institutions and weak states: The case of post – conflict Somalia and the Inter – Governmental Authority on Development (IGAD). Comparative Strategy, 37 (5), 472 – 484.

[110] Maloney S. M. (2016). Towards a new national security policy for Canada. Defense Security Analysis, 32 (2), 199 – 206.

[111] Traum N., Yang S. C. S. (2015). When Does Government Debt Crowd Out Investment? Journal of Applied Econometrics, 30 (1), 24 – 45. DOI: 10. 1002/jae. 2398.

[112] Woo J., Kumar M. S. (2015). Public Debt and Growth. Economica, 82 (328), 705 – 739.